재외한인 권익보호 단체와 활동가 네트워크

전남대학교 세계한상 · 문화연구 3차총서 ⑥

재외한인 권익보호 단체와 활동가 네트워크

Overseas Korean Human Rights Activists Organization

임채완, 최송자, 장신, 홍기문, 김명재, 송오식, 이승우 지음

북코리아

21세기에 들어서 세계적으로 가속화되고 있는 초국가적인 인구이동과 더불어 다문화시대가 도래하면서 민족간 공생의 개념이 점점 확산되고 있다. 이러한 시대적 배경 속에서 이 총서는 2003년 9월 한국학술진흥재단 기초학문육성사업 인문사회과학 분야의 연구과제로 선정된 전남대 세계·한상문화연구단의 '세계한상네트워크 구축과 한민족공동체 조사연구' 사업의 3차년도 연구성과를 집약하여 출판한 것이다.

이번에 출판으로 완성된 3차년도 연구과제는 제1차년도 재외한인 사회의 경제환경 및 문화영역, 제2차년도 재외한인 기업의 경영활동 및 사회·문화영역에 이어 각 영역별로 재외한인의 네트워크 실태를 진단하고 지구적 차원에서 민족네트워크 구축을 위한 전략 및 구체적인 대안을 제시하는 데 초점이 맞추어져 있다.

제1차 총서와 제2차 총서에 이어 세 번째로 발간되는 이번 총서는 『재미한인 기업의 네트워크』, 『재일코리안 기업의 네트워크』, 『중국조선족 기업의 네트워크』, 『러시아·중앙아시아 한상네트워크』, 『재외한인 민족교육 모형개발과 네트워크 구축』, 『재외한인 권익보호 단체와 활동가 네트워크』, 『재외한인 언론인 네트워크』, 『재외한인 여성공동체 네트워크』, 『재외한인 정보자원 생성과 변천』, 『재외한인 사회단체 네트워크』, 『재외한인 문화예술 네트워크』 등 총 11권으로 구성되어 있다. 각 지역별 재외한인사회의 특성을 반영하되 글로벌 수준의 디아스포라 네트워크 구축이라는 공통적인 주제로 집약되어 발간되는 이번 총서는 연구단이 1년간에 걸쳐 수행한 연구성과들이 체계적으로 집약되어 있다. 또한 세부과제팀별로 지구화 시대 글로벌 네트워크 구축이라는 큰 틀 속에서 재외한인들의 자본, 노동력, 정보교류의 특징 등을 상세히 분석하고 있다.

이번 총서는 2005년 9월부터 1년간 67명의 연구원을 비롯해 총 200여 명의 국내외 연구자와 현지조사자들이 투입된 연구결과물이다. 이 연구의 대상 및 국가는 재외한인들이 가장 많이 밀집되어 있는 미국, 일본, 중국, 러시아·중앙아시아 지역의 25개 재외한인 거점지역들이다. 연구단이 3차년도에 수집한 연구성과 중에서 재외한인 관련 데이터베이스 및 네트워크 구축의 가치가 있는 주요 성과들을 살펴보면 다음과 같다.

먼저 한상분야에서, 미국한상연구팀은 재미한인 기업연감 4,000개 리스트, 재미한인 9개 금융기관 리스트, 재미한인기업 리스트 252개, LA 재미한인 의류업 리스트 104개 등을 확보했다. 기타 재미한인 사회단체 리스트 341개, 사진 100장, 오디오 파일 20개를 입수했다. 재일한상연구팀은 기업가 리스트 1,059개, 뉴커머 기업가 리스트 195개, 기업가 관련 사진 80장, 개인 디렉토리 12,000여건, 단체 디렉토리 20건 등을 확보하였다. 중국한상연구팀의 경우, 기업 디렉토리 300개, 명함 100장, 기업가 및 각종 사진 900장, 오디오 30여건 등을 입수하였다. 러시아·중앙아시아 한상팀은 고려인 기업 87개, 고려인 자영업자 48개, 고려인 단체 26개, 고려인 교민단체 39개, 한국진출기업 리스트 151개, 한국진출 교민 자영업 리스트 191개 등을 수집하였다. 이처럼 풍부한 자료들은 그동안 공식·비공식적으로 산재하였던 각종 문헌들을 재조사하거나 현지조사 과정을 통해 직접 입수한 자료들로서 한상의 실태에 대한 학문적, 실용적 기초자료로서 가치를 지닌다 하겠다.

다음으로 재외한인 교육연구팀에서는 재미한인학교 100개, 재일조선인 학교 140개, 중국조선족 학교 240개, 러시아·중앙아시아 한인학교 230개 리스트를 확보하였고, 기타 관련사진 27장, 오디오 파일 33개를 수집하였다. 재외한인 사회단체팀에서는 미국한인단체 100개, 일본한인단체 100개, 중국한인단체 100개, 개인 디렉토리 60개, 단체 디렉토리 90개 리스트, 사진 55장을 수집하였다. 재외한인 언론팀에서는 개인 디렉토리 89개, 단체 디렉토리 86개, 국가별 신문과 언론인 사진 60장, 오디오 파일 6개 등을 수집하였다. 재외한인 법률인권팀에서는 개인 디렉토리 101개, 단체 디렉토리 65개 등을 수집하였는데, 구체적으로 중국조선족 변호사 리스트 110명, 중국조선족 변호사 인적사항 52명, 중국조선족 로펌 및 변호사 소개 32건, 재외한인 법적 분쟁 및 제한사례 208건, 재외한인 제한 법령 50건을 수집하였다. 재외한인 집거지 사회문화팀에서는 개인 디렉토리 197개, 단체 디렉토리 79개, 사진 200장, 비디오 및 DVD 1건, 재외한인 문화예술인 리스트 300개, 재외한인 문화예술공간 리스트 50개, 재외한인 집거지 사진 550매를 수집하였다. 재외한인 정보자원팀에서는 개인 디렉토리 65개, 단체 디렉토리 57개, 사진 1400장, 오디오 파일 28개, 중국 조선문 정보자원, 중국조선족 자작곡 및 악보, 동영상 및 영상, 러시아·중앙아시아 고려인 정보자원 등 다수를 발굴하였다. 재외한인 여성팀에서는 개인 디렉토리 377개, 단체 디렉토리 58개, 사진 209장, 오디오 파일 97개, 그리고 여성지도자 활동사 100건, 여성활동가 103명, 재외한인 여성의 사회적 불평등사례 94건, 여성활동가 녹취자료 85건, 재외한인 여성단체 및 복지기관 58개 리스트를 확보하였다.

이처럼 제3차년도 연구총서는 세계 주요 국가에 분포한 재외한인을 대상으로 수집한 자료를 바탕으로, 그들의 경제와 교육, 문화, 사회, 언론, 인권, 여성, 정보자원 등 광범위한 영역에 걸친 활동상황 및 네트워크 구축실태에 관한 풍부한 정보를 담고 있다. 11권의 책들은 주요 한인 집중 거주지역인 5개 지역에 걸쳐 11개 팀의 연구자들이 그동안 조사한 자료를 바탕으로 수차례에 걸친 국제학술회의 등을 통해 전문가 집단의 논평과 보완과정을 거쳤으며, 전문가 초청 집담회와 워크숍 등의 과정을 통하여 수정 보완한 내용들을 토대로 완성된 것이다. 이번 제3차 총서 발간을 계기로 해외 각지에 분포된 재외한인의 연결망과 교류실태에 관한 더욱 실감나고 흥미 있는 정보들을 얻을 수 있을 것으로 기대한다. 주지하다시피 제1차 총서와 제2차 총서의 발간은 국내외 학계와 관련단체는 물론 연구자들의 큰 관심과 반향을 불러 일으켰고 그 중 7권은 대한민국학술원과 문화관광부로부터 우수도서에 선정되는 성과를 거두기도 하였다.

우리 연구단은 이번 총서를 통하여 재외한인 연구가 학문적으로 더욱 심화되어 작금에 국내에서 논의되고 있는 '재외동포학' 내지 '디아스포라 연구'가 새롭게 정초되는 기회가 되었으면 하는 바람을 가져본다. 이를 위해서는 재외동포사회에 대한 연구가 일회적 산물로 그치지 않고, 향후 전문교재의 발간, 학제간 강좌의 개발 등 구체적인 프로그램 개발은 물론 '디아스포라와 인문학' '디아스포라 연구의 인문학적 지평' 등 인문학적으로 참신한 의제(agenda)를 개발하여 이를 한국사회 내에 담론화시켜 내는 데 성공해야 할 것이다.

이 총서가 발간되기까지 많은 사람들이 물심양면으로 지원을 아끼지 않았다. 무엇보다도 지난 3년간 현지조사과정에서 만났던 수많은 재외 한인 관련 단체장, 기업가, 연구조력자, 현지조사자의 노고에 깊이 감사드린다. 그분들의 순수한 열정과 도움없이는 이 총서가 완성되기 힘들었을 것이다. 또한 연구과제를 지원해 주고 연구과정이 원활하도록 배려를 아끼지 않으신 한국학술진흥재단의 허상만 이사장님과 관계자들, 전남대학교 강정채 총장님과 산학협력단 관계자들, 국내외 학술회의 참가자 및 전문가, 연구단 홍보를 위해 지원을 아끼지 않으신 사회단체 및 언론사 관계자, 비좁은 연구실에서 밤잠을 설쳐가며 함께 노력해 온 연구단 식구들께 진심으로 감사를 드린다. 또한 총서의 출간을 허락해 준 북코리아출판사 이찬규 사장님과 편집자들께도 심심한 감사의 뜻을 전한다.

2008년 4월
용봉골 연구동에서
세계한상·문화연구단장 임 채 완

오늘날 우리 사회에서 초국가주의와 디아스포라에 관한 담론은 더 이상 낯선 주제가 아니다. 국경을 넘는 지구적인 인구이동 과정에서 새로운 삶의 터전을 형성한 이산민족 집단, 즉 '디아스포라(diaspora)'의 실존적 경험에 관해 한국사회가 학문적인 관심을 갖기 시작한 지 십년이 넘고 있다. 재외한인분야에서 시작한 이러한 관심은 점차적으로 타민족의 경험을 반영한 보편적 디아스포라 현상과 다문화주의에 대한 새로운 담론으로 증폭되고 있다.

한국사회가 건국 후 60년 만에 세계 10위권의 교역강국으로 부상하면서 세계의 주목을 받은 것처럼 재외한인들도 현지에서 경제적 지위나 문화적 영향력을 강화시키며 사회의 주역으로 성장해 왔다. 어느새 145년을 넘긴 한인디아스포라의 역사는 전 세계 174개국에 걸쳐 수많은 한인공동체를 정착시키고 있다. 재외한인은 한반도 전체인구의 10% 정도인 700만 명을 넘어섰다. 이들은 유럽과 북미지역뿐만 아니라 중국, 러시아, 일본, 아프리카, 알래스카, 브라질 등 다양한 지역과 영역에서 활동하고 있다.

재외한인들은 일찍부터 거주지에서 민족고유의 문화유산을 계승발전하면서도 다양한 민족과 교류하면서 현지화를 추구하였다는 점에서 모국에 살고 있는 한국인들보다 먼저 국제화의 길을 개척했다. 모국이 척박한 가난을 극복하고 선진국의 대열에 도달하는 동안에 재외한인들이 낯선 이역에서 정착해 온 과정은 결코 순탄치 않은 역경이었다. 그러나 민족의식을 결절(結節)로 한 초국가적인 네트워크의 출현으로 세계 각국에 분산되었던 한민족은 통합적인 구심력과 함께 원거리 디아스포라 공동체의 가능성을 얻게 되었다.

　그런가 하면 세계 전역에 걸친 한인공동체의 존재만큼이나 한국사회 내에도 지구상의 어느 곳 못지않게 다양한 인종과 민족이 혼거하는 다문화사회로 변모하고 있다. 1980년대 말 이후 한국에 직장을 구해 장기적으로 체류하는 외국인력은 약 100만 명에 달하고 있다. 인구통계에 따르면 한국에서 국제결혼을 통해 성립된 다문화가정은 전체적으로 11만 쌍이 넘으며 출신국가도 무려 112개국에 달한다. 뿐만 아니라 2025년에는 한국에 상주하는 외국인의 규모는 250만 명에 달할 것으로 보인다. 이처럼 한국은 바야흐로 이민송출국에서 이민대상국으로 변모하고 있는 것이다.

　지난 수년간 한국사회는 국제이주여성, 외국인노동자문제 등과 같은 다문화사회의 도전과 충격을 겪으면서 글로벌 시대에 대한 준비의 부족을 질책하는 목소리가 작지 않았다. 재외동포재단, 노동부, 법무부 등의 관련기관에 의해 부분적인 지원책이 모색되었지만, 글로벌 사회공동체 패러다임을 주도할 학술적 기반을 제공하는 전문기관은 많지 않다.

　이 점에서 세계한상·문화연구단의 재외한인과 디아스포라 연구는 그동안 근대적 영토공간의 경계 안에 제한되어 있던 민족구성원에 대한 관심을 탈영토적인 공간으로 확장시켰으며, 초국가적인 인구이동의 흐름과 정착과정에 대한 생생한 경험들을 학문적으로 정립하였다는 점에서 의미를 높이 평가할 만하다. 더욱이 재외한인에 대한 연구를 보편적인 '디아스포라' 현상에 대한 관점에서 바라보게 함으로써 최근의 다문화주의 담론과 연결시켜 생각할 수 있게 하였다는 점에서 우리 사회에 기여한 바가 크다 하겠다. 세계한상네트워크와 한민족문화공동체 조사연구가 가진 학술적 가치는 디아스포라, 국제인구이동, 해외정보, 초국가 민족연결망, 국제교류, 국제비즈니스 등에 걸친 다양한 학제적 연계성을 제공하는 단초를 마련했다는 점이라 할 수 있다.

전남대학교 세계한상문화연구단이 적극적으로 제기했던 디아스포라 연구의 중요성은 이제 사회적으로 큰 관심사로 등장하고 있다. 첫째, 초국가적 디아스포라 네트워크에 대한 관심이 크게 증가했다. 거대 중국 대륙을 부활시킨 세계 화상(華商), 브릭스(BRICs) 경제권의 축인 인도인상(印商), 미국과 러시아 경제에 막강한 영향력을 가진 유대인네트워크는 글로벌 시대 국가경쟁력의 표상이 되고 있다. 둘째, 노동력의 국제이동에 따른 다양한 사회현상에 대한 관심도 크게 증가하고 있다. 중국, 중앙아, 동남아 외국인노동자의 국내유입이나 한국인의 캐나다, 인도, 호주, 중남미, 북미, 유럽 등 세계각지로의 초국가적 이동현상은 유출국과 유입국 모두의 관심을 증가시켰다.

이 책자는 지난 2003년 8월 이후 3년간 한국학술진흥재단의 지원을 받아 진행된 "세계한상네트워크 구축과 한민족공동체 조사연구"의 연구성과를 집약하여 연구총서 형태로 발간한 것이다. 총서의 매 책장 마다 지난 5년간 이 역작을 발간하는데 참여했던 연구책임자를 비롯한 연구원들의 땀과 노력의 흔적이 각인되어있다. 우리는 해외한인사회에 대한 다양한 기초조사를 바탕으로 엮어진 이 총서가 그 동안 관심영역 밖에 머물던 재외한인 문제에 대한 지속적인 관심과 통찰력 있는 시각들을 제공할 것으로 기대한다.

　하나의 책자가 세상의 빛을 보기 위해 생명력을 가지는 첫걸음이 길고 지루한 활자화 과정이라면 두 번째의 생명력은 독자들에게 남겨진 몫이다. 여러모로 한정된 연구의 제약여건을 극복하고 마침내 활자로 탄생한 이 책의 행간에 축약된 의미들은 독자들이 재해석하고 새롭게 보완해가야 할 것이다. 그렇게 함으로써 이 총서는 단순히 한 시대에 읽도록 재단된 책으로 끝나지 않고, 역사 속에 길이 쓰여지는 텍스트로 완성될 수 있을 것이다. 한 가지 덧붙여 강조하고 싶은 점은 이 책의 진정한 주인이 척박한 이역의 땅에서 민족의 맥을 이어온 재외동포들이라는 점이다. 총서의 한 장 한 장마다 고난의 역사 속에서 재외동포들의 땀과 눈물이 숨어 있음을 기억하며 넉넉한 마음으로 일독할 것을 추천하는 바이다.

2008년 4월
희망제작소 상임이사 박 원 순

19세기 중엽부터 시작된 한민족 이주의 역사는 어언 140여 년이 되었다. 특히 재외한인의 92%가 거주하고 있는 미국, 일본, 중국, 러시아 및 중앙아시아는 현재 자원, 자본, 기술면에서 세계경제의 핵심지역이다. 그러므로 이들 지역에 다수의 한인들이 거주하고 있다는 것은 우리에게 큰 장점이라 할 수 있다. 최근 이 지역 한인들의 거주국으로의 동화가 가속화되면서 한인사회가 해체될 수 있다는 위기의식이 고조되어 한민족 정체성유지와 공동체구축을 위한 네트워크 구축의 필요성을 절감하게 되었다.

이 지역에 거주하는 재외한인들은 거주국 내에서 주권행사의 주체이면서도 이방인으로 자국민과 달리 차별을 받아왔다. 이러한 현실에서 재외한인보호와 한민족공동체구축을 위해서 재외한인의 대다수가 거주하고 있는 이 지역의 한인권익보호 네트워크실태조사의 필요성이 증대되어 왔다.

그동안 재외한인 연구는 적지 않은 성과를 거두었으나 한민족의 혈통을 계승하면서도 거주국에서 이방인으로 살 수밖에 없는 재외한인에 대한 학문적 논의는 활발하지 못했다. 이처럼 재외한인의 인권이 중요함에도 불구하고 그에 대한 적절한 정책이나 연구결과를 내놓지 못하고 있었다. 최근 한국학술진흥재단의 지원으로 세계한상·문화연구단에 의해 재외한인 연구가 체계적으로 이루어지면서 국내외 많은 관심을 받으며 작은 성과들을 쌓아가고 있다.

이번 연구는 이 지역 거주 한인의 권익보호 네트워크 실태조사로 문헌조사와 실태조사가 시행되었다. 이 연구를 위해 경남대학교 최송자 교수가 중국지역 권익보호 네트워크 실태를 조사하여 정리해 주었으며, 전남대학교 법과대학의 홍기문 교수, 김명재 교수, 송오식 교수, 이승우 교수 등이 전공 분야별로 참여하여 정리해 주었다. 그리고 바쁜 학사일 정 속에서 전진희 양(석사과정)이 러시아 실태조사와 각 지역 기초자료 를 분류하고 정리해 주었다.

마지막으로 이러한 기초조사연구의 기회를 제공해 준 한국학술진흥 재단과 세계한상·문화연구단 그리고 러시아 권익보호 실태조사에 물 심양면으로 협력해 준 동북아평화연대에 깊은 감사를 드린다.

2008년 4월
세계한상·문화연구단 법률인권팀 장 신

|차 례|

■총서를 펴내며 /5   ■추천사 /10   ■서문 /14

Ⅰ 서 론 ··· 21

1. 연구의 목적과 필요성 ······························· 21
2. 연구내용 ·· 24
  1) 연구대상지역 /24
  2) 연구대상 /25
  3) 연구내용 /27
3. 연구방법 ·· 27

Ⅱ 재미한인의 권익보호 네트워크 실태 ·················· 29

1. 재미한인의 권익보호현황 ··························· 29
2. 재미한인 권익보호단체의 현황 ··················· 32
  1) 법률단체의 현황 /34
  2) 인권단체의 현황 /44
  3) 봉사단체의 현황 /95
3. 재미한인 권익보호단체의 네트워크 ··············· 115
  1) 법률단체의 네트워크 /117
  2) 인권단체의 네트워크 /121
  3) 봉사단체의 네트워크 /130
  4) 재미한인 권익보호단체의 네트워크 특징 /134

Ⅲ 재일한인의 권익보호 네트워크 실태 ·················· 137

1. 재일한인의 권익보호현황 ················· 137

2. 재일한인 권익보호단체 및 변호사의 현황 ················· 143
1) 권익보호단체의 현황 /143
2) 변호사의 현황 /156

3. 재일한인 권익보호단체 및 변호사의 네트워크 ················· 161
1) 권익보호단체의 네트워크 /161
2) 변호사의 네트워크 /167
3) 재일한인 권익보호단체 및 변호사의 네트워크 특징 /169

Ⅳ 재중한인의 권익보호 네트워크 실태 ·················· 172

1. 재중한인의 권익보호현황 ················· 172
1) 중국의 권익보호현황 /174
2) 조선족의 권익보호현황 /185
3) 중국의 법률서비스시장현황 /191

2. 조선족변호사의 현황 ················· 194
1) 조선족변호사의 지역적 분포 /195
2) 조선족변호사의 성별 /196
3) 조선족변호사의 사무소 분포 /197
4) 조선족변호사의 정치적 성향 /198
5) 조선족변호사의 변호사사무소에서의 지위 /199
6) 조선족변호사의 연령 /199
7) 조선족변호사의 학력 /200
8) 조선족변호사의 외국유학경력 /201
9) 조선족변호사의 국내 출신대학 소재지 /201
10) 조선족변호사의 자격증 취득연도 /202
11) 조선족변호사의 주요업무 /203
12) 조선족변호사의 주요고객 /204

3. 조선족변호사의 네트워크 ················· 204
1) 조선족변호사 개인의 네트워크 /205
2) 변호사사무소의 네트워크 /217
3) 변호사협회의 네트워크 /236
4) 조선족변호사의 네트워크 특징 /243

V 재러한인의 권익보호 네트워크 실태 ·········· 247

1. 재러한인의 권익보호현황 ·········· 247

2. 재러한인 권익보호단체의 현황 ·········· 249
1) 동북아 평화연대의 현황 /249
2) 고려인돕기운동본부의 현황 /251
3) 우리민족서로돕기운동의 현황 /253

3. 재러한인 권익보호단체의 네트워크 ·········· 256
1) 동북아평화연대의 네트워크 /256
2) 고려인돕기운동본부의 네트워크 /258
3) 우리민족서로돕기운동의 네트워크 /260
4) 재러한인 권익보호단체의 네트워크 특징 /261

VI 맺음말 ·········· 263

1. 조사결과 ·········· 263
1) 국가별 권익보호수준의 차이점 /263
2) 네트워크 구축 문제점 /265

2. 재외한인의 권익보호를 위한 네트워크 구축방안 ·········· 273
1) 네트워크 구축 모델 /273
2) 한국을 주축으로 네트워크 구축 /275
3) 국가별 네트워크 구축방안 /279

■참고문헌 /285
■부록 /288
■찾아보기 /306

표 차례

〈표 II-1〉 재미한인 권익보호단체 리스트 /30
〈표 II-2〉 재미한인 권익보호단체의 네트워크 /113
〈표 III-1〉 재일한인 권익보호단체 /141
〈표 III-2〉 재일한인 권익보호 활동가 /154
〈표 IV-1〉 조선족변호사의 지역적 분포 /193
〈표 IV-2〉 조선족변호사의 성별 /194
〈표 IV-3〉 조선족변호사의 사무소 분포 /195
〈표 IV-4〉 조선족변호사의 정치적 성향 /196
〈표 IV-5〉 조선족변호사의 지위 /197
〈표 IV-6〉 조선족변호사의 연령 /197
〈표 IV-7〉 조선족변호사의 학력 /198
〈표 IV-8〉 조선족변호사의 유학경력 /199
〈표 IV-9〉 조선족변호사의 출신대학 소재지 /199
〈표 IV-10〉 조선족변호사의 자격증 취득연도 /200
〈표 IV-11〉 조선족변호사의 주요업무 /201
〈표 IV-12〉 조선족변호사의 주요고객 /202
〈표 IV-13〉 51개 변호사사무소 리스트 /215
〈표 IV-14〉 조사대상 변호사사무소 리스트 /217
〈표 IV-15〉 서울변호사협회와 북경시율사협회와의 교류회의 일시 및 주제 /239

I
서 론

1. 연구의 목적과 필요성

19세기 중엽부터 새로운 삶의 터전을 찾아 만주와 연해주로 떠나면서 시작한 한민족의 이주와 정착의 역사는 어언 140년이 되었다. 2005년 외교통상부의 통계에 따르면, 해외한인은 세계 150여 개국에 약 6,638,338명이 거주하고 있는 것으로 알려져 있다. 그 중 미국에 2,087,496명, 일본에 901,284명, 중국에 2,439,395명, 러시아 및 중앙아시아에 532,697명이 거주하고 있다. 즉 해외한인의 91%가 미국, 일본, 중국, 러시아 및 중앙아시아에 집중되어 있는 것이다.

미국, 일본, 중국, 러시아 및 중앙아시아가 포진하고 있는 동북아 지역은 현재 세계경제의 핵심지역으로 부상하고 있다. 우리 해외한인의 91%가 거주하고 있는 이들 국가는 남북한과 더불어 동북아경제권의 주도권을 놓고 선의의 경쟁이 불가피한 나라들이다. 이들과 비교하여 자원, 자본, 기술면에서 경쟁력이 현저히 떨어지는 남북한이 비교우위를 확보하여 대등한 지위를 유지하거나 주도권을 잡기란 결코 쉬운 일이 아니다. 이러한 상황에서 이들 국가에 우리 한인들이 살고 있다는 사실은 우리에게 강점으로 작용하고 있다. 이것은 미국, 일본, 중국, 러시아 및 중앙아시아의 어느 나라도 갖지 못한 우리만의 강점이다. 따라서 1990년대부터 민족의 정체성문제가 큰 화두로 등장했다. 이러한 국내외적인 변화는 민족통일의 기반확충에 대한 요구를 증대시켰고, 특정한 지리적 공간에 국한되지 않고 해외 한인사회까지 포괄하는 초영토적 개념의 한민족공동체구축의 필요성을 절감하게 하였다.

중국 화상네트워크와 이스라엘 유태인네트워크의 성공 또한 우리에게 네트워크를 기반으로 하는 한민족공동체구축의 가능성을 제시해주고 있다. 1980년대 이후 중국의 경제개발에 투입된 해외투자자금의 2/3 이상이 화교자본에 의하여 충당되었다. 이스라엘은 건국 이래 해외 거주 유태인들의 자금이 이스라엘을 막강한 나라로 키우는데 결정적인 역할을 했으며, 지금도 이스라엘에게 유리하게 외교정책이 세워지도록 각국정부에 압력을 가하기 위해 해외거주 유태인들이 활발한 활동을 벌리고 있다.

지난 140년간, 재외한인들과 그들의 모국인 한국은 각자 자기의 길을 걸어왔다. 재외한인들은 낯설고 물선 이국땅에서 삶의 터전을 마련하기 위해 처절한 생존경쟁을 벌였고, 모국인 한국은 한반도에서 조국의 독립과 민주화 그리고 근대화의 실현을 위해 노력해 왔다. 한 세기 반이 지난 현재 재외한인사회는 제2세, 제3세 시대에 접어들고 있고 세대를 거듭할수록 재외한인들의 거주국으로의 동화가 심화되면서 재외한인사회가 해체될 수 있다는 위기의식이 고조되고 있다. 이것은 미국, 일본, 중국, 러시아 및 중앙아시아에 공통으로 존재하는 현실적인 문제이다. 한민족공동체의 구축은 더 이상 늦출 수 없는 역사의 필연이며 시대적 요청이다.

화상과 화상의 모국인 중국의 관계, 유태인과 유태인의 모국인 이스라엘의 관계를 보면, 경제적 이익 등 실질적 이득을 떠난 맹목적인 민족의식은 있을 수 없는 것이다. 중국의 급부상은 화상들과 중국 간의 "협력과 발전"이라는 상부상조의 공생관계로 가능했고, 유태인과 이스라엘의 관계 역시 모국이 없는 설움을 겪을 대로 겪은 수난의 역사가 뒷받침이 되고 있다. 단순하게 한민족의 혈통적 단일성, 언어, 역사, 문화의 공유를 이유로 해외한인들에게 모국지향적인 삶을 요구한다는 것은 현실적인 네트워크 형성방안을 제시해 주기보다는 단지 정치적 구호 혹은 공허한 이념으로서의 민족주의로 그칠 수 있다.

따라서 모국인 한국은 재외한인들과 공생의 관계를 형성하는 것이 자못 중요하다. 한국은 모국으로서의 의무를 다하여 재외한인들의 '혈통, 문화 및 전통의 뿌리가 한국에 있음을 유념하면서 거주국 사회 내에서 안정된 생활을 영위하고 또한 존경받는 모범적인 구성원으로서 성장할 수 있도록 국제법, 국내법 및 거주국의 법과 제도가 허용하는 테두리 안에서 지원'하며, 재외한인들은 모국에 대한 도의를 다하여 모국의 거주국에서의 지위향상에 기여하며 민족의 정체성을 지속적으로 유지하고 모국지향적인 삶의 방향을 설정하고 한민족공동체를 구축함으로써 궁극적으로 모국과 재외한인의 win-win의 상생의 관계를 형성하는 것이다.

공생관계 형성을 위해서는 재외한인사회의 실태에 대한 정확한 파악이 전제되어야 한다. 미국, 일본, 중국, 러시아 및 중앙아시아에 거주하는 한인들의 거주국 이주와 정착의 각 시기는 모국과 거주국의 상이한 요인들에 의해 유발되었다. 따라서 한인들은 상이한 방식으로 거주국 사회로 편입되었고 이들의 법적 지위와 직면한 사회문제도 사뭇 다르다. 재외동포재단에서 운영하는 한민족 네트워크(www.hanminjok.net)가 2004년에 실시한 온라인 여론조사에 따르면, 재외한인들이 모국으로부터 지원받기 원하는 항목에서 제1순위로 거주국 내에서의 인권 및 권익보호를 꼽고 있다.

따라서 한국이 재외한인들과 공생의 관계를 형성하는 첫 걸음은 그들의 거주국에서의 인권 및 권익보호상황을 파악하고 한인커뮤니티에서 모국과의 연대관계를 형성할 수 있는 권익보호단체 및 활동가에 대한 파악을 진행하는 것이다. 그 다음 순위로 광범위한 연대를 형성함으로써 한민족공동체 구축과 한민족공동번영이라는 과제를 완성하여야 한다.

한국에서 재외한인에 대한 연구는 근년에 본격적으로 시작되었다. 그동안 재외한인에 대한 연구는 주로 이주, 경제적 적응, 문화적 동화 및 유지, 정체성, 인종 및 민족관계 등에 초점을 맞추었기 때문에 그들의 권익보호에 대한 연구는 매우 미미한 수준이다. 권익보호에 관해 진행되는 연구는 다른 사안과는 달리 정치적으로 예민하고 공개적으로 조사하기 어려운 점이 있다. 특히 거주국별로 인권의식수준이 다르고 인권관련 통계의 양과 질에 큰 차이가 있어 연구에 어려움이 있다. 때문에 재외한인의 권익보호에 관한 연구는 매우 미미한 수준이며, 진행된 연구는 상대적으로 자료수집이 용이한 미국과 일본에 국한되고 있다. 아직까지 재외한인사회의 권익보호 단체 및 활동가에 대한 체계적인 연구와 그들의 네트워크에 대한 분석은 진행된 예가 없다.

따라서 재외한인의 인권보호상황에 대한 총체적인 파악과 재외한인의 권익보호를 위한 단체 및 활동가의 실체파악이 우선시되어야 한다. 재외한인의 권익보호 단체 및 활동가에 대한 파악에는 그들의 주요활동과 구축하고 있는 네트워크 조사가 필요할 것이다. 정보화시대에 네트워크는 곧 경쟁력이다. 한민족공동체는 지역, 국경을 초월한 광대한 네트워크를 형성함으로써 세계 각지에 분산되어 있는 한민족들의 힘을 결집시키고 유한한 자원을 최대한 동원하여 한민족의 공영에 이바지할 것이다.

2. 연구내용

1) 연구대상지역

연구대상국가는 재외한인들이 가장 많이 집결된 미국, 일본, 중국, 러시아 및 중앙아시아를 선정하였다. 연구대상지역은 다음과 같다.

국 가	연 구 대 상 지 역
미 국	LA, 뉴욕
일 본	도쿄, 오사카
중 국	북경, 천진, 심양, 연길
러시아 및 중앙아시아	전체 지역

2) 연구대상

연구대상은 거주국 한인의 권익보호현황 및 권익보호단체 및 활동가에 국한시키고 있다. 본 연구팀의 속성상 활동가는 변호사에 국한시키고 있다. 미국, 일본, 중국, 러시아 및 중앙아시아는 경제발전수준과 역사·문화적 배경이 다르며, 한인들이 이주한 시대와 배경이 다르다. 따라서 한인들의 권익보호수준과 정도에는 비교적 큰 차이가 존재한다. 거주국 한인들의 인권보호상황은 또 권익보호단체 및 활동가들의 활동 내용과 그들이 형성하는 네트워크의 범위를 결정한다.

미국은 성숙한 자본주의국가이며, 자유와 평등에 기초한 민주주의가 가장 발달한 나라이다. 그러나 이민자이면서 동시에 유색소수민족성원인 재미한인은 미국사회에서 여전히 차별과 불이익을 받고 있다. 1992년 LA폭동 이후 정치력 신장은 재미한인사회의 급선무로 등장하였다. 이러한 문제들을 염두에 두고 사회단체를 선정함에 있어서 현재 재미한인사회에서 비교적 영향력이 있고 활동을 활발하게 전개하고 있으며 재미한인 권익보호의 다방면을 반영할 수 있는 단체들을 선택하였다. 선정된 단체들은 모두 23개이다. 그 가운데서 수집한 자료가 부실하거나 본 연구의 취지에 부합되지 않는 4개 단체를 배제하고 최종 19개 단체를 연구대상으로 선정하였다. 이들에 대한 분석을 통해 재미한인사회 권익보호단체의 주요활동 및 네트워크 실태를 분석하고자 한다.

단일민족신화를 고집하는 일본사회에서 재일한인은 뿌리 깊은 편견과 차별의 대상이 되었다. 최근엔 많이 개선되었다고는 하나 여전히 많은 차별 속에서 살고 있다. 국적, 참정권, 공무담임권, 전쟁희생보상청구권, 지문날인제도, 고용차별과 입주거부 등은 재일한인사회가 직면하고 있는 대표적인 차별이다. 현재 재일한인들은 이런 차별을 없애기 위해 노력하고 있다. 일본에서 단체를 선정함에 있어서 이러한 상황을 염두에 두고 이런 역차별을 없애기 위해 노력하고 있는 단체 및 변호사들을 선정하였다. 여기에는 재일한인 권익보호단체 11개와 재일한인 변호사 10명이 포함된다.

중국은 타 국가들에 비교하여 소수민족에 대해 우호적이고 관용적이다. 게다가 중국공산당 1당 독재, 인권보호에 관한 기본입장, 경제중심의 발전전략, 사회단체활동에 대한 엄격한 규제 등은 미국, 일본과 같은 순수한 의미에서의 인권단체 및 인권활동가가 성장할 수 있는 토양이 아직 마련되어 있지 않다. 중국은 1978년부터 개혁개방정책을 꾸준히 추진해 왔고, 1990년대부터 인치사회에서 법치사회로의 전환을 꾸준히 추진해 왔다. 급변하는 사회경제적 환경 속에서 재중한인들에게 있어서 가장 중요한 것은 사회적응이다. 사회적응은 변화되는 법률환경에 대한 정확한 파악과 법률에 의한 자아보호를 전제로 하고 있다. 따라서 중국 사회에 뿌리를 깊게 내렸고 한국어와 중국어에 능통한 조선족변호사의 역할이 중요시된다. 따라서 재중한인의 권익보호는 현재 재중한인에게 있어서 가장 현실적이고 필요한 법률보호를 의미한다. 따라서 재중조선족변호사에 그 초점을 맞추었다. 이번에 북경, 천진, 심양, 연길 4개 지역의 52명의 조선족변호사에 대한 집중조사를 진행하였다. 지금까지 재중조선족변호사에 대한 연구는 전무하다. 한국은 더 말할 것도 없고 중국에서도 전혀 연구가 되어 있지 않는 실정이다. 최초로 시도된 재중조선족변호사 실태파악은 한민족의 인적자원발굴에도 중요한 의의가 있다고 할 수 있을 것이다.

러시아지역은 이번 연구에서 가장 힘들었던 부분이다. 적성민족이라고 지목된 신분상 제한으로 차별받고 억압받던 재러한인들은 1991년 구소련의 해체와 함께 또 새로운 위기에 직면하고 있다. 현재 그들에게 있어서 가장 중요한 것은 생존문제이다. 삶의 터전을 마련하기 위해 치열한 생존투쟁을 벌리고 있는 그들에게 있어서 가장 필요한 것은 도움이다. 현재 재러한인 권익보호는 주로 한국, 미국을 비롯한 해외의 한인들의 도움에 의하고 있다. 여기에서는 재러한인을 돕기 위해 노력하고 있는 한국의 3개 단체에 대한 소개를 하고자 한다.

3) 연구내용

본 연구는 미국, 일본, 중국, 러시아 및 중앙아시아 등 네 개 지역에서 진행되었다.

국가별연구는 주로 세 개 부분으로 나뉜다. 첫째, 거주국에서의 한인 권익보호현황이다. 이 부분은 거주국의 구체적인 상황에 따라 이주사, 거주국의 인권보호현황, 거주국에서의 한인의 권익보호현황 등 내용을 담게 된다. 둘째, 거주국 한인의 권익보호단체 및 활동가에 대한 소개이다. 여기에서는 주로 선정된 권익보호단체 및 활동가의 주요활동에 대한 소개를 하였다. 셋째, 거주국 한인 권익보호단체 및 활동가의 네트워크실태에 대한 소개를 하였다. 여기에서는 네트워크의 대상, 내용, 민족성, 지역성, 조직성 등을 살펴보았다.

3. 연구방법

본 연구는 두 단계로 나누어 시행했다.

2005년 9월부터 11월까지는 주로 문헌연구방식을 택하였다. 주로 인터넷검색방식으로 거주국에서의 한인들의 권익보호상황, 권익보호방식에 대한 연구를 진행하였다.

2005년 12월부터 2006년 3월까지는 주로 현지조사를 진행하였다. 현지조사는 또 직접조사와 간접조사로 나뉜다. 미국의 경우, 법률연구팀의 연구보조원이 2006년 1월부터 2월까지 미국에서 2달간 체류하면서 현지조사를 진행하였다. 일본의 경우, 현지의 공동연구원이 재일한인의 권익보호를 위해 활동하고 있는 10명의 법률전문가인 변호사와 11개의 권익보호단체를 조사표에 의해 2006년 2월 1일부터 3월 10일까지 동경과 오사카를 중심으로 조사했다. 동시에 사례조사를 병행하였다. 중국지역의 조사는 직접조사와 간접조사를 병행하는 방식을 채택하였다. 2006년 1월부터 2월까지는 전임연구원이 직접 북경과 연길지역의 조선족변호사에 대한 조사에 들어갔다. 천진과 심양지역은 현지인에게 조사를 위탁하였다. 러시아는 동북아평화연대의 도움으로 조사를 진행하였다.

Ⅱ
재미한인의 권익보호 네트워크 실태

1. 재미한인의 권익보호현황

1903년 하와이 사탕수수농장의 노동자로 시작된 한인들의 미국이주는 현재까지 103년이 되었다. 현재 미국은 한국의 최대 이민국이다.

한인의 초기이주는 일본을 비롯한 구미 열강들에게 국가의 주권을 거의 상실하게 된 처지에서 진행된 반강제적 이민이었다. 시대적으로 민족공동과제인 일본으로부터의 독립이 초기 이민한인들의 공동의 목표였고, 폐쇄적이라는 평가를 들을 정도로 재미한인 1세들의 삶은 모국지향적이었다.

1920년대에 접어들어 이민금지법에 묶여서 미국 속의 한인이민이 고정되었다가 1965년 이민법이 바뀌고 미국으로의 한인들이 본격적으로 유입되면서는 그 이민의 성격이 크게 달라졌다. 본국의 경제적 낙후와 정치적 불안 그리고 국가안보의 위기에서 더 나은 생활의 조건과 안전한 곳을 찾아서 선택한 곳이 미국으로의 이민이었다. 또한 본국의 기득권층의 자식교육열에 기인한 자녀교육을 목적으로 이민을 결정하는 것이 주요한 동기가 되었다.

따라서 미국의 대도시에 한인커뮤니티가 본격적으로 형성된 것은 1970년대이다. 본격적인 한인 이민자들은 처음부터 영주를 목적으로 이민을 갔기 때문에 거주국에서 빠른 신분상승을 꾀하였다. 게다가 모국에서 기득권층이던 그들이 미국에서 느끼는 상실감은 한인들끼리의 사회적 역량을 결속하는 데에 있어서는 부정적인 영향을 주게 되었다. 이러한 이유로 인하여 재미한인들은 커뮤니티 개념을 가질 수 없었으며 더구나 한인들끼리 집단적인 힘을 구축하는 일을 기대하기에는 더 더욱 어려웠다.

이러한 상황은 1990년대에 들어서면서 변화가 발생하였다. 1992년 4월 29일 로스앤젤레스에서 인종폭동이 일어났다. 도심 저소득층 흑인들의 경제난과 백인지배의 사법제도에 대한 흑인들의 불만으로 발생한 폭동의 최대 피해자는 한인이 되었다. 폭동 중 전소되었거나 약탈당한 4,500개의 업소 중에서 한인 업소의 수는 2,300개였으며, 전체 재산 피해액 10억 달러 중에서 한인의 피해액은 4억 달러에 달했다. 그러나 폭동 후엔 어떠한 배상이나 보상도 없었고 복구대책도 없었다. 집단적인 가해자인 흑인과 라틴계는 그들을 보호하려는 정치력을 활용하여 전혀 처벌받지 않고 오히려 보란 듯이 거리를 활보하고 있었다. 이민역사상 이처럼 참혹한 피해가 없었지만 한인들은 이민역사상 처음으로 정치력 신장의 절박함에 각성의 계기가 되었다.

1990년대 미주한인사회에 정치력신장 운동이 활성화되게 된 동기는 나성의 4·29폭동 이외에도 경제불황에서 오는 사회복지프로그램 축소로 인한 소수인종 억압분위기, 이민자들에게 불리한 반이민분위기 조성 등을 들 수 있다. 뉴욕지역은 라틴계나 흑인들의 범죄타깃이 된 한인들이 수시로 피해자가 되는 상황이 벌어졌고 흑인과의 갈등이 연속되면서 정치력의 필요함을 깨닫게 되었으며 한 주일이 멀다하고 발생하는 과도한 경찰력행사의 한인피해자가 속출하면서 한인을 위하는 정치인이 전무한 현실을 한인사회가 구체적으로 경험하게 되었다. 사회복지의 혜택에 있어서 영주권자와 시민권자의 차별이 생기기 시작함에 따라 정치력이 미약한 소수인종그룹은 시민권 취득과 유권자 불리기 그리고 투표참여의 운동이 대도시를 중심으로 일어나게 되었다. 이러한 사회적

변동에 맞물려서 한인동포사회에도 권익운동차원의 정치력신장 운동이
일어나게 된 것이다.

현재 재미한인사회에서 절박하고 시급한 이슈는 한인의 집단적인 정
치력을 신장시키는 일이다. 미국은 1960년대 중반 이후 인종차별적인
이민법을 폐지하고 모든 국가에 평등한 이민법을 제정하였다. 그리고
백인문화로의 동화를 강요하는 대신 소수민족의 민족문화와 정체성을
인정하고 보호하는 다원주의 민족정책으로 전환하였다. 인종차별도 최
소한 법과 제도적 영역에서는 금지되고 배척되고 있다. 하지만 재미한
인은 이민자이면서 동시에 유색 소수민족성원으로서 백인 지배 미국사
회에서 취업, 승진, 소득 등에서 여전히 차별과 불이익을 당하고 있다.

지금 한인 정치력은 난민으로 구성된 베트남계보다도 미국속의 합법
적인 정치력은 크게 뒤지고 있는 것이 현실이다. 한인커뮤니티를 보호
할 수 있는 정치력신장에 관심과 노력을 기울여야만이, 정치력에 의해
서 소수인종들로부터는 연대세력의 대상으로, 주류사회로부터는 무시
할 수 없는 당당한 시민사회의 한 커뮤니티로 인정될 수 있는 것이다.

미국에서 한 집단의 정치력을 말할 때엔 그 집단의 크기(인구수)와
참정권의 힘을 말한다. 커뮤니티의 정치력 기본은 인구수(센서스)이고,
정치력 핵심은 유권자등록과 투표참여이다. 투표에 참여하려면 시민권
을 취득한 후에 유권자로 등록을 해야만 한다. 연령은 만 18세 이상이
되어야 한다. 따라서 후발 이민자인 아시안 중에 1980년대에 이민의 유
입이 급격하게 증가한 한인사회는 무엇보다도 시민권취득이 중요한 이
슈이다. 과거와 달리 미국의 이민정책은 이민 유입을 줄이는 방향으로
가고 있기 때문에 외국인(영주권자)들의 시민권취득 과정을 점점 까다
롭게 규정하고 있다. 정치력신장운동의 가장 기본은 시민권 취득과 시
민권자의 유권자등록이다. 따라서 정치력 신장운동을 주도하는 기관은
시민권취득(신청대행, 시민권교육, 시민권인터뷰)부터 유권자등록, 유권
자관리, 투표참여에 이르기까지 이 모든 과정을 책임 있게 하지 않고서

는 구체적인 성과를 내기 어려운 일이다. 이러한 과정에 한인커뮤니티가 한인사회의 이슈를 내놓고 정치인들과 매번 싸움을 해야만 정치력에 의한 커뮤니티의 발전과 보호를 기대할 수가 있는 일이다.

현재 민주화와 통일운동에 나섰던 사람들이 재미한인사회의 정치력 신장운동을 주도하고 있다. 이들은 1980년대 한국이 군사권력의 폭압에 인권이 유린당하는 사실들이 미국의 주류미디어에 크게 보도가 되고 특히 1980년 광주민주항쟁이 세계 언론의 초점이 되자 이를 위하여 미국의 진보세력과 연대하여 활동을 하던 1.5세와 2세들이었다. 더구나 전두환 권력으로부터 광주항쟁 배후인물로 사형수배를 받던 윤한봉씨가 미국으로 밀입국하여 정치망명을 시도하자 그의 주변에 모였던 뜻 있고 진지한 2세 청년들이다. 본국 군사독재의 탄압을 피해서 미국에 망명이나 피신해 왔던 진보인사들이 1986년을 기점으로 대거 귀국을 하면서 민주화운동과 통일운동에서 단련된 1.5세 한인청년들이 4·29 폭동의 현장을 목격하고 한인커뮤니티의 현안에 관심을 돌리고 비영리 단체 전문가로 활동을 시작하게 된 것이다.

2. 재미한인 권익보호단체의 현황

〈표 Ⅱ-1〉 재미한인 권익보호단체 리스트

유형	단체명칭	설립연도	설립목적	주요활동
법률단체	LA법률보조재단	1929년	법률서비스, 지역사회 봉사	법률상담, 교육
	아태법률센터	1983년	법률서비스, 지역사회 봉사	법률상담, 교육
	뉴욕한인변호사회	1986년	법률가들의 연대	법률상담, 법률세미나
	북가주한인변호사회	1980년	변호사들 간의 연대, 한인커뮤니티와의 교류	법률상담, 멘토링 프로그램
	워싱턴한인변호사회	-	한인변호사들간의 교류, 한인커뮤니티와 한인변호사들간의 교류	법률상담

유형	단체명칭	설립연도	설립목적	주요활동
인권단체	한인유권자센터	1996년	한인정치력 신장	정치의식고양, 시민권대행, 유권자등록, 투표참여캠페인, 선거관련조사, 한인후보지지, 한인보호
	LA민족학교	1983년	민족교육 정치력 신장	교육, 법률상담, 시민자권리옹호, 정치력신장, 의료봉사
	뉴욕청년학교	1984년	민족교육 정치력 신장	민족교육, 지역사회봉사, 시민자권리옹호, 정치력신장
	남가주한인 노동상담소	1992년	한인노동자권익보호, 정치력신장	노동자권익보호, 유권자운동
	뉴욕한인봉사센터	1973년	사회복지 정치력신장	노인복지 프로그램, 지역발전프로그램, 공공보건프로그램 ,이민자권익옹호
	한미연합회	1983년	한인정치력신장 한인의 주류사회 진출	더불어살기, 한민족결집, 시민자권익옹호, 정치력신장, 지역사회봉사
	미주한인봉사 교육단체협의회	1994년	정치력신장	청소년지도자양성프로그램, 시민자권익옹호, 정치력신장
	코리안아메리칸 시민활동연대	2000년	정치력신장	청소년지도자양성프로그램, 시민자권익옹호, 정치력신장
	재미한국청년연합	1984년	평화, 인권, 통일	반전평화운동 북한돕기운동
봉사단체	뉴욕가정상담소	1989년	여성보호 가정보호	가정폭력반대 청소년교육
	LA한인가정상담소	1983년	가정보호	가정문제상담 가정문제예방
	가정문제연구소	1987년	여성보호, 가정보호	상담, 가정문제예방프로그램
	한인청소년회관	1975년	청소년보호 정치력 신장	상담, 청소년보호프로그램 운영, 점진적으로 정치력신장에 투입
	뉴욕아름다운재단	2003년	나눔의 정신과 올바른 기부문화 전파	기금지원

1) 법률단체의 현황

⑴ LA법률보조재단(LAFLA)의 현황

① 개 관

LA법률보조재단은 로스앤젤레스 지역의 저소득층 합법이민자에게 무료로 상담을 제공하는 비영리단체이다. LA법률보조재단은 정의를 실현하고 커뮤니티 내의 불평등을 해소하며 법률보조와 커뮤니티내의 교육을 통하여 효과적인 법률시스템의 변화를 주도하고자 한다.

현재 LA전역에 걸쳐 6개의 사무실과 120여 명의 직원들을 갖추고 커뮤니티에 봉사하고 있으며 주거 및 주택소유와 관련 분쟁으로부터 복지에 관한 상담 문의 및 고용, 소비자피해, 이민, 가족법에 이르기 까지 광범위하고 다양한 분야에 걸친 법률서비스를 제공하고 있다.

법률가와 스텝들로 구성된 본 재단은 무료법률상담과 워크숍과 세미나 등을 통한 공동체 교육을 추진하며 다른 커뮤니티 내의 단체 및 법률가들과 로펌, 지역 대학들과 연계하여 다양한 법률서비스 및 각종 교육을 체계적이고 지속적으로 추진한다.

그 발전연혁은 다음과 같다.

- 1929년 6월, The Southern California Legal Aid Clinic Association, LAFLA's 설립
- 1929년 9월 15일, 개소. 처음 사무실은 University of Southern California(USC)의 로스쿨 안에 설치했고, Leon David, Edwin Franke 와 로스쿨학생들 및 자원봉사자로 운영
- 1930년 9월까지 개소이래 일 년 동안 약 1,400여 건의 법률상담을 처리했고 관련 정식 고용변호사와 직원 그리고 72명의 학생 등이 참여
- 1934년, John O'Melveny 이사장으로 선출
- 1935년, 더 이상의 재정적인 부담과 폭주하는 상담량을 감당하지

못하고 분리 Building at 106 W. 3rd St.로 이주

○ 1937년, Legal Aid Foundation of Los Angeles (LAFLA)으로 개명

○ 1941년 연예산 13,244달러.

○ 1952년 7월, 소속변호사들의 아내들이 발벗고 나서서 본 재단이 자선단체임을 천명하고 자원봉사 코디네이터로 11명의 여성을 고용

○ 1953년 10월, Long Beach에 The Legal Aid Foundation of Long Beach (LAFLB)설립

○ 1954년 5월, 소속변호사들의 아내들이 주도적으로 연회의 자선기금행사마련

○ 1966년, LAFLA and LAFLB기금을 수여받고 각각 3개씩 6개 지부설치

LAFLA (Lincoln Heights, Boyle Heights, and West Washington Blvd)

LAFLB (Wilmington, Central Long Beach, and San Pedro).

○ 1971년 6월, LAFLA와 Legal Services Society (LANLSS)통합

○ 1974년 9월, 재정적 빈곤으로 인해 Vermont 사무소는 폐업

○ 1977년, LAFLA 산하에 National Immigration Law Center (NILC)_ 이민법센터 개소

○ 1980년, Gary Blasi (now a professor at UCLA Law School) 와 Barbara Blanco (now a professor at Loyola Law School) 는 LAFLA 내에 퇴거변호센터(Eviction Defense Center ; EDC)를 만들었고 이후 EDC는 LA법률보조재단의 핵심분야로 성장

○ 1985년, 정부기금, 고용법, 빈민법 등 다양한 분야에 관한 조직을 설치

○ 1996년, LAFLA로부터 이민법센터 분리

○ 1997년 5월, Bruce G. Iwasaki 이사장으로 선출

○ 1998년 6월, LAFLA에서는 늘어난 아시아 태평양핫라인 언어서비

스 실시(한국어, 중국어, 타갈로그어, 필리핀루손섬의 원주민어)
- ○ 1999년 10월 13일, 남캘리포니아의 최초의 가난한 사람들을 위한 법률보조기관이었던 LAFLA의 70주년 경축 행사
- ○ 2001년 1월 1일 : LAFLA와 롱비치의 법률보조재단(Legal Aid Foundation of Long Beach) 통합

② 주요활동

가. 무료법률상담

LA법률보조재단은 남캘리포니아지역에 최초로 설립된 가난한 사람들을 위한 법률보조기관으로서, 무료법률상담은 가장 중요한 업무이다.
- ○ 주거법 ─ 퇴거소송, 퇴거, 건물수리, 위생, 렌트, 정부보조 아파트 문제 등
- ○ 주택소유 ─ 유질처분, 저당, 주택개량론, 잘못된 집수리 문제 등
- ○ 정부혜택 ─ 웰페어, 메디칼, 메디케어 등의 항소
- ○ 고용법 ─ 임금요구, 실직수당 보험거부, 불법해고
- ○ 가정법 ─ 이혼, 자녀양육권/방문권, 자녀양육비, 가정폭력
- ○ 이민법 ─ 시민권 신청, 가정폭력 피해자 영주권 신청
- ○ 소비자법 ─ 소비자사기, 계약과 워런티, 융자와 할부구입 동의서, 불공정한 판매행위
- ○ LA주정부에 강력범죄 피해자기금 신청

나. 법률관련 세미나 개최

LA법률보조재단은 한인사회의 현안에 근거하여 공동으로 또는 단독으로 법률관련 세미나를 개최하는 방식으로 법률서비스를 제공하고 있다.
- ○ 2004년 8월 7일, LA법률보조재단은 한국문화원에서 LA총영사관, 한인변호사협회와 공동으로 국토안보부 이민국(USCIS) 관계자 초청하여 이민법규 세미나를 개최하였다.

⑵ 아태법률센터(APALC)의 현황

① 개 관

아태법률센터(APALC)는 1983년 아시아태평양의 커뮤니티에 대한 지역적 봉사를 목적으로 설립되었다. 아태법률센터는 시민적 권리를 옹호하고 법률서비스와 교육을 통하여 커뮤니티 내에 긍정적인 영향력을 미치며 아시아태평양지역출신의 아메리칸에게 더욱 평등하고 조화로운 사회를 만들기 위해 노력하고 있다. 아태법률센터는 워싱턴의 아메리칸정의센터(Asian American Justice Center)와 아태분쟁해결센터(Asian Pacific American Dispute Resolution Center) 등과 연대하여 활동하고 있다.

그 발전연혁은 다음과 같다.

○ 1983년 아태법률센터(APALC) 창립

아시아태평양지역 출신의 혼혈인들을 중심에 두고 그들의 커뮤니티내의 법적 조언의 필요성에 의하여 만들어졌다. 초기에는 법률서비스와 교육과 시민권지지 등과 관련한 내용에 한정되었다. Vincent Chin의 살인자에 대한 판결을 두고 혼혈인에 대한 관심증폭

○ 1984년 Vincent Chin의 어머니가 방문, 가족법과 이민법분야에 대한 커뮤니티의 높은 수요에 대처하여 그 분야에 대한 법률서비스 강화

○ 1985-1986년, LA전역의 유권자 운동전개(투표자 교육과 그 효과와 영향에 관한 교육 실시). 캘리포니아주법정으로부터 무료법률서비스에 대한 기금지원 받음

○ 1988년, 아태법률센터가 아시아변호협회와 연계

○ 1989년, 아태분쟁해결센터(Asian Pacific American Dispute Resolution Center) 창립

○ 1990년, The Coalition of Asian Pacific Americans for Fair Reapportionment (CAPAFR) 창립. 이는 캘리포니아의 아시아태평

양커뮤니티에게는 첫 번째의 주요한 노력 중의 하나임.

○ 1991년, National Asian Pacific American Legal Consortium (NAPALC) 설립. 아태법률센터는 세 개의 기금가입기관 중의 하나임.

○ 1991년, 인종 간의 관계에 관한 리더십개발 프로젝트(Leadership Development in Interethnic Relations) 시행

○ 1992년 LA폭동기간 중 코리안아메리칸이 운영하는 상점은 막대한 피해를 입었다. 이후 경제개발과 인종적 관계에 있어서도 LA의 아태지역인들과 다문화의 협력이 절실히 필요한 것임에 공감대 형성

○ 1993년, 시민권 획득에 관한 프로젝트 무료로 운영

○ 1997년, 이민복지 프로젝트 추진

○ 1998년, 아시아태평양지역관련 인구 조사 실시, 유권자선거참여 유도를 통하여 정치력 향상을 위함.

② **주요활동**

가. 무료법률상담

아태법률센터의 한인 변호사가 직접 민족학교에 가서 정기적으로 법률상담을 하고 있다. 상담내용에는 주거법, 가정법, 이민법 등이 포함된다.

○ 주거법−퇴거소송응답서 작성보조, 주거관련 불만접수 정부기관 안내, 렌트콘트롤 권리 교육, 시큐리티 디파짓 환불요구 지원

○ 가정법−재산이나 부채 관련 없는 이혼상담, 양육비, 양육권, 방문권, 배우자보조금 문제 보조, 가정폭력관련 접근금지 신청보조

○ 이민법−시민권 신청관련 문의, 영주권 및 가족 이민신청 안내, 가정폭력피해자(VAWA) 영주권 신청, 임시 영주권 관련문의

나. 지역봉사활동

아시아태평양의 커뮤니티에 대한 지역적 봉사를 목적으로 설립된 아

태법률센타는 지역봉사활동에도 적극 나서고 있다.

○ 2006년 3월, 아태법률센터는 아태건강벤처, 민족학교, 헬스컨수머 센터, LA시노인국, 건강권리센터, 아태노인센터 등과 공동으로 메디케어 파트 D 등록 마감이 8주 앞으로 다가온 가운데 아태계 노인들의 프로그램 가입을 촉구하는 '메디케어 D'프로그램 설명회를 개최하였다.

○ LA법률보조재단(LAFLA), 아태법률센터(APALC), 네이버후드법률센터, 보트피플SOS, 인신매매 근절연합(CAST) 등 5개 단체는 2003년 4월 14일 힐다 솔리스 연방하원(캘리포니아·32지구) 지역사무실에서 기자회견을 갖고 인신매매관련법이 제정된 후의 상황을 보고하고 연방정부의 지속적인 도움과 단속을 요청했다. 피해자들 속에는 적지 않는 한인들이 포함되어 있다(중앙일보 LA, 2003.4.14).

다. 정치력신장운동

○ "시민권 신청 한국어 안내" 비디오 제작·배포
복잡한 시민권 신청 절차와 영어 능력 부족으로 시민권 취득에 어려움을 겪는 한인들에게 시민권 취득 절차를 알기 쉽게 설명하고 궁금증을 풀어주기 위해, 아태법률센터는 한국어판 '시민권 취득 안내 비디오'를 제작 및 배포하였다.
아태법률센터는 2004년 2월 3일 제인 아리아노 LA이민국장 등이 참석한 가운데 기자회견을 갖고 한국어 등 6개 언어로 제작된 '미 시민권 취득 절차 가이드'라는 제목의 교육용 비디오를 무료로 배포한다고 발표했다. 5분 분량의 이 비디오는 한국어, 북경어, 광동어, 타갈로그어, 베트남어, 영어판 등 6개 국어로 제작됐으며 시민권 신청 자격 설명에서부터 시민권 신청양식(N-400) 작성법, 시민권 인터뷰 요령에 이르기까지 시민권 취득 절차에 대한 실질적인 내용을 담고 있다. 특히 시민권 신청 관련 문답풀이와 함께 모의 시민권 인터뷰 모습도 포함돼 있어 이민자들이 시민권 인터뷰에 대해 가지고 있는 궁금증과 불안감을 해소해 줄 수 있다.

비디오의 한국어판은 총 300개가 제작됐으며, 아태법률센터에 신청하면 무료로 받을 수 있다. 아태법률센터는 2004년 2월 11일 오후 6-8시 민족학교(900 Crenshaw Blvd, LA)에서 한국어판 시연회를 개최했다(한국일보, 2004.2.8).

○ 2005년 11월 5일, 아태법률센터는 한미변호사협회, 민족학교와 공동으로 시민권 신청 무료 워크숍을 민족학교에서 열었다. 사전 예약을 한 40여 명이 참가한 이날 행사는 시민권 신청부터 인터뷰에 이르기까지 시민권 신청에 관한 모든 것이 안내됐다. 이번 상담에는 아태법률센터 관계자, 변호사, 법대생 등 10여 명의 자원봉사자들이 나왔다.

○ 아태법률센터(APALC)가 2004년 대선 당시 LA·오렌지카운티 아태계 유권자의 투표성향을 분석한 '투표소에서의 아태계' 보고서를 제출했다. 보고서는 LA와 OC 선거관리위원회가 공개한 유권자 자료와 2004년 대선 당시 APALC가 실시한 출구조사 결과를 토대로 작성됐다. 출구조사에는 4,333명이 참여했고, 이 중 한인은 239명이었다(한국일보, 2006.6.3).

(3) 뉴욕한인변호사회의 현황

① 개 관

뉴욕한인변호사회는 1986년에 설립된 비영리법인으로서, 미국 내 한인사회의 법적 서비스를 증진시키고 한인사회와 미국사회와의 조화를 도모하기 위하여 조직되었다. 회원들의 자발적인 참여와 봉사로 한인과 아시안 커뮤니티의 민권수호운동에도 앞장서고 있으며, 주요 분쟁 시에 한인커뮤니티의 입장을 대변할 수 있는 단체이다. 현재 뉴욕일원에는 약 2,000명 정도의 한인변호사들이 활동하고 있다.

② **주요활동**

가. 무료법률상담

2001년 이래로 무료법률상담활동을 전개하고 있다. 매월 실시되는 무료법률상담은 미주지역 한인들을 대상으로 실시된다. 특히 기타 단체와는 달리 변호사들이 25명 이상이 대거 참석하며 타 단체의 일인 변호사가 거의 이민법 내지는 가족법에 국한하는 상담과는 달리 각종 법률분야를 포괄적으로 다루고 있는 것이 특징이다. 상담분야는 이민법, 상법, 노동법, 고용법, 파산법, 부동산법, 상해소송, 세법, 증권소송, 형사법 등 주요 분야를 총 망라하고 있다. 또한 한인변호사뿐만 아니라 타민족 변호사들까지 합세하여 법률상담을 실시하고 있어 한인사회와 미국의 다른 커뮤니티간의 유대관계 증진 및 협력을 꾀하고 있다.

나. 현안별 법률세미나 실시

뉴욕변호사협회는 한인사회의 관심을 모으고 있는 현안들에 대해서는 법률세미나를 개최하고 있다.

최근에는 한인사회를 뜨겁게 달구고 있는 반이민법관련 한인사회의 궁금증 해소 및 그 대안을 모색하기 위하여 셀리나 조 변호사, 박수민 변호사, 리처드 안변호사, 김수지 변호사 등 4명의 이민법 전문 변호사가 참석하여 세미나를 개최하였다. 한국어로 진행되는 이번 세미나는 누구나 참가 할 수 있으며 무료이다. 셀리나 조 변호사는 '전문직취업비자(H1B)와 투자비자(E-2)'를 주제로, 박수민 변호사는 '취업 이민: 노동허가 신속처리 프로그램(PERM) 영주권 문호 적체와 영주권 신청'을 주제로 강연하였다. 또 리처드 안 변호사는 '불법체류자의 미국 내 이민신청을 허가하는 이민법 245(i) 조항'에 대해, 김수지 변호사는 '연방의회의 불법체류자 구제법안 논의 현황'에 대해 각각 강연하였다. 패널리스트들의 강연이 끝난 뒤에는 1시간 동안 참석자들을 위한 질의응답 시간이 마련된다. 뉴욕변호사협회의 박준희 회장은 최근 연방의회의 불체자 구제법안 논의와 관련해 그 어느 때보다 이민법에 대한 한인들의 관심이 급증하고 있다면서 한인들이 가장 궁금해할 만한 관련 내용들을 선정해 세미나를 준비했다고 밝혔다. 박 회장은 또 전문 변호사들로 구성된 별도의 위원회를 만들어 한인들이 궁금해 하는 법률문제와 관련한 세미나를 수시로 진행할 계획이라며 특히 초미의 관심사인 불법체류자 합법화 문제에 집중하겠다고 덧붙였다.(중앙일보, 2006.4.14)

⑷ 북가주한인변호사회의 현황

① 개 관

북가주한인변호사회는 한인변호사들의 직업적 협력을 증진하고 지역의 한인커뮤니티에 봉사하고자 1980년대 중반에 결성되었다. 또한 지역 내 로스쿨과의 연계를 통하여 한인커뮤니티－학생－실무자 간의 교류를 증진하고 이들 간의 네트워크 형성 및 정보의 교류를 그 목적으로 하고 있다.

또한 지역한인회와의 연계를 통하여 법률교육실시 및 한인커뮤니티에 영향을 미치는 법률문제의 해결을 모색하고자 한다. 그리고 다른 아시아인, 그리고 소수자, 다른 지역 내 기관들과 공통의 관심에 대하여 협력을 추구한다.

② 주요활동

가. 무료법률상담

○ 무료법률상담은 매주 화요일 저녁 6시에서 8시까지 개최된다.

○ 어린이를 위한 특별 무료법률서비스를 제공하고 있다.

이민자이면서 유색인종으로서 미국 내에서 다양한 차별을 겪게 되는 아동에 대한 특별한 법적보호의 필요성으로 인하여 어린이를 위한 무료 법률서비스를 마련하였다. 이 서비스는 1975년부터 실시되었으며 무료로 사회복지서비스와 법률 서비스를 제공한다. 변호사와 사회복지사로 구성된 각종 교육 상담 및 법률상담을 실시한다.

나. 멘토링 프로그램(KABA MENTORSHIP PROGRAM)

멘토링 프로그램은 한인 변호사와 북가주 내의 한인법대생들과의 교류를 통하여 한인법대생들에게 변호사가 되기 전의 사전지식습득 및 인적교류를 통한 인력풀의 구성을 통하여 이들이 한인커뮤니티 내의 봉사자로서 자연스럽게 흡수될 수 있도록 하는데 그 목적이 있다. 변호사와 법대생들 간의 교류는 한 달에 한 번 정도 이루어지며, 멘토와 멘티간에 자연스러운 의사소통의 구조를 확립하여 단순한 정보교류의 차원을 넘어 인적 유대감을 증진시키고 있다.

⑸ 워싱턴한인변호사회의 현황

① 개 관

워싱턴한인변호사회는 워싱턴 지역 내 한인변호사들 간의 상호교류를 통하여 지식과 정보를 교환하고 한인커뮤니티와 워싱턴 한인변호사들의 성장발전을 함께 도모하기 위하여 설립되었다. 지역 내 타 기관과의 협력을 통하여 정치, 사회, 경제, 문화적 모든 제반 문제에 관한 법률서비스를 제공하고 기타 한인사회의 제반 문제에 관한 법적 여론 형성 및 의견의 단일화 그리고 법률포럼의 기회제공 등을 목표로 활동하고 있다.

② 주요활동

Korean Community Counseling Center(KCCC)와 My Service Mind (MSM)라고 불리는 무료법률상담서비스를 지난 10년 간 지속적으로 개최하고 있다. KCCC는 목요일과 토요일에 MSM은 목요일에 개최된다. 각각의 상담내용은 이민법, 민법, 상법 등 법률주요분야에 걸친 상담을 제공하고 있으며 자원봉사자들로 이루어진 워싱턴 지역 내의 변호사들이 무료로 상담을 실시하고 있다.

2) 인권단체의 현황

(1) 한인유권자센터의 현황

① 개 관

1992년 4월에 발생한 LA폭동은 미국에서 살고 있는 한인들의 생존의 기반이 뿌리째 흔들린 이민 역사상 가장 큰 충격적인 사건이었다. 폭도들의 테러와 방화에 참혹한 피해를 입었지만 한인들은 그 어떠한 보상도 받지 못했으며 가해자에 대한 어떠한 처벌도 없었다. 이 사건은 특히 1.5세나 2세들에게 한인사회의 정치력 부재에 대한 각성을 불러일으키는 계기가 되기도 하였다.

특히 뉴욕에선 1991년 부르클린 처치에브뉴 사태로 인하여 한인사회가 흑인커뮤니티와의 집단적인 갈등으로 인해 일촉즉발의 위기를 맞기도 하였었다. 이러한 큰 사건들을 겪으면서 한인들은 정치력이 없으면 법의 보호도 기대할 수 없다는 자각을 하게 되었다.

한인유권자센터는 이러한 상황 속에서 한인사회 정치력신장을 위하여 1996년 3월 뉴욕에서 비영리단체로 설립되었으며, 뉴저지에는 2000년 6월 1일에 한인밀집지역인 포트리에 쥬저지한인유권자센터를 설립하였다. 뉴욕/뉴저지한인유권자센터는 정치력 신장을 위한 35만 동포사회의 유일한 비영리단체의 전문기관이며, 시민권 교육, 시민권관련 인터뷰, 유권자 등록, 투표참여유도, 한인유권자관리 등 뉴욕일원 한인동포사회의 유일한 유권자관련 전문기관의 역할을 하게 되었다. 주로 1.5세나 2세의 자원봉사 활동으로 사업을 전개하고 있다.

② **주요활동**

가. 정치의식계몽운동

한인유권자센터는 설립된 그날부터 여러 가지 행사를 통해 한인들의 정치의식계몽에 앞장섰다.

○ 1996년 4월 28일, 흑인인권운동가인 Mr.Vernon Mason과 Roy Hong (LA KIWA 소장)을 초청하여 4·29 폭동의 근본원인과 미주동포의 미래를 위한 타민족과의 연대를 모색하여야 한다는 내용으로 강연을 하였다.

○ 1996년 7월 19일-20일, 뉴저지의 청소년캠프에서 시카코대학 목회목사 김정호와 김용환 변호사가 "2세의 정체성"이라는 주제로 강연하였다.

○ 1997년 3월 26일, '97 뉴욕시 선거의 특성과 올바른 선거방법'이라는 주제로 뉴욕선거관리위원회와 함께 세미나를 개최하였다.

○ 1997년 4월 29일, 4·29 5주년 행사로 이수정변호사(이스트베이 한인커뮤니티센터 기획담당 및 인종관련 프로그램담당. 92년 4·29 인종분규 당시 미 주요 TV와 신문 등에서 한인사회의 입장대변)를 초청하여 '21세기 미국의 인종관계와 Korean American의 역할'이란 제목으로 강연을 하였다.

○ 1997년 5월 26일, 세미나를 개최하였다. '개정이민법안에 대해서'라는 주제로 Angelica O. Tang (NYC Mayor's Office of Immigrant Affairs and Language Services)가 강연을 하였다.

○ 2001년 2월 27일, 뉴저지 노인회에서 '한인정치력의 실태'에 대한

강연회를 개최하였다.

○ 2002년 4월 27일, 4·29 10주년 기념 강연회에서 한인유권자센터의 김동석 소장이 "4·29 그리고 그 후 10년, 우리는 어디로 가고 있나?"라는 제목으로 4·29 발생배경과 동포사회가 나아가야 할 방향에 대해서 강연하였다.

○ 2002년 6월 15일, 6·15 남북정상회담 기념행사참석에 참석 6·15 남북정상회담기념 뉴욕평통기념행사에 참석하여 정치력의 중요성을 홍보하였다.

○ 2002년 7월 7일, 뉴욕과 뉴저지의 한인유권자 전원에게 정치력신장에 관한 우편물을 발송하였다.

○ 2002년 8월 5일, 한인유권자센터의 김동석 소장은 뉴욕한인회 제1차 정기세미나에 참석하여 "한인사회의 정치력신장"이라는 주제로, 한인유권자실태를 보고하고 한인들의 유권자등록과 투표참여를 유도하였다.

○ 2002년 11월 27일, 11월 선거결과 발표를 통해 한인정치력현황을 소개했다. 여기에는 신분별 인구분포, 유권자 등록률, 투표율, 타 인종과의 투표율 비교 등이 포함된다.

○ 2002년 12월 27일, 한아름마켓 사장단회의에서 '한인정치력실태'를 발표했다.

○ 2003년 4월 26일, 4·29 11주년을 기념하여 한인학생들을 대상으로 세미나를 개최하였다. 세미나에서는 LA 폭동 원인과 그것이 갖는 의미에 대해 설명하고 LA 폭동관련 다큐멘터리 영화를 상영하였다.

○ 2003년 4월 27일, 뉴저지유권자센터는 참빛장로교회에서 한인정치력의 실태에 관한 현황보고 강연회를 가졌다.

○ 2003년 5월 19일, '뉴욕시 예산 삭감이 한인 커뮤니티에 미치는 영향'이라는 주제로 개최된 한인열린포럼에 참석한 한인유권자센

터의 김동석 소장은 '센서스를 통해 본 한인사회의 현실과 전망-
예산분배와 정치력의 신장'이란 주제로 발제하였다.

나. 시민권 대행업무

한인유권자센터는 한인사회의 정치력 신장을 위한 활동의 핵심을 유
권자 등록과 투표 참여문제로 인식하였다. 무엇보다 투표에 참여하기
위해서는 시민권을 취득하여야 유권자로 등록할 수 있기에 한인의 정
치력 신장에 있어서 실제적인 성과를 거두려면 시민권업무가 필수임을
경험하고 시민권대행업무를 시작하였다.

특히 2004년부터 한인유권자센터는 뉴욕시립로스쿨과 공동으로 '무
료 시민권 신청대행 서비스'를 실시하고 있다. 행사는 뉴욕시립법대
(CUNY) 산하에 있는 '이민과 난민권리 법무 사무실(Immigrant and
Refugee Rights Clinic)'이 커뮤니티 법률 서비스 차원에서 마련한다. 특
히 유권자센터는 행사 당일 한인 자원봉사자들을 현장에 배치하여 한
인들을 돕는다. 한인유권자센터는 1997년 2월 10일, 시민권영어시험에
대비하여 무료영어강좌를 개설하기도 했다.

다. 유권자 등록운동

정치력의 핵심인 유권자 확보를 위하여 매주 말 동포들이 많이 모이
는 곳에서 또한 각종 행사장이나 종교 집회장을 찾아다니며 유권자 등
록운동을 펼치고 있다. 또한 누구든지 전화 한 통으로도 유권자등록을
할 수 있도록 상근자를 확보하여 센터를 운영하고 있다. 1997년부터
2003년까지 진행한 유권자등록운동 상황은 다음과 같다.

- ○ 1996년 5월 11일, 플러싱의 공용주차장 앞에서 유권자등록활동을
   전개
- ○ 1996년 9월 13일, 맨해튼 한인타운에서 유권자캠페인 전개
- ○ 1996년 9월 22일, 한양식품점 앞에서 유권자등록활동 전개

○ 1996년 10월 13일, 맨해튼 동포상점들을 돌면서 유권자등록운동
과 투표참여 캠페인전개
○ 1997년 2월 9일, 베이사이드 소재 뉴욕한민교회(김정국목사)를 방
문하여 슬라이드 상영 및 유권자등록활동 전개
○ 1997년 2월 15일, 플러싱 제일교회에서 유권자등록활동 및 슬라
이드 상영
○ 1997년 2월 23일, 플러싱 제일교회를 2차 방문하여 유권자등록활
동 진행
○ 1997년 3월 2일, 롱아일랜드 한인천주교회를 방문하여 슬라이드
상영 및 유권자등록활동
○ 1997년 3월 9일, 롱아일랜드 연합장로교회를 방문하여 슬라이드
상영 및 유권자등록 활동
○ 1997년 5월 11일, 뉴욕 효신장로교회를 방문하여 유권자등록활동
○ 1997년 5월 18일, 퀸즈 중앙감리교회를 방문하여 유권자등록활동
○ 1997년 5월 25일, 베데스타교회를 방문하여 유권자등록활동
○ 1997년 9월 15일, 한아름식품점 앞에서 유권자등록활동
○ 1997년 9월 18~19일, 지역의 한인상점을 돌면서 유권자등록 활
동
○ 1997년 9월 20일~21일, 청과상조 추석맞이잔치에서 유권자등록
활동
○ 1999년 9월 25일, 중부교회를 방문하여 유권자등록 활동
○ 2000년 3월 18일, 맨해튼에서 유권자등록활동
○ 2001년 8월 13일, 아씨프라자에서 유권자등록활동
○ 2002년 10월 19일, 한인회의 코리안 퍼레이드행사 때 유권자등록
캠페인 전개
○ 2003년 1월부터, 매 주말 유권자등록캠페인 시작
○ 2003년 3월 2일, 롱아일랜드에 있는 한인교회(안중식목사)에서 유

권자등록활동

○ 2003년 3월16일, 베이사이드소재 신광교회(안재흥 목사)에서 유권자등록운동을 하여 총 37명의 신규유권자등록을 확보

○ 2001년 9월 9일, 퀸즈장로교회(류홍장 목사)에서 유권자등록활동 및 9월 11일에 있을 기초선거 참여에 대한 캠페인과 시민권신청에 대한 홍보활동을 전개

○ 2003년 3월 30일, 성남요한천주교회에서 유권자등록활동으로 20명의 신규유권자 확보, 이로써 뉴욕지역 총 5,020명의 한인유권자 확보

○ 2003년 4월 27일, 뉴욕효신장로교회에서 유권자등록활동을 하여 24명의 신규유권자 확보

○ 2003년 5월 11일, 베이사이드에 위치한 뉴욕한민교회(김정국 목사)에서 유권자등록활동으로 총 18명의 신규유권자를 확보(뉴저지1, 뉴욕17)

○ 2003년 5월 18일, 플러싱의 뉴욕빌라델비아 장로교회(김혜찬 목사)를 방문하여 유권자등록활동을 하여 12명의 신규유권자를 확보

○ 2003년 6월 1일, 엘름허스트 소재 뉴욕한빛교회(이용원 목사)를 방문하여 유권자등록활동으로 15명의 신규유권자를 확보

라. 투표 참여 캠페인

한인유권자에게 각종 선거에 대한 일정을 안내하여 투표율을 올리고 있으며 각 정당의 정책과 정치인의 이슈를 분석, 홍보하여 한인들의 정치 참여를 유도한다.

○ 1996년 10월 25일, 본선거를 앞두고 플러싱 7번 전철 앞에서 선거 참여를 알리는 홍보물 배포

○ 1997년 8월 23일, 9월 예비선거를 앞두고 뉴욕지역의 1,522명의 한인유권자들에게 선거참여 및 투표기계 작동법에 관한 우편물

발송

○ 1997년 10월 26일, 11월 본선거를 앞두고 뉴욕지역의 1,856명의 한인유권자들에게 선거참여에 관한 홍보물 발송

○ 1998년 8월 20일, 9월 예비선거를 앞두고 1,930명의 뉴욕지역 한인유권자들에게 유권자소식지 발송

○ 1998년 10월 21일, 퀸즈선관위 방문하여 투표기계 작동법과 선거에 관한 설명회 가짐

○ 1998년 10월 25일, 11월 본선거를 앞두고 1,930명의 뉴욕지역한인유권자들에게 유권자소식지발송

○ 1998년 10월 28일, 선거관련 설명회를 개회(브롱스 노인회를 방문하여 투표기계작동법과 선거에 관한 설명회를 가짐. 지역단체장들과 함께 투표참여캠페인 대책을 논의함. 지역단체와 선거참여 우편홍보와 전화걸기를 하기로 결의)

○ 1999년 8월 27일, 9월 예비선거를 앞두고 1,996명의 한인유권자들에게 선거참여를 독려하는 우편물 발송

○ 1999년 10월 30일, 11월 본선거를 앞두고 3,003명의 한인유권자들에게 선거관련 홍보메일 발송

○ 2000년 8월 28일, 9월의 예비선거를 앞두고 4,140명의 뉴욕지역 한인들에게 선거참여를 독려하는 우편물 발송

○ 2000년 10월 29일, 11월 본 선거를 앞두고 4,533명의 한인유권자들에게 투표참여를 독려하는 우편물 발송

○ 2000년 11월 6일, 선거참여 연대홍보활동을 진행

○ 2001년 8월 23일, 9월의 예비선거를 앞두고 4,657명의 한인유권자들에게 예비선거의 투표참여를 독려하는 홍보물 발송

○ 2001년 10월 27일, 11월 본 선거를 앞두고 4,674명의한인유권자들에게 투표참여를 권장하는 홍보물 발송

○ 2002년 8월 28일, 9월 예비선거를 앞두고 4,710명의 한인유권자

들에게 선거관련 홍보물 발송
○ 2002년 9월, 11월 선거를 대비한 100일 캠페인에 돌입. 투표율을 높이기 위한 캠페인을 방송사 라디오서울과 공동으로 전개(유권자등록, 부재자투표, 투표참여)
○ 2002년 10월 29일, 11월 본 선거를 앞두고 4,921명의 한인유권자들에게 투표관련 홍보메일 발송
○ 2003년 3월, 뉴저지 예비선거 캠페인을 전개

마. 한인유권자 데이터베이스 관리

뉴욕과 뉴저지의 유권자센터에 공동으로 데이터베이스를 구축하여 한인유권자의 데이터를 관리하고 있다. 1997년 1월 22일에 유권자 관리 database설치 및 가동식을 가졌다. 유권자관리데이터베이스 설치 및 가동식에서는 '반이민 미국사회 속에서 동포사회가 생존하기 위하여'라는 홍보용 슬라이드를 제작 상영하였다.

바. 선거관련 조사 활동

선거 때마다 한인유권자들을 상대로 우편설문 조사와 투표장 출구 조사를 통하여 한인유권자의 정치의식의 흐름을 파악하고 분석하여 동포사회에서 활용할 수 있도록 자료를 제공한다.
○ 1999년 10월 20일, 선거를 앞두고 AALDEF와 함께 출구조사요원 선발
○ 2000년 9월14~27일, 뉴저지 팰리세이드팍지역의 한인유권자 실태조사를 하여 642명의 한인유권자를 파악
○ 2000년 9월 30일, Exit Pole (출구조사)를 위한 자원봉사자교육을 실행
○ 2000년 11월, 뉴저지 팰리세이드팍 유권자를 대상으로 시정부의 행정집행에 대한 설문조사 진행

○ 2001년 11월, 뉴욕과 뉴저지투표소에서 아시안아메리칸법률재단
   과 공동으로 설문조사
○ 2002년 2월~3월, 뉴욕 일원 한인유권자 분포와 정치력실태에 관
   한 전화 및 우편설문 조사 실시
○ 2002년 11월 5일, AALDEF(아시안아메리칸법률재단)과 공동으로
   투표소 설문조사

사. 한인후보 지지운동
○ 2001년 3월 4일, 뉴저지 교육위원선거에 한인후보들 합동캠페인
   주도(포트리의 이상기 씨, 잉글우드의 김서경 씨, 팰리세이드팍의
   신동선 씨)
○ 2001년 6월, 뉴저지 예비선거 한인유권자 정당등록 캠페인 전개
○ 2001년 7월 11일, 한인후보 뉴저지 팰리세이드팍의 데이빗 정씨
   와 뉴욕의 20지역 테렌스 박씨 지지 선언을 발표
○ 2001년 8월~2001년 11월 뉴욕시장 선거 및 시의원 선거 100일
   캠페인을 전개
○ 2003년 4월 10일과 12일, 뉴저지의 테너플라이 지역 교육위원선
   거 한인후보 득표 캠페인(부재자 투표용지 발송, 전화 선거참여
   유도, 홍보편지 발송)

아. 한인보호운동
○ 2001년 9월~10월, 9 · 11테러관련 한인피해자 상담활동
○ 1999년 12월 2일, 일본 Nipon Express사의 이명섭씨자살사건에
   개입된 일본인들의 인종차별에 항의하는 팩스 보내기 운동 전개

(2) LA 민족학교의 현황

① 개 관

1983년 2월 5일, 로스앤젤레스 1140 Crenshaw에서 민족학교가 설립되었다. 설립목적은 "재미동포들의 민족혼과 민족의식을 일깨워 조국과 민족에 대한 사랑과 긍지를 심는다", "올바른 시민정신을 키운다", "우리겨레의 전통문화를 계승발전시킨다"이다. 로스앤젤레스 민족학교를 설립할 수 있도록 5·18 민중항쟁 최후의 수배자인 윤한봉 님, 창립이사 홍기완과 이길주, 최진환 박사(초대 이사장), 전진호(초대 교장)가 큰 역할을 하였다. 초기 민족학교는 역사, 사상, 종교, 문학, 탈춤, 태권도 교실들을 열었다. 민족학교는 설립에서 현재까지 연방정부로부터 영구면세 허가를 받은 비영리단체 [501 C3] 이다.

② 주요활동

민족학교가 진행하는 주요활동은 다음과 같다.

가. 의료봉사활동

민족학교의 의료봉사활동은 공공의료혜택의 수혜자격 확대, 사립(민간)의료보험 프로그램의 개발 및 공공의료혜택과 사립의료보험의 가입자 확충 및 언어지원보장을 그 목표로 한다. 특히 연방 및 주정부 차원에서 제공되는 의료보험 프로그램의 무료 상담 및 신청서류작성을 대행하며 공공의료에 대한 예산, 교육에 있어서 한인사회의 입장을 명확히 대변하고자 한다. 또한 건강의 날 행사를 통하여 저소득층 무보험자를 대상으로 혈액검사 및 여성질환검사 등 기초검사와 내과, 치과, 한의과 등에 관한 건강상담을 실시하고 있다.

나. 교육활동

민족학교의 교육활동은 크게 민족교육과 시민사회교육으로 나누어 진행하고 있다. 민족교육은 매주 토요일마다 초등학생을 대상으로 한 뿌리교육과 청소년 방과 후 지도교실, 성인대상교실로 다양하게 전개하고 있으며, 시민사회교육 역시 컴퓨터, 보건의료 및 기타 이민생활에 필요한 권리교육을 병행하고 있다.

다. 무료법률상담활동

민족학교에서는 이민생활에 필요한 각종 정부 서비스에 대한 상담 및 신청을 돕고 있다. 웰페어, 이민과 관련한 각 민족의 시민권, 영주권 갱신 및 주소이전, 무료세금보고 등의 봉사 활동을 벌리고 있다.

라. 이민자권익옹호활동

서류미비자 사면촉구 활동과 9 · 11테러 이후 무작위로 진행되는 영주권자 추방에 반대하는 활동 등 이민자 권리와 소수민족 인권옹호 활동을 활발히 전개하고 있다. 또한 주차원에서 발표된 주지사의 예산 삭감 반대 활동을 통해 이민자의 의료 및 복지 혜택 프로그램을 유지시키는 활동을 전개하고 있다.

최근언론에 비친 민족학교 활동내용을 본다면, 2006년 3월 25일부터 26일까지 이민자 권리를 위한 대행진을 주최하였다. 최근 센선브레너법과 관련하여 지난 25일부터 연일 민족학교를 주축으로 동포들의 항의시위가 전개되고 있다(한겨레, 3월 27일). 또한 민족 학교는 센서브레너법 저지를 위해 미 상원 법사위원회가 이민개혁법안 입법 작업을 마무리한 날인 27일 워싱턴 연방 의사당 앞에서 수천 명의 이민자들과 함께 대규모 집회를 갖고 연방 의원들을 상대로 방문 캠페인을 전개했다(라디오코리아세계, 3월 28일). 민족학교는 일반인들이 쉽게 느끼지 못하는 센선브fp너법안의 심각성을 나타내기 위해 모든 이민관련 서비스를 2시간 중단하는 이색 캠페인을 벌리기도 했다(라디오코리아세계, 3월 25일).

마. 정치력신장운동

1996년 대선이후 민족학교는 한인의 선거참여율을 높이기 위해 다양한 교육 홍보 활동을 펼치고 있다. 유권자 등록 캠페인, 선거안내책자배포, 선거안내핫라인 운영, 이중언어 투표장소 감시, 출구조사 등을 진행하고 있다.

③ 재정적인 후원

민족학교의 재정은 연방정부에서는 IRS와 EPA에서 그리고 주 정부 및 사립 재단에서 보조를 받고 있으며, 이외 30%는 동포사회의 후원금과 기금행사로 마련하고 있다. 특히 민족학교 홈페이지 제작은 California Consumer Protection Foundation에 경제적 도움을 받았다. 그리고 92년부터 건물구입 한돌쌓기 모금운동을 벌인 결과, 많은 동포들의 금전적인 후원과 자원봉사자들의 노력으로 현재의 900 Crenshaw Blvd건물을 구입하게 되었다.

⑶ 뉴욕 청년학교의 현황

① 개 관

1984년 10월 21일, "바르게 살자", "뿌리를 알자", "더불어 살자" 이념아래 뉴욕청년학교는 교육활동을 바탕으로 이민자 권익옹호와 정치력 신장을 위한 커뮤니티 단체로 설립되었다. 설립 당시 이름은 "뉴욕청년봉사교육원"이었다. 동포사회를 위해 뜻있는 일을 해보겠다는 신념으로 뭉친 10여 명의 동포청년들이 5개월여의 준비기간을 거쳐 설립되었으며 당시 퀸즈 잭슨하이츠에서 그 첫발을 내딛었다. 뉴욕 청년학교는 설립 초기부터 지금까지 이민자 권익옹호, 교육, 사회문화, 문화 활동 전반에서 동포사회와 이민자 커뮤니티에 도움이 되는 중요한 활동을 담당해 오면서 코리안아메리칸 커뮤니티를 대표하는 단체 중 하나로 성장하였다.

청년학교의 활동 목표는 아래 5가지이다.

- 한인 커뮤니티를 조직하고 타민족과 연대하여 이민자의 정의를 실현한다.
- 한인과 이민자 커뮤니티의 정치력 신장을 이룩한다.
- 커뮤니티 성원들의 뿌리, 사회의식을 함양하고 커뮤니티를 교육한다.
- 이민자에게 필요한 서비스를 제공한다.
- 동포사회 문화를 발전시키고 한인문화를 미국사회에 소개한다.

② **주요활동**

가. 교육활동

출범 초기 청년학교는 동포 청년들에게 뿌리의식을 심어주고 동포사회에 필요한 정보를 제공하는 교육활동을 가장 중요하게 생각했다. 청년 조국사 교실, 방과 후 학교를 운영했고, 책은 혼자 보는 것이 아니라 여럿이 보는 것이라는 정신으로 청년학교 일꾼들이 집에 있는 책부터 기증한 것을 기초로, 각 분야를 망라하는 3,000여권의 책을 구비해 무료 도서대출을 실시해 오고 있다. 또한 매 시기 적절한 시사적 내용이나 동포들의 실생활에 도움이 되는 노동법 강좌, 건강 강좌 및 반이민추세에 대한 각종 간행물을 발간해 통신교육활동도 꾸준하게 펼쳐오고 있다. 청년학교의 이러한 교육활동은 동포들의 의식고양에 도움이 되는 동시에 더 나아가 이민자 권익옹호 활동을 하는데 필요한 이슈 알리기와 커뮤니티 조직화 작업의 바탕이 되는 기초 역할을 해내었다.

나. 민족문화전파활동

동포사회에 건강한 민족문화를 심고 교육, 권익옹호 활동에 힘을 실어주는 문화활동은 청년학교 산하 뉴욕한인문화패 '비나리'가 담당해오고 있다. 비나리는 1985년 창립기념 마당굿 '청산이 소리쳐 부르거든'을 공연해 우리문화에 대한 동포들의 오랜 갈증을 시원하게 풀어주었다. 이 마당굿은 미 동부지역 순회공연으로 2천5백여 명의 관객을 동원하는 성공을 거두었다. 이후 비나리는 87년에 퀸즈 축제 한국관 장식과 진행을 담당하였고 각종 공연참가, 풍물강습, 탈춤강습회를 개최하여 문화교육의 장이 되기도 하였으며, 95년도부터는 매년 정월대보름맞이 지신밟기를 하여 동포사회가 힘차게 새해를 시작할 수 있도록 기운을 불어 넣는 역할을 해오고 있다. 아울러 가수 안치환 초청공연, 한국의 극단 토박이 초청 '모란꽃', '금희의 오월' 상영, 노래공연 등을 개최하여 동포들의 지친 삶을 위로하기도 하였다.

다. 지역사회봉사활동

언어문제 등으로 공공혜택과 사회서비스 혜택을 받는데 어려움을 느끼는 동포들을 위해 청년학교는 사회봉사활동에도 힘을 기울여 오고 있다. 초창기에는 약 2천여 회에 걸쳐 노인봉사활동을 펼쳐 청년학교가 좋은 평판을 받는 계기가 되었으며 메디케이드, WIC 상담, 인구조사 홍보활동 참여, 저소득층 대상 세금보고, 무료법률 상담, 시민권 대행 등을 실시 해 오고 있다.

❑ 무료 법률상담

설립 초기의 무료법률상담부터 시작된 청년학교의 법률 프로그램은 현재 노동, 이민, 인권, 주택 및 가정법을 아우르는 종합 법률 서비스의 체계로 발전되었다. 체불임금, 상해보험, 실업수당 등의 노동법 관련 사항이나 혐오범죄, 경찰폭력 등의 인권침해를 당했을 때를 비롯해, 법률적 조언이나 조력이 필요한 경우 청년학교가 제공하는 법률 서비스가 도움이 된다.

전문 협력 변호사가 한국어로 서비스 이용자에게 상담, 조언, 관계 법률기관으로 케이스 이관 등을 제공하는 종합 법률 상담은 매주 한 차례 진행된다. 이민법과 노동법, 형사법을 중심으로 진행 된다. 무료법률상담은 매달 첫째, 셋째 목요일에 이민법 상담이, 둘째, 넷째 목요일에 노동법 상담이 실시되며 매달 첫째 목요일에는 형사법 및 기타 법에 대한 상담도 실시하고 있다. 상담 시간은 오후 6시부터 8시까지이며 사전 예약이 요구된다.

2005년 '무료법률상담'이 11월 말까지 총 587건을 기록하여 2004년의 505건보다 16% 증가했다. 특히 2004년 총 7건에 그쳤던 노동법 상담이 2005년에는 93건으로 폭증하여 전체 상담의 16%를 차지하였는바 노동자의 권리에 대한 한인들의 관심이 크게 증가한 것으로 나타났다. 한편 매년 가장 많은 상담 건수를 기록했던 이민법은 총 391건으로 전체 상담의 67%를 차지했다. 이민법 상담을 세분하면 시민권 상담이 174건(45%), 드림 액트 95건(24%), 운전면허 91건(23%), 기타 31건으로 나타나 2004년과 비슷한 수치를 기록했다. 이와 함께 세법 및 형사법 상담은 총 103건이었던 것으로 나타났다.

청년학교는 또 워크숍 개최, 자료집 발간 등을 통하여 동포들이 자신의 권리를 제대로 인지할 수 있도록 안내하고 있다.

❏ 한인노동자 권리 프로젝트
○ 노동법 무료 상담 실시
　　청년학교 이민자 권익옹호 프로그램의 일환으로 진행되는 법률상담에 더해 이번 2004년 6월부터 매월 마지막 주 수요일에 임금체불과 부당해고, 실업수당, 직장상해 등 노동법 관련 법률상담이 실시되고 있다.

○ 노동관련 세미나 실시

예컨대, 2004년 12월 5일 청년학교는 아시안아메리칸법률교육재단(AALDEF)과 공동으로 식당 근로자 권리 홍보를 위한 타운홀 미팅을 마련했다. 이번 타운홀 미팅은 직장 내에서 최저 임금 또는 초과 수당을 받지 못하거나 차별대우를 당한 경우, 또는 위험하거나 건강을 위협하는 작업환경에서 일하는 노동자들의 근로 권리를 알리기 위해 열렸다. 모임은 식당 근로자들의 대부분이 영어 미숙자임을 가만해 한국어를 비롯해 중국어, 스페인어 동시통역으로 진행되었다. 한편, 이번 행사와 관련 주최기관은 30일 존 리우 뉴욕시의원 플러싱 사무실에서 기자 회견을 열고 노동자 권리 보호에 대한 이번 미팅의 취지를 밝혔다. 2006년 3월 24일과 30일에는 노동법 세미나를 개최하였다. 청년학교의 사무국장 문유성씨는 "'한인 노동자 권리 프로젝트'의 일환으로 무지개의 집에서 직업교육을 받고 있는 한인들을 대상으로 노동법 세미나를 실시한다"고 하였다. 이번 세미나에 강사로 초빙된 채지현 변호사는 "현재 직업 교육을 받고 있는 한인들에게 노동자의 권리를 소개할 예정 이다. 특히 많은 문제가 불거지고 있는 최저임금과 초과 및 추가 수당, 실업수당 등 에 대해 상세히 소개하고 체류신분에 우선하는 노동자의 권리에 대해 강의할 예정이다"고 밝혔다 (2006. 3. 16).

라. 이민자 권익옹호활동

○ 이민 개혁 캠페인

포괄적 이민 개혁 캠페인의 한 방안으로 청년학교와 NAKSEC Action Fund는 2005년에 '포괄적 이민 개혁을 위한 전국 광고 캠페인'을 두 달여간 전개했다. 이 광고캠페인은 뉴욕타임스와 워싱턴 포스트지 및 소수민족 언론에 올바른 이민개혁의 방향을 촉구하는 광고문을 게재하려는 목적으로 기획되었다. 커뮤니티에 이민개혁의 긴급성을 홍보하고 참여를 유도하기 위해 1인 1달러 광고비 모금 형식으로 캠페인을 진행하여, 14,000여 명의 개인과 261개의 주관단체, 300여 개의 후원단체가 동참하여 전국적으로 73,000 달러를 모금하는 성과를 거두었다. 그 결과로 2005년 10월 19일자 워싱턴 포스트에 1/4면 광고를, 21일자 뉴욕 타임스에 전면 광고를 게재했다. 청년학교와 NAKASEC은 광고 캠페인의 후속 조치로, 2005년 10월 27일에 대표자를 워싱턴 DC에 파견하여 모든 상원의원과 하원의원들에게 광고문을 전달하고, 개정 이민법을 공동 발의한 주요 의원들을 면담하여, 올바른 이민 개혁을 원하는 커뮤니티의 열망을 그들에게 인식시켰다. 청년학교는, 지속적으로 서명운동, 대규모 시위, 의원 방문 등을 포괄하는 전 방위적인 활동을 전개하고 있다.

○ 드림 액트 캠페인

드림 액트는 서류미비 청소년들에게 합법 신분 취득 기회를 제공하는 상원 법안이다. 이와 유사한 하원 법안으로는 학생 신분 조정 법안(Student Adjustment Act)이 있다. 2003년에 드림 액트가 처음 상정되었을 때부터 청년학교는 캠페인을 주도하고 참여해 왔다. 드림 액트를 위한 청소년 드림팀(Youth DREAM Team for DREAM Act)의 이름으로 청소년들을 조직하여 드림 액트에 대해 교육하고 그들이 캠페인의 주체로 나서도록 하였다. 또한 2004년에 이민자의 정의실현을 위한 전국 행동 주간에 드림 액트 통과를 촉구하는 단식투쟁을 전개하기도 했으며, 2005년 6월에는 추방위기에 놓인 마리 곤잘레스라는 학생의 구명을 촉구하는 We are Marie 캠페인을 전국적으로 실행하기도 했다. 그밖에 서명운동, 의원 방문 등 할 수 있는 모든 수단을 동원하여 드림 액트의 의회 통과에 전력을 기울여오고 있다.

○ 이민자 운전면허취득권리

현재 뉴욕주 차량국(DMV)은 소셜 번호 확인 정책을 실시하여, 운전면허 취득과 갱신 과정에서 소셜 번호 보유 여부를 확인하고 있다. 뉴욕주 차량국이 현재의 정책을 고수하게 되면 뉴욕주에서 약 30만 명이 운전 면허증을 박탈당하게 된다. 게다가 2005년에 연방차원에서 법제화된 리얼 아이디 액트(REAL ID Act)는 서류미비자의 운전면허증 취득을 원천적으로 봉쇄하고 있다. 이 법안은 향후 2008년까지 각 주에서 실행해야 한다. 리얼 아이디 액트는 차량국으로 하여금 이민단속을 하도록 하여 명백한 인권 침해적 상황을 야기하고 있다.

이민자의 운전면허 취득 권리의 보호를 위해 청년학교는 수년간 갖가지 노력을 하고 있다. 우선 뉴욕 일원의 60여 개 사회단체, 노조, 이민자 단체 등이 연합한 뉴욕이민자운전권리연맹(New York Coalition for Immigrants' Right to Driver's Licenses)의 주관단체로 참여하여, 평등한 운전면허취득권리 캠페인을 주도하고 있다. 그간 운전권리연맹에서는 뉴욕 주지사에게 엽서 보내기, 차량국 앞 시위 등을 개최하였고, 최근에는 주차원에서, 뉴욕주 하원의 필릭스 오티즈의원에 의해 상정된 운전면허 관련 법안(612A) 이민신분에 상관없이 여권 등의 신분증으로 자신을 증명하면 운전면허증을 취득하도록 하는 법안을 통과시키고, 뉴욕주가 리얼 아이디 액트의 실행을 거부하도록 하는 활동을 전개하고 있다.

○ 무료 시민권신청 대행서비스

청년학교의 무료 시민권 신청 서비스는 시민권 신청 대행, 시민권 시험 준비 안내, 법률 조언을 통합적으로 제공한다. 청년학교의 도움으로 시민권을 취득하면 유권자가 되어 미국정치에 더욱 적극적으로 개입할 수 있으며, 더 많은 정부혜택을 수혜할 수 있게 된다.

○ 무료소득신고 대행서비스

청년학교는 2005년 국세청으로부터 소득세신고 대행기관(VITA)으로 선정돼 한인과 타민족 저소득층에게도 무료소득세신고서비스를 제공하였다. 청년학교는 서비스제공을 위해 무료소득세신고와 세금납부에 대한 안내서를 이중언어로 제작해 배포했다. 또 전화상담을 통해 세금업무와 관련된 커뮤니티 교육활동도 수행했다. 청년학교가 2005년 1월 18일부터 4월 15일까지 실시한 무료 소득세 신고 대행에 한인과 타민족 등 300여 명이 혜택을 받은 것으로 집계됐다. 이 같은 활동으로 150여 명이 총 16만 667달러의 근로소득세 혜택(Earned Income Credit)을 받았으며 다른 10명은 개인세금번호(ITIN)를 취득했다.

마. 정치력신장활동

청년학교의 이민자 권익을 지키기 위한 활동의 한 방편으로 한인정치력신장 운동에도 힘을 기울여왔다. 매년 벌어지는 예비선거, 본 선거 기간을 활용한 선거대응 활동을 포함해 다양하게 진행되는 청년학교의 정치력 신장활동의 특징은, 단순한 유권자 등록을 통한 선거참여 캠페인의 수준을 넘어선 종합적인 시민 참여 운동의 성격을 갖고 있다는 것이다. 이것은 풀뿌리 커뮤니티 운동을 바탕으로 선거참여캠페인을 해야만 내용 있고 효과적인, 진정한 의미의 한인정치력 신장을 이룰 수 있다는 청년학교의 철학이 반영된 결과이다. 이에 따라 청년학교는 선거안내책자 발간을 통한 커뮤니티 교육, 유권자 권리 안내서 배포, 이민자의 참정권을 주제로 한 선거행정 담당자와의 면담, 투표소 통역 서비스, 출구조사, 선거 안내 핫라인 운영 등 그 종류만도 15여 가지가 넘는 종합적인 한인 정치력신장캠페인을 펼치고 있다.

○ 한인유권자데이터베이스작업완료

최근에 청년학교는 뉴욕시 5개 보로 한인유권자 데이터베이스 정리작업을 끝냈다.

2003년 8월 14일 미동부 지역의 갑작스런 정전사태로 전 뉴욕시가 암흑천지가 된 그날, 한인유권자 데이터베이스 작업을 위해 맨해튼 선거관리위원회에 선거인 명부를 구입하러 간 청년학교 소속 일꾼들이 전철 안에 갇히는 사고가 일어났다. 전화번호부 두께의 80여만 명의 명단이 적힌 수십 권의 선거인명부를 들고서 청년학교 일꾼들은 12시간을 걸어서 밤 10시가 되어서야 겨우 도착했다. 이렇게 어렵게 구한 선거인명부를 가지고 몇 달간에 걸친 밤낮 없는 작업을 한 끝에 1차로 퀸즈지역 한인 유권자 1만 3천여 명의 데이터를 통계화하여 발표했으며, 최근에 나머지 4개 보로의 한인 유권자 통계를 발표하였다. 오랜 시간동안 수십 명의 실무자와 자원봉사자가 투입되어 어렵게 완성한 청년학교의 뉴욕시 한인유권자 명부는 앞으로도 계속할 정치력 신장운동에 아주 유용한 자료로 쓰일 것이다.

○ 유권자등록운동

청년학교는 유권자등록운동을 활발하게 전개하고 있다. 예컨대, 지난 2004년 6월 21일부터 두 달간 매주 화, 목요일 브루클린 법원에서 실시한 유권자등록 운동을 통해 1,626명을 신규 등록시켰다. 11월 대선과 관련해 한인유권자들의 참여를 유도하기 위해 한인들이 많이 거주하는 플러싱, 베이사이드 지역과 각 교회 등을 순회하며 유권자 활동을 벌여 왔다. 특히 이번 유권자 등록활동은 법원에서 시민권 취득선서를 하는 신규 시민권자들을 대상으로 실시한 것으로 두 달여 남짓이라는 짧은 기간 동안 1,626명을 등록시키는 성과를 얻었다. 9월 예비선거와 11월 대선을 앞두고 다양한 선거참여 캠페인을 벌이고 있는 청년학교는 선거안내 책자를 발간, 배부하고 커뮤니티 교육활동을 펼치는가 하면 선거당일 출구조사도 펼친다.

○ 한인 유권자 핫라인 운영

청년학교는 매년 선거기간에 한인유권자를 위한 핫라인을 운영한다. 상담 분야는 선거일시 및 예비선거와 본선거의 차이점, 유권자 등록방법, 선거 구 정보, 투표기 사용법, 부재자투표 및 센서투표용지 안내, 유권자 권리, 선거법 개정 등 전반적인 내용들이다.

○ 출구조사

청년학교는 매년 선거 때마다 아시안아메리칸법률교육재단(AALDEF)과 공동으로 출구조사를 실시하고 있다. 출구조사는 선거 행정의 문제점과 아시안 유권자들의 불편사항을 파악하기 위해 실시되고 있다. 청년학교는 출구조사 결과를 가지고 뉴욕 시 선거관리위원회에 선거 행정 개선을 요구하고 있으며 아시안 유권자들의 투표 성향을 파악하고 있다.

출구조사의 순리로운 진행을 위해 청년학교는 자원봉사자들에게 '출구조사 방법'과 '출구조사 시 유의점'에 대한 교육을 실시한다.

이와 같은 청년학교의 노력으로 2004년 11월 2일 실시된 본 선거에서 한인 투표율이 역사상 최고의 기록을 세웠다. 청년학교가 한인 통역관들의 협조로 최다 한인 밀집지역인 플러싱 5개 지역 투표소에서 한인 투표자 수를 집계한 결과 JHS189를 비롯한 5개 투표소에서 1,000여 명 이상의 한인이 선거에 참여한 것으로 나타났다. 이는 지난 2002년 선거 당시 투표자 수 700여 명 보다 40% 이상 늘어난 것이다. 특히 PS20 투표소와 같은 경우 지난 2002년 선거에는 한인이 20여 명만 투표를 했지만 2004년 11월 2일 선거에는 200여 명이 참가해 무려 10배나 투표자가 늘었다. 'RS 노인센터'의 경우 225명이 투표를 해 2000년의 129명에 비해 100여 명이 늘었다. 뉴저지주에서도 한인들의 투표가 늘었다. 뉴저지유권자센터에 따르면 팰리세이즈파크의 1,200여 한인 유권자 중

150명의 부재자 투표를 비롯하여 총 750여 명이 투표에 참여했다. 60%가 넘는 투표율을 보인 것이며 예년에 비해서도 10% 정도 높아졌다. 또 뉴저지유권자센터가 버겐카운티 한인유권자 200명을 상대로 설문조사를 한 결과 80%가 투표를 했다고 응답했다.

⑷ 남가주한인노동상담소(KIWA)의 현황

① 개 관

KIWA는 1992년 3월에 설립되었다. KIWA의 설립목적은 사회변화와 정의를 염원하는 소수민족 지역사회와 연대하여 한인타운 내의 저임금 이민노동자들의 지도력을 개발하고 발전적인 정치력을 기르는 것이다.

② 주요활동

가. 노동관련 법률전담상담소 운영

KIWA의 초점은 노동자 조직과 권리 부여에 있지만 구체적인 어려움을 당하는 노동자들에게 높은 수준의 정보를 제공하고 그들의 변호를 맡는 노동상담소도 운영하고 있다. KIWA는 한인사회에서 노동과 관련된 문제의 정보를 제공하는 곳으로 널리 알려져 있고 이 분야에서 권위를 자랑하고 있다.

나. LA폭동 피해자 구조운동

1992년 4월의 LA 폭동 직후 보수적 사업가들에 의해 설립된 자칭 한인구호기금재단은 폭동으로 실직과 부상을 당한 노동자들에게 구호기금을 지급하지 않았다. KIWA는 갑자기 실직을 당한 45명의 한국인 노동자들을 조직해서 노동자들도 구호기금 지급 대상이어야 한다고 주장했다. 결국 노동자들은 109,000달러 상당의 구호기금을 지급받는데 성공했다.

다. 봉제노동자 권익보호운동

1997년 KIWA는 엘몬테에서 노동자를 감금시킨채 임금을 착취하는 봉제공장과 연결되어 있는 도매상과 생산자들로부터 2백만달러 상당의 보상금을 받아내는 데에 성공했다. KIWA는 55명의 라티노 봉제노동자들을 조직했고 이 획기적 케이스에 승소한 법률팀의 일부였다.

라. 식당노동자 지원운동

1996년부터 2000년까지 KIWA는 한인타운의 식당노동자들을 조직하여 근로조건을 향상하는 캠페인을 벌렸다. 이 캠페인은 한인타운 노동자들의 근로조건을 근본적으로 개선시켰다. 이 캠페인을 통해 KIWA는 한국인과 라티노들로 구성된 '식당 사람들'(Koreatown Restaurant Workers Justice Campaign)이라는 단체를 조직하였다. KIWA의 식당사람들 (식당 노동자 정의 실현 운동)은 1996년, 한인타운의 식당들에서 행해지는 노동자착취와 비인간적 대우에 대한 반발에서 비롯되어 시작되었다. KIWA의 식당사람들 캠페인은 소규모 개인사업보다는 전 업계의 근로조건을 개혁하려고 노력한다. 특수 민족을 겨냥하는 소규모 사업의 시장은 매우 경쟁적이기 때문에 이러한 사업들에서 노조를 조직하는 것은 매우 힘들다. KIWA의 캠패인은 일터에서의 개혁을 요구하면서 식당업계와 커뮤니티에서 목소리를 높일 수 있는 식당노동자 단체를 만드는 것을 목표로 한다.

한인타운에 한국인이 소유하는 식당은 약 280군데에 달한다. 총 2,000여 명의 한국인과 라티노 이민자 노동자들이 이 식당들에서 일한다. 그 당시 한인타운의 식당에서 일하는 이민자 노동자들은 일주일에 72시간을 일하면서 시간당 2.20달러라는 저임금을 받았다. 심지어 고용주들로부터 속수무책으로 부당해고, 신체적 폭력 등의 학대도 당하고 있었다. 노동자들은 열악한 노동환경에서 일함에도 불구하고 상해보상, 건강보험 등의 혜택을 거의 받지 못하고 있었다. KIWA는 한국인과 라티노 식당 노동자들을 조직해서 전체 요식업계에서 가주노동법 하의 최저임금 지불, 근로조건 개선을 다양한 시위를 중심으로 집단행동을 하며 개혁적인 조치를 요구했다.

지금까지 식당사람들 관련 주요활동은 다음과 같다.

○ 남강 식당에서의 임금 체불 캠페인

1995년 여름, 여섯 명의 근로자가 식당업주가 바뀌는 과정에서 임금을 받지 못했다고 하여 노동청을 거치는 방법대신 직접 고용주와의 협상을 통하여 한 달여 기간동안 직접 편지를 쓰고 시위를 조직하여 결국 고용주를 협상의 자리로 끌어낼 수 있었으며 이에 6명의 노동자들 모두 체불임금을 전부 받을 수 있었다.

○ 호동식당에서의 블랙리스팅과의 싸움

1996년 6월, 호동식당에 근무하던 요리사가 임금체불을 이유로 KIWA에 도움을 청하였고 이 과정에서 요리사는 새로운 직장에 취업하였으나 전고용주가 그를 블랙리스팅하여 한인요식협회에 제보하였고 한인요식협회장이 새로운 고용주에게 가서 그를 해고하도록 요청하여 해고된 사안이다.

○ 한인 요식업협회와의 분쟁

1996년 8월~9월, 위의 호동식당 분쟁을 원인으로 한인요식협회의 회장 김원택 씨를 상대로 소송을 제기하였고 이 소송은 요식업협회가 다음의 5개 조건에 동의하는 타협책으로 결론이 났다: ① 호동식당에서 감행한 블랙리스팅에 대한 공개사과 발표, ② 일자리에서 분쟁을 겪는 도중 실업상태에 놓이게 되는 노동자를 위한 10,000달러 상당의 노동자 변호 기금 마련, ③ 기본적 노동권리에 대한 플래카드를 한국어로 번역하여 모든 회원 식당에 분포, ④ KIWA가 모든 회원 식당에서 노동법 세미나를 여는 것을 허용,

⑤ 한인타운 식당에서 노동자 학대에 대해 대책을 마련하기 위한 위원회 설립이다. 2년 후인 1998년, 요식업협회는 계약상의 약속을 어기면서 KIWA가 두 번째 소송을 걸게 되었다. 현재 요식업협회의 의무는 몇 가지의 작은 변화를 제외하면 거의 같은 수준으로 유지된다. 1999년 4월에 체결된 두 번째 타협에서 가장 주목할 만한 것은, 요식업협회가 식당 노동자들을 위한 건강세미나, 취업박람회 개최, 사업크기/경력을 고려한 노동 급여 기준표 제작 등을 약속하였다. KIWA는 계속적으로 요식업협회가 1999년 4월 계약 이행 여부를 모니터하고 있다.

○ 싸릿골 식당과 일터 안전을 위한 캠페인

1997년 5월, 이씨는 근무시간 중 넘어져서 허리에 골절상을 입었다. 6개월의 휴식을 취해야 한다는 진단을 받은 이씨는 업주에게 의료비와 6개월 동안의 임금을 보조해줄 것을 요청했다. 업주는 그녀에게 1,000달러를 지불한 후 그녀를 해고했다. KIWA의 도움을 받은 이씨는 변호사를 고용하여 고용주가 불법적으로 노동자들에게 상해보험을 제공하지 않았다는 사실을 밝혀냈다. KIWA는 일터안전을 위한 캠페인을 조직하였다. 이 캠페인은 26명의 커뮤니티 지원자와 노동자들을 동원하여 단 2시간 만에 고용주의 항복을 받아냈다. 압력을 받은 고용주는 이씨에게 최저임금과 오버타임 위반으로 8,556달러를 지불하였다.

○ 조선갈비 식당사건

1997년 9월에 벌어진 부당해고를 이유로, KIWA, 커뮤니티 지원자들은 근 5개월 동안 매일 조선갈비 식당 앞에서 시위를 했고 서명운동을 벌였다. 아울러 크리스마스와 연말기간 동안 10일 동안의 단식투쟁을 감행했다. 결국 1998년 4월, 업주의 체불 임금 지급, 기본 노동법 준수, 해고인의 복직 등의 조건으로 협상이 되었다.

○ 커뮤니티 교육과 한인타운 행진

커뮤니티와 언론의 지지를 얻고, 노동자들의 의식제고를 위해, 1998년 6월 KIWA는 식당업계의 노동자들을 조직하여 한인타운에서 행진을 조직하였다.

○ 백화정 식당과 라티노 노동자들을 위한 싸움

이 운동은 1998년 7월부터 1998년 12월까지 진행되었다.

○ 공청회 개최

커뮤니티의 지원을 얻기 위한 또 다른 전략으로 KIWA는 1998년 11월 14일 타운 홀에서 공청회를 가졌다. 한인사회에서는 처음 있는 일이었다. 약 200명의 지역 공무원, 노조 활동가와 커뮤니티 지원자들이 참여했다. 주 노동청의 호세 밀란, 연방 노동청의 찰스 슈트리겔, LA 시의원인 재키 골드버그와 기타 주정부, 연방정부 대변인이 토론자로 나섰다.

○ 노사중재조절위원회 개설

1999년 3월 한인요식업협회(KROA)는 한인타운의 노사 분쟁을 해결하려는 목적으로 노사중재조절위원회를 설립함으로써 노동자학대의 심각성을 인정하였다. 이 위원회는 한인사회에서 활동하는 일곱 명의 종교, 학계 관계자와 변호사로 구성되어 있다.

마. 마켓노동자 지원 활동

KIWA가 새롭게 이민자 노동자들의 근로조건을 개선하고 커뮤니티와 업계에서 노동자들의 힘을 향상시키기 위해 2001년 11월부터 새롭게 진행하고 있는 캠페인은 '마켓 노동자 정의 실현 운동'(Market Workers Justice Campaign)이다. 이 캠페인의 목적은 한인 마켓의 노동자들을 빈곤임금인 최저임금으로부터 탈피하여 적어도 임금수준을 생활임금으로 향상시키기 위한 것이다.

로스앤젤레스에 있는 '아씨마켓'회사는 북미주 최대의 동양식품 수입업체 가운데 하나인 리브라더스의 자회사격인데, 회사쪽과 노동자의 갈등은 지난해 3월 노동자들이 노조를 만들려고 하는 무렵부터 본격적으로 시작됐다. 같은 해 7월 연방사회보장국이 노동자들의 사회보장번호가 실제와 일치하지 않는다는 불일치 공문을 회사로 보냈는데, 경영진이 이를 노동자 탄압의 수단으로 악용하면서 사태는 악화했다. 회사쪽이 정확한 사회보장번호를 요구하며 노조를 지지하는 50명의 라틴계노동자와 6명의 한인노동자들에 대해 '무기한 휴직'이라는 실질적 해고조처를 내린 것이다.

또한 이번 사건은 한인경영진과 라틴노동자 간의 인종갈등으로까지비화할 조짐까지 보이고 있다. 한인사회는 92년 흑인들과 충돌을 빚은뒤 인종 간의 화합을 위해 많은 노력을 기울여 왔지만, 아씨마켓의 이번 조처는 그동안의 노력을 무색하게 만들고 있다. 라틴계 노동자들을50명씩이나 해고한 것이 인종차별로 받아들여지고 있는 것이다. 라틴계 시민들은 로스앤젤레스 한국총영사관에 사태해결을 요구하고, 한인단체들 역시 지역사회의 평화와 노동자들의 정당한 권리를 위해 아씨마켓 불매운동과 시위에 동참하고 있다.

바. 기타 노동자 권익보호운동

KIWA는 다른 진보적 단체와 연대하면서 주정부의 Affirmative Actions Program을 유지, 최저임금 인상, 빈곤층을 위한 버스요금 인하, 근처 두 호텔에서의 수백 명의 노조원들의 직장을 유지하는 활동들을해왔다.

사. 유권자교육운동

KIWA은 한국인 유권자들이 민족적 유대관계를 벗어난 성숙한 투표를 할 수 있도록 노력하고 이에 관한 교육을 실시하고 있다. 또 다른유색인종 커뮤니티와 협력하여 정치계에 더 많은 영향력을 행사하려고한다.

⑸ 뉴욕한인봉사센터(KCS)의 현황

① 개 관

뉴욕한인봉사센터(KCS)는 1973년에 설립된 미 동부 최초의 전문적인 사회복지서비스기관이다. KCS의 사명은 한인 지역사회의 성원과 그 주위의 사람들이 새로운 고향(Homeland)에서 건강하고 생산적인 개인과 가정이 될 수 있도록 돕고 지원하는 것에 있다. 이러한 사명을 감당하기 위하여 KCS는 광범위한 전문적인 사회복지서비스를 개발하고 전달함을 그 목적으로 하고 있다.

지난 30년간 공개념에 입각하여 다양한 전문 사회복지서비스를 개발하고 뉴욕 메트로 폴리탄 지역의 6곳의 장소에서 매일 1,000명 이상의 한인들에게 서비스를 제공하고 있다.

② 주요활동

노인복지 프로그램, 지역발전프로그램, 공공보건프로그램 등 세 개 프로그램을 운영하고 있다. 점진적으로 한인정치력신장운동에 가담하고 있다.

가. 노인복지 프로그램

노인복지 프로그램에는 코로나 경로회관, 플로싱 경로회관, 가정 급식 프로그램, 가정 간호 프로그램, 무궁화 상조회 등이 있다.

○ 코로나 경로회관에서 무료점심배달서비스 제공

뉴욕한인봉사센터의 코로나 경로회관에서 지난 1998년부터 실시하고 있는 무료점심배달서비스를 통해 총 550여 명의 한인노인들에게 혜택을 제공하는 성과를 거두고 있다.

KCS의 무료 점심 배달 서비스인 'Home Delivery Service'는 거동이 불편한 한인 노인에게 점심을 제공 및 배달해 주는 프로그램으로 뉴욕시 노인국(DFTA)의 후원으로 매년 평균 75명의 한인노인에게 이웃사랑을 실천하고 있다. 무료 점심 배달서비스는 지병이 있거나 병원에서 막 퇴원해 거동이 불편하여 가사를 영위할 능력이 없는 60세 이상의 한인 영주 시민권자들이 이용할 수 있다. 제공지역은 한인밀집지역인 플러싱, 엘름허스트, 우드사이드, 서니사이드 등이며, 베이사이드에서 거주할 경우 서비스를 이용할 수 없다.

이를 위해, KCS 코로나 경로회관은 한인 노인들이 서비스를 신청하면 KCS에서 파견된 케이스워커(case work)가 집으로 찾아가 건강상태를 확인하고 자격조건에 맞을 시 2~3일 내에 바로 서비스를 제공한다. 단, 정해진 인원수를 넘을 경우, 대기자 명단에 등록된다.

KCS 경로회관에서 제공하고 있는 점심프로그램이 건강한 한인 노인들을 위주로 제공한다면 점심배달 서비스는 몸이 불편해 경로회관에 올 수 없는 노인들을 위한 프로그램이다.

○ 연방 정부혜택 홍보 캠페인

한인노인들은 자신들에게 제공되는 연방 정부의 서비스를 몰라 혜택을 받지 못하는 경우가 많다. KCS는 정부혜택 홍보활동을 활발하게 벌리고 있다.

2005년 4월 21일, 뉴욕한인봉사센터는 아시안 문화유산 기념의 달을 기념하여 플러싱 한인 경로회관에서 11개 연방정부 기관이 참석하는 정부 혜택 현장 서비스를 진행하였다. 이 행사는 뉴욕연방집행부와 사회보장국이 뉴욕한인봉사센터(KCS)와 공동으로 주관하고 효신장로교회가 후원하였다. 행사에 참석하는 정부 기관으로는 사회보장(소셜시큐리티) 및 생활보조금(SSI), 메디케어/메디케이드 및 파트 B 월 수수료 공제혜택, 재향 군인 연금 및 혜택, 노인을 위한 집세 인상 억제(SCRIE), 노인을 위한 처방약 보험

(EPIC), 푸드 스탬프(Food Stamps), 뉴욕시 교통국(MTA), 국세청 세금 업무(IRS), 주택국 관련 프로그램(HUD), 이민국 업무(INS) 주관기관들이다.

○ 노인들을 위한 포럼 실행

2005년 7월 21일, 뉴욕한인봉사센터와 뉴욕중앙일보가 KCS 플러싱 한인경로회관에서 상속을 주제로 포럼을 개최하였다. 이 포럼은 상속에 대해 상대적으로 관심이 적은 한인 이민자들에게 관련 법률과 제도를 소개하기 위해 마련됐다.

나. 지역발전프로그램

지역 발전 프로그램에는 아시안 장년 복지 센터, 교육 개발원, 이민/지역사회, 브루클린 프로젝트, 프로젝트 홈 컴잉, 바자 상점 등이 있다.

○ 청소년 하계 자원봉사 프로그램

한인 청소년들의 봉사정신 및 자발적인 참여로 인한 인권의식의 함양을 기반으로 하여 지덕체를 갖춘 건강한 청소년으로 자라 미 주류사회 진출의 발판을 마련해 주고자 실시하고 있는 청소년 하계 자원봉사 프로그램(YCAP)은 지난 2001년에 시작되었다. 프로젝트에 참가한 학생들은 한인기관 및 미 주류 기관에 배치되어 경험이 풍부한 전문 감독관들과 함께 봉사활동을 펼치게 되며 사회 각 분야 전문가들로부터 살아있는 현장교육을 받게 된다.

뉴욕한인봉사센터(KCS)와 뉴욕한국일보가 공동으로 전개하는 '2005년 청소년 하계자원봉사 프로젝트(Youth Community Action Project)'는 코로나경로회관에서 발대식을 갖고 7주간의 봉사활동에 돌입했다. 2004년에 비해 봉사활동과 교육내용이 크게 보강되면서 한인 학생들의 참여가 급증하여, 총 70명의 한인 학생들이 참가한 이번 프로젝트는 미 암 협회, Joint Public Affairs Committee for Older Adults (JPAC), SNAP 시니어 센터, KCS Adult

Employment Program, KCS Education &Development, KCS 메인 사무실, KCS Project Homecoming(뉴저지), KCS 공공보건부, KCS 경로센터 플러싱&코로나, 뉴욕 한인회, 퀸즈 Pride House, Korean American Voter's Council(SEKA), 청년학교(YKASEC), Morris Park 양로원(브롱스), 퀸즈 블러바드 Extended Care Facility, Job Path(맨해튼) 등 뉴욕시내 주요 사회봉사기관에서 실시되었다. 자원 봉사한 학생들에게는 사회봉사 크레딧(Community Service Credit)을 주게 된다. 특히 2005년 참가자부터 최저 100시간 이상 자원봉사를 한 학생들에게는 각종 대통령 자원봉사상(President's Volunteer Service Award)이 수여된다. 이러한 계기를 통하여 청소년들이 각종 사회단체에 직접 투입되어 일하여 봄으로써 동포사회의 현안이 되고 있는 반이민법 및 유권자운동 등 각종 현안 및 각종 캠페인에 적극 참여하게 되어 다양한 분야의 인권의식함양에 기여하고 있다. 특히 청년학교나 유권자센터 등에 청소년들의 자발적으로 반이민법안 관련 및 다양한 사안에 관한 시위에 청소년들이 주도적으로 참여하고 있는 상황이다.

다. 공공보건프로그램

공공 보건 프로젝트에는 의료 서비스 이용 촉진 프로그램, 메니지드 케어 프로그램, AIDS 교육 프로그램, 청소년 금연 프로젝트, 면역 접종/예방, 건강 정보 제공 등이 있다.

뉴욕한인봉사센터(KCS)는 공공보건부의 '정부의료보험' 신청 대행을 브루클린으로 확대한다. 거리상의 이유로 브루클린에 있는 한인들이 그동안 혜택을 누리기가 어려웠다. 뉴욕한인봉사센터는 한 달에 한 번씩 브루클린을 정기 방문하여 정부의료보험 가입 안내를 돕고 있다.

라. 다민족문화캠페인

뉴욕한인봉사센터에서는 인종과 민족의 벽을 허물기 위해 노력하고
있다.

○ 뉴욕한인봉사센터 산하의 플러싱 경로회관이 2004년 12월 23일
다민족 노인잔치를 벌였다. 한인노인들과 중국계 노인, 유대인계
노인 300여 명이 함께 어울리며 성탄의 의미를 되새겼다. 이 행사
에 참석한 타민족 노인들은 사무엘 필드 유대인경로회관과 베이
테라스 경로회관 회원들이다.

○ 뉴욕한인노인봉사센터 산하 플러싱 한인경로회관에서 실시하는
무료 점심 프로그램이 한인들뿐만 아니라 대만계 노인들에게도
큰 인기를 모으고 있다.

뉴욕시 노인국 지원으로 플러싱 노던블러바드 166가에 있는 효신
장로교회에서 주중 5일 한식으로 점심 식사를 제공하는 이 프로
그램에는 하루 평균 1백50명이 참가하고 있다. 이중 10여 명이 대
만계 노인들이다. 얼핏 한인 노인들과 별 차이가 없어 보이는 대
만계 노인들은 점심식사를 즐기며 여가 프로그램에도 적극 참여
하고 있다. 대만 커뮤니티에는 한인 경로회관과 같은 곳이 없어
매일 이곳을 찾고 있다는 것이다.

경로회관 측은 이들이 한인 노인들과 좀 더 친해질 수 있도록 한
국어 강좌를 마련했다. 또 한인 노인들을 위해 중국어 강좌도 실
시하고 있다.

마. 한인 및 아시안 인권신장운동

○ 민주평화통일자문회의와 공동주최로 통일강연회 개최

2002년 5월 11일, 뉴욕한인봉사센터는 민주평화통일자문회의 뉴
욕협의회와 노인들을 대상으로 하는 통일 강연회를 개최하였다.

○ '외국인주소 이전신고 돕기' 운동에 가담

뉴욕한인봉사센터는 뉴욕중앙일보사, 뉴욕한인회, 뉴욕한인봉사센터, 청년학교, 뉴욕한인건설협회 등과 함께 외국인 주소 이전 신고를 돕고 있다.

최근 미 정부는 이민법 규정에 따라 영주권자를 포함한 모든 미국 내 외국인 거주자가 이사 등으로 주소가 달라졌을 경우 주소 이전 신고를 해야 한다고 발표했다. 이에 따라 시민권이 없는 한인들은 처음 미 입국 때 공항에 신고한 주소와 현재의 주소가 달라졌을 경우 모두 이민국에 주소 이전 신고를 해야 한다. 이를 이행하지 않을 경우 최고 30일간의 구류에 처하거나 3백 달러 미만의 벌금이 부과되며 다른 범죄와 관련될 때에는 최악의 경우 추방될 수도 있다.

중앙일보사와 여러 한인단체들이 벌이는 이번 '주소이전 신고 돕기'는 한인들이 자칫 이민국의 단속으로 뜻하지 않게 당할 지도 모르는 불이익을 사전에 방지하기 위함을 그 목적으로 하고 있다.

○ '아시안 인권 신장' 협력 모색

2003년 1월 23일, 9·11 사태 이후 미국에서 일고 있는 반이민 물결이 아시안 아메리칸들의 인권에 미치는 영향을 검토하는 대규모 토론회가 맨해튼에서 열렸다. 뉴욕한인봉사센터와 뉴욕한인이민봉사센터, 한미장애인재활협회 등 한인단체 그리고 10여 개 아시안 단체들이 공동 마련한 '아시안 아메리칸 리더십 서밋 2003'은 다양한 문화, 언어, 이민 경험을 갖고 있는 뉴욕 아시안들이 인권과 사회활동에 대한 의견을 교환하고 서로 간 연대 협력하는 방안을 모색키 위한 것이다.

주최 측은 특히 9·11 테러 이후 미 정부가 도입, 시행하고 있는 각종 제도와 관련, '위협에 처해있는 다민족 사회의 자유'를 주제로 정부와 민간단체 전문가들을 초청, 강연회도 개최되었다.

주최 측은 패트리샤 개트링 뉴욕시인권위원장, 이본 제닝스 톨버트 뉴욕주 인권국장, 마지 맥휴 뉴욕이민자연합회장, 캐런 나라사키 전국아시안퍼시픽아메리칸법률컨서시엄회장 등을 포함한 11명 강사를 확보하였다.

주최 측은 아시안들을 상대로 한 인종차별 현황 및 기록 마련, 아시안들의 인권운동 부각, 아시안 단체들과 주류사회 기구들과의 연대, 정부와 주류사회 민간단체 및 기업 지도자들에게 아시안들의 권익과 인종차별에 대한 피해 영향을 알리는 효과를 기대하고 있었다.

⑹ 한미연합회(KAC)의 현황

① 개 관

한미연합회는 1983년에 설립된 비영리단체로서 미국 내 한인들이 미국사회의 한 구성원으로서 시민적 권리와 입법에 대한 권리주장을 더욱 명확히 하고 한인들의 미국주류사회로의 자연스러운 편입을 유도하기 위하여 설립되었다. 한미연합회는 1992년 LA폭동 이후 한인커뮤니티의 정치력 신장에 대한 인식의 확산과 더불어 조직이 더욱 확대 개편되었다. 한미연합회는 LA를 비롯해 전국적인 조직망을 갖추고 있다. 2002년 10월에는 코리아타운 정보기술교육센터를 설립하였다.

한미연합회의 구체적인 목표는 다음과 같다.

- 선거사무 및 공공서비스에 있어 다른 기관과의 연계 등을 통하여 이중언어서비스 확장을 위하여 노력한다.
- 한인공동체의 사회적 의식의 함양과 시민적·입법적 권리에 대한 인식을 고양하고 증진하여 한인들의 권리보호에 앞장선다.
- 한미연합회와 한인 커뮤니티 내의 다른 단체와의 네트워크 형성 및 활발한 의사소통의 구조를 마련하고 다른 소수민족 및 기타 미국 내의 여러 사회단체와의 협력을 강화한다.

② **주요활동**

1.5세들에 의해 창립된 한미연합회는 미 주류사회와 한인사회의 교류를 증진시키고 한인들의 권익향상을 도모하여 왔다. 연합회는 다양한 프로그램을 통해 미 주류사회에서 한인들의 목소리를 높이고 한인들의 적극적인 정치참여를 유도하는데 노력해오고 있다.

가. 더불어 살기 운동

한미연합회는 1992년의 4·29 LA 흑인폭동을 계기로 인종 간 갈등의 벽을 허물고 더불어 살기 운동을 벌이고 있다. 이를 위해 분쟁중재센터를 설립하고 아시안계와의 연합체를 형성하고, 포럼을 조직하는 등 노력하고 있다.

○ 4·29 분쟁중재센터

1997년에는 1988년에 설립된 한·흑 연대기구와 함께 4·29나성 사태를 해결하고자 중재센터를 설립하였다. 한미연합회는 지난 13년 동안 LA카운티의 재정보조를 받아 4·29 분쟁중재센터를 운영해오고 있으며, 매달 50여 건의 분쟁사례를 처리하고 있다. 아파트 계약금 반환 문제부터 상품교환과 환불분쟁, 소음을 둘러싼 이웃 간의 갈등까지 모두 일상에서 접하기 쉬운 분쟁들이다. 이러한 경우 이 중재센터를 통하여 변호사를 고용하고 소송까지 가는 곤란을 겪지 않고 합의에 의해 분쟁을 해결할 수 있다.

중재자들이 중립적인 입장에서 양측이 다 만족할 수 있는 조건을 제시해 문제를 해결하는 프로그램을 제공한다. 저소득층을 위해서는 무료로 운영되며 대부분의 경우 소득에 따라 저렴한 시간당 요금만이 부과되어진다.

또한 중재 프로그램을 이용하면 소송에 드는 비용과 시간을 아낄 수 있는 것도 중재 프로그램의 또 다른 장점이다. 중재자가 직접 당사자들과 대화를 나누기 때문에 중재는 대부분의 경우 한두

달 안에 합의에 이를 수 있고 중재를 통해 이뤄지는 합의는 법적 효력이 있으며 추후에라도 중재합의 내용에 만족하지 못하면 제2의 선택으로 소송을 다시 제기할 수도 있다.

양측이 모두 이길 수 있는 win-win을 목표로 하고 있기 때문에 분쟁을 겪고 있는 사람들에게 중재는 좋은 대안이 될 수 있다.

○ 아시안계와의 연대 강화

2006년 6월 예비 선거와 11월 중간 선거가 다가옴에 따라 아시안들의 투표율을 높이기 위한 9개의 아시안 단체들이 참가한 연합체가 결성되었는데, 한인 커뮤니티에서는 민족학교와 한미연합회가 동참하고 있다. 새로 구성된 연합체는 낮은 투표율을 보이는 아시안들을 독려해 소수계의 정치적인 신장을 이루는 데 목적이 있다.

○ 한미연합회 LA지부는 금년 상반년에 LA시 휴먼 릴레이션스 코미션과 4·29 토론회를 공동주최했다. 4·29토론회에서는 4·29 폭동을 돌아보고 폭동 후의 한인사회의 변화를 논의하였다.

○ 2006년 2월 16일, 한미연합회 LA지부는 남가주 경제발전위원회, 마크리들리 토마스 켈리포니아주 하원의원 그리고 여러 한인단체와 흑인단체들과 함께 한·흑 간의 관계를 개선하기 위한 공동포럼을 개최하였다. 4·29 폭동 이후 다민족 사회에 살고 있는 한인과 흑인 커뮤니티에 단절됐던 대화의 장을 마련하고, 한인 커뮤니티와 흑인 커뮤니티의 관계 개선을 위해 마련되었다.

○ 타 커뮤니티 조직체와의 공동협력을 구성하는 커뮤니티 포럼도 활발하게 진행하고 있다.

○ 한미연합회는 시민의 재판 시에 Korean American 목소리를 나타낸다. 선출된 관리와 시민의 지도자와의 대화를 통해 사회지도자에게 메시지를 전달한다.

나. 한민족 결집을 위한 운동

○ 미주 한인 이산가족 상봉 본격 추진

중서부 한미연합회는 미주 한인 이산가족의 상봉을 지원하는 프로그램 '샘소리'에 적극 동참하고 있다. 미국의 민간재단인 유진 벨 재단이 주도하고 있는 미주 한인 이산가족 상봉 프로그램은 현재 베세라 연방 하원의원의 적극적인 지지를 받고 있다. 이 프로그램은 3단계에 걸쳐 운영된다. 먼저 미국 내에 얼마나 많은 한인 이산가족들이 있는지 전국적인 통계자료를 확보한다. 자료가 확보되면 이산가족들에 대한 중앙 데이터베이스 시스템을 구축하게 된다. 마지막으로 이렇게 체계화된 시스템을 바탕으로 정보센터를 개설해서 북한에 있는 가족의 연락처를 알아내고 이어서 교류로 이어지도록 지원 프로그램을 운영하게 된다.

○ 한인대학생들을 위한 지도자훈련 프로그램 등을 실시한다.

다. 지역사회봉사활동

한미연합회는 한인가정상담소, LA법률보조재단과 협력하여 저소득층을 대상으로 실생활에 가까운 가정법, 이민법, 노동법, 주택 및 주거법, 소비자법 등 무료법률상담을 제공하고 있다.

라. 이민자권익옹호활동

○ 이민개혁관련 행사

한미연합회 LA지부 등 관계기관은 각종 이민개혁 법안 발효 시 포럼 또는 세미나 등의 형식으로 각계의 전문가들을 초청하여 한인사회에 미칠 영향을 면밀히 검토하고 대응책을 토의한다. KAC-LA는 2006년 상반기에 종합 이민개혁 포럼을 개최했고, 이민법 개혁안에 대한 공개토론회도 개최하였다. 이민법 개혁안에 대한 토론회에는 전국 이민변호사위원회와 멕시칸법률교육재단의 대표들이 토론자로 참석해 이민법 개혁이 이민사회에 미칠 영향에 대해 논의하였다.

○ 시민권신청서비스

1994년에는 시민권프로그램을 실행(남가주에 포괄적 귀화프로그램 진행)하였고, 현재는 시민권센터를 운영하고 있다. 미국시민권을 신청하려고 하거나 현재 그 과정에 있거나 또는 이미 미국시민권을 취득한 자는 여기에서 필요한 정보와 서비스를 제공받을 수 있다.

마. 정치력신장활동

○ 선거철에는 유권자 등록 서비스와 등록 캠페인 그리고 유권자 교육 등을 행한다.

○ 한인자료센터 발족

2000년 12월 18일, 한미연합회는 미주 한인과 관련된 각종 자료들을 한곳에서 찾아볼 수 있는 '한인자료센터'를 발족, 공식 출범했다. 단순한 자료 차원을 넘어 한인사회의 정치력 신장을 이룰 수 있는 센터로 발전시키겠다는 것이 한미연합회의 취지이다. 한미연합회는 보다 객관적이고 광범위한 자료를 확보하기 위해 센서스 결과를 비롯한 한인사회에 대한 언론 보도 및 연구 논문, 세미나 자료 등을 수집하고 있다.

⑺ 미주한인봉사교육단체협의회(뉴욕)의 현황

① 개 관

미주한인봉사교육단체협의회(미교협)는 이민자 권익 신장을 위한 전국적인 움직임을 하나로 모아 더 큰 힘을 발휘하기 위해 로스앤젤레스 민족학교, 시카고 한인교육문화마당집, 뉴욕 청년학교 등 미국 전역의 도시에 위치한 코리안 아메리칸 커뮤니티에 의해 1994년 협의체 형태로 설립되었다.

미교협은 각 지역에서 뿌리내리며 십여 년 이상을 동포사회를 위해 활동해 온 가입단체들의 경험과 성과를 바탕으로 지역 가입단체들과 함께 민권 및 이민자 권익옹호 등의 이슈에 있어 전국적으로 하나의 목소리를 내고, 코리안 아메리칸이 소수민족 미국 시민으로서 건강한 미국 사회를 만드는 데 최대한 참여할 수 있도록 하기 위해 활동하고 있다.

② **주요활동**

가. 청소년 여름 교육 프로그램

10년 가까이, 미교협은 코리안 아메리칸 청소년들을 위해 교육과 현장실습 프로그램을 구성하여 뉴욕, 시카고, 로스앤젤레스 가입단체들과 함께 여름 청소년 교육 프로그램을 개최하고 있다. 주요 프로그램은 선거, 서류미비학생 신분 사면, 강제추방에 대해 주제별로 나누어 토론 형식으로 진행되며 커뮤니티 홍보 및 교육활동도 병행하고 있다. 이 프로그램의 장기목표는 커뮤니티의 활동을 위해 새로운 세대의 사회참여를 이끌어내고, 사회참여의 소속감, 일체감을 증진시키며 다민족 사회에서 소수민족의 정체성을 향상시키는 것이다.

이러한 노력의 성과로 드림액트법안 및 반이민법 반대운동 및 유권자등록캠페인 등에 청소년들의 적극적인 참여가 두드러지게 나타나고 있다.

또한 모든 학생들은 한국 전통 풍물을 배우고, 사회를 변화시키는 예술 프로젝트를 진행하고 있으며 기타 건강프로그램 진행과 LA인근해역의 오염생선에 대해 토론을 통하여 환경문제에 대한 의식고취를 도모하고 있다.

나. 이민자 권리 프로젝트

이민자 권리 프로젝트는 이민 개혁과 이민자 권리에 대해 코리안 아메리칸 커뮤니티의 사회참여를 증진시키고 권리 옹호에 대해 교육하기 위해 시작되었다. 이 프로젝트를 통해 법률 제정과 정책들을 지속적으로 모니터하고 정기 간행물을 발간하며, 우리의 활동과 초점이 맞는 전국과 지역의 주요 연합활동에 참여하고 있다. 또한, 주류 사회와 소수민족의 조화가 중요함을 미디어를 통해 널리 알리고, 전국적인 운동에 코리안 아메리칸 커뮤니티가 관심을 가지고 함께 참여할 수 있도록 미교협과 가입 단체들은 풀뿌리 차원의 조직 운동으로 확산시키고 있다.

○ 서류미비학생 신분 사면운동

2002년부터 미교협은 서류미비 학생들의 신분 사면, 수준 높은 교육 보장과 대학 진학 시 거주자 학비 적용 등의 내용을 담고 있는 드림법안을 입법화시키기 위해 교육 및 조직 활동을 펼치고 있다. "United We Dream! 캠페인"을 벌리고 연합단체인 청소년위원회를 설치, 운영하고 있다.

United We Dream 캠페인은 학문적 재능이 있고 전문 교육을 원하는 이민 학생들의 활동을 제약하는 장애물들로부터 그들을 보호하고 연방 법안의 통과를 위해 학생들, 커뮤니티 단체, 교육자 등 많은 분들이 함께 전국적인 캠페인이다. 캠페인의 목표는 ① 이민 학생들의 사회통합과 권리옹호, ② 곤경에 빠져있는 학생과 서류미비 학생을 위한 공적교육, 이민 학생들의 힘든 생활을 지지하고 보상하는 법안 통과 촉구, ③ 단체의 조직과 전국적인 행사 참가, ④ 활동사항 및 관련 법안에 대한 업데이트이다.

공정한 이민정책 개혁운동(FIRM)의 지부로 창설된 청소년위원회는 차세대 지도자들에게 이민자 권리와 이민 개혁을 위한 전국적인 정책 수립과 조직을 위한 매개체가 되고 있다. 청소년 위원회는 수준 높음 교육의 기회를 제공하고 서류미비 학생들의 신분 합법화에 관한 법률 제정에 초점을 맞추고 활동하고 있다.

○ 포괄적 이민 개혁법 추진

포괄적 이민 개혁법은 붕괴된 이민시스템을 재정비하기 위해 최근 부각되었다. 미교협이 앞장서서 논의를 이끌어 가고 있는 포괄적 이민 개혁법에는 ① 열심히 일하고 미국 사회에 기여하는 이민자들이 체류신분 때문에 불안한 삶을 살지 않도록 합법적 체류 신분 취득 기회 보장, ② 이민 업무 적체 해소로 조속한 가족 재결합 추진, ③ 미래의 이주 노동자들이 인권유린과 착취의 대상이 되지 않도록 하며, 이 땅에 뿌리내리며 거주하는 이주 이민자들이 동등하게 합법 체류 신분을 취득할 수 있는 장치 마련, ④ 이민법이 더 이상 저임금과 열악한 노동 환경의 도구로 이용 되지 않도록 이민 노동자 권리 보호 체계 확립, ⑤ 이민자의 인권과 민권을 옹호하고 보호하는 장치 수립, ⑥ 미국에서 자라난 서류미비 학생과, 미국 농업을 책임지는 농장 노동자에게 합법 체류 신분 취득 제공 등의 내용이 포함되어 있다. 현재 미교협은 포괄적 이민개혁법추진을 위해 공정한 이민 정책 개혁 운동(FIRM)과 New American Opportunity Campaign을 벌리고 있다.

FIRM 캠페인은 CCC(Center for Community Change)가 조직위원회로 실무를 담당하고, 이민 개혁과 이민자 권리 옹호를 위해 풀뿌리 커뮤니티 단체가 함께 참여하고 있다. 이 캠페인은 주 전체의 이민자 권리 연합회를 비롯하여, 전국의 종교단체, 저소득 그룹들이 함께 협력하여 활동하고 있다.

NAOC 캠페인은 전략적으로 포괄적 이민 개혁안을 입법화시키기 위한 움직임이다. 이민개혁안의 기본 원칙이 구체화되고 입법화될 수 있도록 이민자 권익 옹호단체, 커뮤니티 단체, 종교 단체, 노동자 단체가 함께 NAOC 캠페인에 참가하여 이민자 커뮤니티의 목소리와 힘을 조직하고 참여를 이끌어 내기 위한 활동을 하고 있다. NAOC 활동은 Coalition for Comprehensive Immigration Reform이 주축이 되어 활동하고 있다.

○ "불법이민 개혁과 이민 책임 법안" 반대운동

1996년의 "불법이민 개혁과 이민 책임 법안(Illegal Immigration Reform and Immigrant Responsibility Act)"이 국가안보라는 명목 하에 이민자들의 근본적인 기본권과 자유권을 침해하는 새로운 법률에 통합되어가고 있다. 이러한 변화는 커뮤니티 내의 불안감과 의혹을 증가시키고 이민자들을 법 파괴자 혹은 테러리스트로 몰아넣는 공공심리를 조장하였다.

지난 몇 년 동안 지역과 주의 경찰들에게 이민자 단속에 대한 권한을 부여하려는 노력이 계속되고 있다. 근본적으로 이 발의안은 연방 이민자 단속에 대한 경찰의 권한을 확대함으로써 열심히 일하는 이민자를 범죄자로 규제하고 처벌하려는 위험한 양상을 띠고 있다. 경찰 당국의 인종적 차별이 광범위하게 행해질 것에 대한 염려와 피해 당한 이민자 가족이나 증인들이 강제 추방에 대한 공포 때문에 경찰 수사 협조를 기피하는 등 여러 가지 우려가 증폭되는 가운데 지역과 연방 경찰들의 이민자 단속에 대한 권한 부여에 대해 광범위하고 다양하게 반대 운동이 진행되고 있다.

최근 REAL ID 법안의 통과와 함께 이민자 권리 옹호 단체들과 서류미비 운전자에게 운전면허증 발급 이슈는 큰 관심사였다. REAL ID법안은 서류미비 이민자들이 법적으로 보호받을 수 없으며 학교에 등교하거나 직장을 가야 할 때 운전하고 갈 수 있는 기본적인 권리마저 빼앗고 있다. 미국 사회의 일원으로 열심히 일하고 경제 발전에 기여하는 서류미비 이민자들의 권리를 제한하고 지위를 무너뜨리고 있는 이 법안은 명백하게 모순적인 법안이다. 이에 대응해, 미교협은 Right Working Group을 구성하여 캠페인을 벌리고 있다.

Right Working Group은 9·11 직후부터 민권과 인권의 침해가 노골화 되는 것에 대해 대응하기 위한 민권, 시민 자유권, 인권과 이민자 권리 옹호 연합이다. 이 Right Working Group은 현재와 미래를 위해 국내외적으로 그들의 활동에 연관된 커뮤니티의 효과적인 연합을 용이하게 하기 위한 틀을 마련하기 위해 노력하고 있다.

다. 민권옹호프로그램

미교협은 전국, 지역적으로 주요한 민권 이슈에 관해 코리안 아메리칸 커뮤니티를 교육하고 사회 참여를 이끌어 내기 위해 현재 유권자 권리, 언어 권리, 혐오 범죄 등에 관해 교육, 활동하고 있다. 민권옹호프로그램을 통해 정책을 모니터 하고 교육 자료를 발간하며 전 미국 시민들을 위한 민권 옹호를 추구하는 단체들과 연합하여 함께 활동하고 있다. 이와 같은 미교협의 커뮤니티 교육, 홍보활동은 코리안 아메리칸들에게 민권에 대한 인식을 고취시키는 역할을 하고 있다.

라. 사회 참여와 유권자 정치력 신장운동

1996년 대통령 선거 이래로 미교협은 정치 참여를 통한 다양한 시민 참여 캠페인을 진행하고 있다. 이 캠페인에는 유권자 등록, 유권자 교육, 유권자 참여 독려, 유권자 투표 보조, 유권자 조사, 유권자 권익 옹호 등의 활동이 포함되어 있다.

Asian and Pacific Islander American Vote (APIA Vote)

APIA Vote는 아시아 태평양 아메리칸 커뮤니티의 사회 참여를 장려하고 공공정책에 대한 이해를 높이기 위해 활동하고 있는 초당파적 비영리단체들의 전국 연합체이다. APIA Vote는 교육, 홍보활동과 프로그램을 통해 아시아 태평양 아메리칸 커뮤니티가 정치적 과정에 효과적으로 참여할 수 있도록 하기 위해 활동하고 있다.

⑻ 코리안아메리칸시민활동연대(KALCA)의 현황

① 개 관

KALCA는 미주 한인들과 아시안 아메리칸들의 정치참여를 활성화하고 정치력 신장의 중요성을 교육, 홍보하기 위해 지난 2000년 설립된 비영리 단체이다.

각계각층의 다양한 미주지역 한인과 아시안 기성세대들이 시민활동 및 정치분야에 적극 참여해 네트워크를 만들고 기반을 다져 후세들에게 보다 나은 기회 및 안정성을 제공하는 것이 KALCA의 주요 목적이다.

② 주요활동

가. 아시안 및 소수민족의 권익보장을 위한 활동

○ 뉴욕시 소수계 정치인들과 이민자 권익옹호단체들과 함께 1965년 공정선거권법안관련 기자회견 개최

2005년 8월 5일, 코리안아메리칸시민활동연대(KALCA)는 존 리우 시의원과 청년학교(YKASEC), 아시안아메리칸법률교육재단(AALDEF) 관계자들과 함께 시청에서 기자회견을 갖고 지난 1965년 통과된 공정선거권법안(VRA; Voting Rights Act) 항목 중 이중 언어 서비스를 제공할 것을 명시하고 있는 항목 203부문으로 확대, 실시할 것을 촉구하고 나섰다. 이들은 지난 1965년 통과된 공정선거권법안은 이민자를 비롯한 소수계의 피와 땀으로 이루어낸 성과로서, 정부는 반드시 이 법안을 지속적으로 시행할 것뿐만 아니라 확대 실시해야 한다고 주장하였다.

○ WQHT 채널 'Hot 97'의 쓰나미 피해 아시안 비하 방송에 대한 가두 시위에 동참

WQHT 채널 'Hot 97'의 쓰나미 피해 아시안 비하 방송에 대한 가두 시위가 28일 오전 11시 동 방송국 맨해튼 스튜디오 앞에서

화씨 4도의 추위에도 불구하고 한인들이 대거 참가한 가운데 약 2시간 동안 전개됐다.

뉴욕한인회, 뉴욕한인상록회, 플러싱경로센터, 한인권익신장위원회, '코리안아메리칸시민활동연대'(KALCA), 청년학교, '코리안아메리칸커뮤니티재단(KACF) 2세위원회' 등 한인 1세와 2세 단체 대표들은 이날 존 리우 뉴욕시의원과 지미 맹 뉴욕주 하원의원을 비롯한 지역 정치인들, 타민족 사회 단체, 힙합 커뮤니티와 함께 단합된 모습으로 시위를 펼쳤다.

시위대는 미 연방통신위원회(FCC)의 WQHT 방송국에 대한 징계조치, WQHT의 모사인 '에미스 커뮤니케이션사'가 문제의 '쓰나미 노래'를 방송한 '미스 존스 인 더 모닝' 프로의 디스크 자키 미스 존스와 토드 린을 해고 할 것, WQHT와 '에미스 커뮤니케이션사'의 광고주와 프로그램 스폰서들의 광고 및 스폰서십 취소 등을 촉구했다.

나. 아시안 및 소수민족의 정치력 신장 및 선거권 보장 노력

○ 코리안아메리칸시민활동연대(KALCA)와 청년학교는 2005년 12월 12일 맨해튼 뉴욕시 선거관리위원회에서 열린 '뉴욕시 선거 지원위원회 연례 청문회'에서 선관위의 보다 적극적인 현장 점검과 노력을 주문했다.

KALCA 박태효 사무총장은 "한인 사회의 지속적인 요구에도 불구하고 플러싱 PS 20과 JHS 189 투표소에서의 문제점이 또다시 불거졌다. 문제의 근원적인 해결을 위해 선관위는 각급 투표소에 배치되는 선거 관리원과 통역원, 도우미 등에 대한 교육을 보다 철저히 시켜야 할 필요가 있다"며 "세금납부의 의무를 다하고 있는 유권자들의 투표권은 국가가 보장해야할 유권자들의 권리로 보다 많은 유권자들이 선거에 참여할 수 있도록 선관위는 그 의무

를 다해야 한다"고 강조했다. 이어 그는 "사후약방문이 아닌 투표소 방문과 같은 보다 적극적인 태도로 미리미리 문제해결에 나서는 선관위가 되어 달라"고 요청했다.

KALCA는 이날 청문회에서 지난 11월 8일 본 선거에서 드러난 문제점으로 ① 유권자 등록을 했으나 선거 안내 편지를 받지 못한 것, ② 한인사회의 지속적인 요구가 있었으나 한인유권자 밀집 지역에서의 한인 도우미가 턱없이 부족했던 것, ③ 유권자 명부에 이름이 누락된 경우, 종이를 이용한 임시투표를 안내했어야 하는데 이를 지키지 않고 그냥 돌려보낸 경우가 있었던 것, ④ 이미 주소변경 신청을 했으나 지난 선거 때까지 주소가 변경되지 않은 경우가 있었던 것, ⑤ 부재자 투표를 신청했으나 투표용지가 오지 않아 투표를 할 수 없었던 것, ⑥ 운전면허증 뒷면을 통해 변경된 주소를 확인할 수 있음에도 주소불일치를 이유로 그냥 돌려보낸 경우 등, 조목조목 그 사례를 들어가며 개선을 촉구했다.

○ 아시안문화유산축제 2006년 5월 7일 맨해튼 유니언 스퀘어에서 제 27회 아시안 문화유산 축제가 "젊음을 찬양하며"라는 주제로 열렸다. 올해로 27회를 맞는 아시안 문화 유산 축제는 100여 개 이상의 아시안 단체들이 참가해 문화를 알리고 아시안들의 정치력 신장에 앞장 서는 뉴욕지역 최대의 아시안 축제로 자리잡고 있다. 코리안 아메리칸 시민 활동 연대는 2007년도 만료되는 투표권 보장법 갱신을 위한 엽서 서명 을 호소하며 투표권 보장법의 갱신 필요성을 알렸다.

뉴욕한인봉사센터는 장년복지프로그램, 헬스 프로그램 등 전반적인 보건 프로그램에 대한 아웃리치 행사를 펼쳤다. 또한 청년학교는 올바른 이민 개혁 촉구를 위한 서명운동을 펼쳤다.

○ 유권자 등록운동
코리안아메리칸시민연대(KALCA)가 뉴욕/뉴저지 한인유권자센터와 함께 2006년 1월 15일 뉴욕 빌라델비아 장로교회(담임목사 김혜천)에서 유권자 등록운동을 실시했다. 유권자센터 데니얼 백 애론, 손원영 프로그램 디렉터와 KALCA 박태효 사무총장은 선거안내 책자 등을 배포하고 선거 참여에 대한 캠페인도 전개했다(중앙일보, 신동찬 기자, 2006.1.17).

다. 한인사회 지도자 양성 프로그램

코리안아메리칸시민활동연대(KALCA)가 실시하고 있는 '칼리지 인턴십 프로그램'이 한인사회의 대표적인 인재양성 프로그램으로 자리매김하고 있다.

2006년에는 총 30명의 학생들이 지원하였는바, 2005년의 24명보다 6명이 늘어났다. 특히 캘리포니아와 시카고에서 지원한 학생들도 있어 전국적인 인턴십 프로그램으로의 발전도 기대하게 했다. KALCA는 모집마감 직후 서류심사를 통해 12명을 1차 선발했으며 4월 1일 인터뷰를 거쳐 6명의 인턴십 프로그램 참가자를 최종 선발하였다. KALCA '2006 칼리지 인턴십 프로그램'에 선발된 학생들은 2006년 6월 셋째 주부터 8주 동안 3,500달러의 활동비를 받고 뉴욕시장실과 뉴욕시의회실, 뉴저지에디슨시장실 등 13개 정부기관에서 인턴십을 받게 된다.

KALCA 박태효 사무총장은 "칼리지 인턴십 프로그램은 한인 2세들의 정부기관 진출을 돕는 지름길"이라며 "학생들의 호응도가 전년에 비해 높아졌고 지원지역도 다양해져 매우 고무적이다. 질적으로 보다 향상된 프로그램이 될 수 있도록 인턴기관을 확충하고 지원을 아끼지 않도록 하겠다"고 다짐했다.

'2006년 칼리지 인턴십 프로그램' 최종 합격자는 Dennis Chin(Duke University 뉴저지 주/중국계 미국인) Jeanette Jee-Eun Kang (Northwestern University 일리노이 주/한국계 미국인) Jane S. Kim (University of Pennsylvania 펜실베니아 주/한국계 미국인) Bryan Lee

(Columbia University 뉴욕 주/한국계 미국인) Jessica Ji Eun Lee (Wellesley Women's College—메사추세스 주/한국계 미국인) Emily Gayoung Setton (Columbia University—뉴욕 주/반 한국 반 영국계 미국인) 로서, 여기에는 한국계 미국인이 과반수이지만, 중국계 미국인과 반 한국 반 영국계 미국인도 포함되어 있다.

라. 교육포럼 개최

코리안아메리칸시민활동연대는 매년 2~3차례 교육 포럼을 개최하고 있으며 그 주요한 내용은 한인사회의 인권신장과 밀접한 관련 있는 정치력 신장에 관한 문제를 중심으로 포럼을 개최하고 있다.

○ 코리안아메리칸시민활동연대(KALCA)는 2006년 3월 7일 맨해튼에서 '아시안아메리칸과 정치: 인사 리더의 관점'이라는 주제로 교육포럼을 개최했다.

KALCA측은 "미 정계와 공공분야로 진출하는 아시안이 늘고 있지만 여전히 문화적 제도적인 장애물에 직면하고 있다"며 "보다 실질적이고 효과적인 방법으로 관련 분야에 접근해야 할 수 있는 방법을 모색하기 위해 이 포럼을 준비했다"고 밝혔다(중앙일보 안준용 기자, 2006.3.8).

○ 코리안아메리칸시민활동연대(KALCA)가 2006년 4월 15일 컬럼비아대 러너홀에서 '투표권 보장법(Voting Rights Act) 갱신'에 대한 워크숍을 실시했다.

이날 워크숍은 컬럼비아대 아시안아메리칸연맹(AAA)이 '아시안 권익 향상(Empower and Act: DO SOMETHING)'을 주제로 실시한 세미나의 일환으로 진행됐다. 이 행사는 오전 10시부터 오후 4시까지 아시안 커뮤니티의 보건 인권 등을 주제로 다양한 단체와 기관을 초청한 워크숍이 잇달아 열렸으며 뮤직 페스티벌도 개최했다. 강사로 나선 KALCA 박태효 사무총장은 투표권 보장법의 중요성을 알리는 한편 현재 아시안 커뮤니티 주요 투표소에서 벌어지는 차별행위에 대해 설명했다. 박 사무총장은 "2007년 법령 시행기간이 만료되기 전 상원에서 투표권 보장법 갱신 의결을 통과시키는데 힘을 모아야 한다"고 말했다(중앙일보, 안준용 기자, 2006.4.17).

⑼ 재미한국청년연합의 현황

① 개 관

재미한국청년연합은 1984년 1월 1일 재미동포청년들이 밝고 건강한 재미동포사회와 보다 나은 조국과 민족의 미래 및 인류의 정의와 평화를 위해 일하고자 만든 비영리사회단체로서 평화와 인권, 통일을 위해 활동해 오고 있다. 미국 내 5개 도시에 회원단체를 두고 있는 전국단체로서 미국과 한반도의 평화, 인권, 사회정의를 실현하기 위해 교육, 권익옹호와 더불어 풀뿌리 차원의 조직 활동을 펼치고 있다.

구체적인 목표는 다음과 같다.

- 교육활동 및 민중적 기반의 기관의 설립을 통한 미주한인들의 정치력 신장
- 미주한인들의 시민적 권리의 옹호
- 평화운동을 통하여 정의구현 및 한반도 내의 평화정착

② 주요활동

가. 반전평화운동

○ 재미한국청년연합은 창립 18주년을 기념하여 2002년 8월 2~3일, 뉴욕 마운트 세인트 빈센트 대학에서 "진보적 평화운동의 정착과 활성화를 위하여"라는 주제로 컨퍼런스를 개최하고 포럼과 심포지움, 분과토의 등 다양한 프로그램을 통하여 한국, 호주, 캐나다

및 미국 전 지역에서 온 150여 명 참가자들과 함께 평화운동이 나가야 할 방향을 모색하고 토론하는 시간을 가졌다. 재미한청련과 재미한겨레동포연합, 재캐나다한국청년연합, 재호주한국청년연합이 공동주최하고 미국의 평화인권단체인 PAX Christi, Peace Action, War Resisters League, GABRIELA 등 30여 개 미국 내 반전·평화·인권단체들이 후원하였다.

○ 2001년 10월 7일, 재미한국청년연합은 미국의 아프카니스탄에 대한 군사공격을 반대하는 재미한국청년연합 성명서를 발표하였다. 성명서에서 재미한국청년연합은 미국은 폭격보다는 평화로, 보복보다는 정의로 테러문제를 해결해야 한다고 주장하고 있다.

○ 2004년 3월 19일과 20일, 재미한국청년연합은 이라크 전쟁 1주년을 맞아 전 세계적으로 열린 반전평화행동의 날에 동참하여 나성과 뉴욕에서 시위를 벌였다.

　나성한청련과 나성한겨레동포연합이 19일 나성코리아타운에서 평화를 기원하는 촛불시위장에서 이라크 전쟁의 희생자를 위한 추모제를 갖고 있다.

　- 재미한청련의 회원단체인 뉴욕한청련은 20일 United for Peace and Justice의 주최로 약 10만 명이 참여한 가운데 뉴욕에서 열린 반전평화시위에 참가, 한반도의 평화와 미국 내 이민자권익 옹호를 위한 정책을 촉구했다. 또한 한반도평화 관련 전단 등을 타민족 시위참가자들에게 나누어 주며 한반도 문제에 대해 홍보교육활동을 펼쳤다(오마이뉴스, 2004.3.27).

○ 매향리 폭격훈련방지 위한 국제적 압력 활동
　미군의 폭격훈련으로 인한 주민들의 고통은 매향리뿐만 아니라 포에르토리코의 비에케스, 필리핀 등 전 세계에서 이어지고 있다. 재미한국청년연합은 주민들에게 폭격훈련 대신 평화를 돌려주기 위한 국제적인 압력활동에 참여하여 동참을 호소하였다. 부시행정부에 서한을 보내기 캠페인을 벌였고, 미공군이 매향리에서 영구적으로 폭격훈련을 할 수 있도록 보장해주는 한미상호방위조약 및 한미행정협정(소파) 개정 활동에 적극 참여하였다.

○ 위안부할머니 돕기 운동

2001년 7월 23일, 미국에서 일본 정부를 상대로 군대위안부 소송이 진행되고 있는 가운데 재미한국청년연합회는 미국의 기타 단체들과 함께 일본에 동조하고 나선 미국 정부를 규탄하는 시위를 워싱턴 한복판에서 벌였다. 이날 연합 시위에는 청년연합회와 NOW의 주도로 미국 내 인권, 여성, 이민자 권익 및 교민 등 301개 단체가 연대를 표명했다(워싱턴/연합뉴스, 2001.7.24).

○ 국가보안법폐지운동

나. 북한 돕기 운동

○ 북한 어린이 점심용 영양과자 보내기 캠페인

재미한국청년연합은 세계식량계획의 친구들(Friends of WFP)[1]과 함께 민간차원에서 "북한 어린이 점심용 영양과자 보내기 캠페인"을 펼치고 있다.

○ 북한 수재민 돕기 운동

재미한국청년연합은 1996년 6월 "북한 수재동포 돕기 쌀 한 포대 보내기 운동 북미주지역 추진위원회"를 주도적으로 결성하여 1년에 500여 회 이상의 가두모금, 교육, 홍보활동을 펼쳐 모금된 25만여 달러를 세계식량계획(WFP)에 전달하여 북한에 보내주도록 하였다.

○ 용천참사 돕기 기금 모금

북한 용천역 폭발사고 직후 재미한국청년연합은 세계식량계획

---

1) "세계식량계획의 친구들"은 세계식량문제를 교육, 홍보하고 유엔세계식량계획에 대한 민간차원의 재원확보를 목적으로 하여 설립된 단체이다.

(WFP)과 함께 미국에서 가장 먼저 모금운동에 돌입하였다. 모금한 돈은 북한에 송금되었다.

3) 봉사단체의 현황

(1) 뉴욕가정상담소의 현황

① 개 관

뉴욕가정상담소는 가정폭력 피해여성의 권익보호활동 및 이민사회 여성문제에 포괄적 접근을 통하여 한인 이민여성들의 권익신장과 가정폭력으로부터 아동과 청소년 보호 및 아동과 청소년의 제반 권익보호를 목적으로 1989년에 설립되었다. 발기인은 현재 뉴욕여성재단의 이사이신 김광희 이사장이다.

② 주요활동

뉴욕가정상담소는 주로 가정폭력 및 청소년관련 인권교육에 주력하고 있으며 다음과 같은 프로그램을 진행 중이다.

가. 가정폭력반대활동
○ 가정폭력상담

뉴욕가정상담소는 가정폭력관련 상담을 지속적으로 진행하고 있다. 한인 여성들의 가정폭력 관련 상담전화는 연간 2,000건 이상이 걸려오고 있으며 2003년 동거남에 의하여 살해된 배미란 씨 사건을 계기로 한인사회 내에 가정폭력근절의 목소리가 더욱 높아지고 있다. 2005년 2월 7일 보도에 의하면, 이 기간 집계된 문제 유형별 상담은 가정폭력이 가장 많아 263건, 자녀양육 104건, 청소년문제 103건, 아동행동발달 92건, 아동학대 72건, 이혼·별거 65건, 알콜

22건 순이다. 한편 이 기간 뉴욕가정상담소에 접수된 상담건수는 총 912건이었다.

○ 가정폭력반대 침묵시위

뉴욕가정상담소는 플러싱에서 10년째 침묵시위를 벌리고 있다. 이 행사는 가정폭력으로 피해를 입은 여성과 아동들을 지원하고 가정폭력의 폐해를 알리기 위한 취지로 열린다. 한인사회 가정폭력이 끊임없이 발생하고 있으며 양상도 갈수록 극악무도해지고 있는 상황에서, 폭력을 당하고서도 제대로 말도 못하는 여성 피해자들을 상징적으로 나타내기 위해 침묵시위를 벌렸다.

 뉴욕가정상담소에서 금년에 벌린 가정폭력 근절 '침묵 행진'에는 존 리우 뉴욕시의원을 비롯하여 미암협회, 뉴욕한인봉사센터(KCS), 한미시민활동연대(KALCA), 뉴욕·뉴저지한인유권자센터, 청년학교, 뉴욕한인회, 오픈포럼, 뉴욕·뉴저지한인자선사업가협회, 한인커뮤니티재단(KACF) 등 10여 개 기관의 50여 명이 동참했다.

○ 피해여성을 위한 위시프로그램운영

위시프로그램은 가정폭력 피해여성을 위한 사회적응프로그램으로, 위시는 '독립한 여성을 위한 지원과 희망(Women with Independence, Support and Hope)'이라는 단어의 약자로 싱글된 여성들이 서로 의지하고 동시에 자립심과 희망을 놓지 않게 도와주는 모임이다. 이 모임은 주제별로 1주에 한 번씩 10회의 모임을 통해 자긍심을 높이고 자아성장을 도모하는 것을 목표로 하고 있다. 모임주제는 여성문제, 건강한 의사소통, 스트레스 관리, 자녀교육 등 다양하다.

나. 편부모 위한 오뚜기클럽 운영

편부모 자녀교육의 어려움 및 열악한 사회적 지위 향상을 위하여 편부모들의 소셜네트워크 형성을 위해 91년에 결성되었는데, 현재 20여 명 회원으로 운영되고 있다.

다. 청소년 커뮤니티 프로젝트

2003년 2월부터 세대 간 화합 및 협동 단결 리더십 향상을 목적으로 시작되었다. 매주 금요일마다 정기모임을 갖는다. 그동안 장애우와 함께 하기, 불법체류자 사면법안 드림액트법안 통과 지지 캠페인, 아동학대방지를 위한 캠페인을 전개하고 하고 있다.

2003년도 청소년 커뮤니티 프로젝트팀에 속한 한인청소년 자원봉사자 5명이 대통령상을 수상하였으며, 2005년에는 10명이 대통령상을 받게 되었다. 참여청소년 스스로가 프로젝트를 기획하고 커뮤니티 이웃들을 직접 보살핌으로써 청소년 자신의 인권문제뿐만 아니라 사회구성원으로서 스스로 인권지기의 역할을 확대 강화해 가는데 그 목적을 두고 있다.

2005년 뉴욕가정상담소 산하 청소년커뮤니티 프로젝트팀 회원 40여 명은 북한어린이 돕기 양초 판매 모금활동을 펼쳤다. 이 프로젝트는 청소년 프로젝트팀이 회의를 통해 자체 결정한 것이며 한편 이번 양초 판매를 통해 얻은 수익금 전액은 세계 긴급 구호 사업을 돕는 비정부 단체인 '월드비전'측에 전달된다. 이러한 행사를 청소년 스스로가 주도적으로 기획하고 직접 활동함으로써 자신들의 인권문제를 넘어서 점차 인권에 관한 시각의 확대를 이끌어 내고 있다.

라. 핫라인 자원봉사자 교육

이 교육은 24시간 핫라인 상담전화 서비스를 위한 전문적 자원봉사자 인력 양성과 지역사회 교육 및 홍보 담당 자원봉사자 양성을 목적으로 1998년 마련됐다. 21세 이상 한인으로 한국어와 영어 이중언어 구사자를 대상으로 하는 이 교육은 9차례에 걸쳐 무료로 실시되며 수료 후에는 24시간 핫라인 서비스나 가정폭력 피해자를 위한 각종 서비스에 동원된다. 2004년까지 가정폭력 피해자를 돕는 전문 인력 양성을 위해 실시하고 있는 자원봉사자 교육을 7년간 실시하여 120여 명을 배출하는 성과를 거뒀다.

이 프로그램에서는 일반 상담, 가정폭력피해 여성과 아동에 대한 이해증진 및 상담, 아동학대 관련 정보 및 상담, 성폭력 관련 정보 및 상담, 청소년 및 자녀교육 관련 상담, 사회보장제도 및 가정 폭력 피해 여성과 아동을 위한 법적 옹호 정보, 정신건강관련 정보 및 상담, 알콜·약물·도박과 관련된 정보 및 상담, 24시간 핫라인 상담을 위한 실습 등으로 진행된다.

뉴욕가정상담소는 2005년 2월 15일 플러싱에서 제14기 가정폭력 핫라인 자원봉사자 교육을 시작했으며, 자원봉사자 교육은 5월 17일까지 14주간 계속되며 이 과정을 마친 이들은 상담소 가정폭력 핫라인 자원봉사자로 일할 수 있는 자격이 주어진다. 이러한 교육을 통하여 상담자 자신의 인권의식함양은 물론 가정폭력, 성폭력 및 아동 청소년 관련 전문상담원을 배출함으로써 인권전문가의 저변을 확대 강화하는데 기여하고 있다.

③ 재정적인 후원

2004년에는 밴 아메리젠 재단으로부터 연간 5만 달러의 기금을 후원받아 위시프로그램에 사용하였다. 1950년에 설립된 밴 아메리젠 재단은 빈곤층과 약자들을 위한 교육, 보호, 예방활동을 하는 사회복지기관에 기금을 지원한다. 또한 버라이즌 전화회사로부터 2만 2,000달러의 기금을 받아 가정폭력 피해자 모임인 위쉬(WISH)와 편모·편부 가정 자녀들을 위한 호돌이 방과 후 학교 프로그램을 강화한다. 이 기금은 2004년 9월 1일부터 1년 동안 지급되었다.

2005년에는 한인커뮤니티재단과 카네기재단으로부터 가정폭력방지 프로그램 지원비로 총 3만 7,000달러의 기금을 지원받았다. 한인커뮤니티 재단으로부터는 7월부터 12개월 동안 매달 1,000달러씩 기부 받고 (한인커뮤니티 재단으로부터는 3년째 계속하여 지원금을 받고 있다), 카네기재단으로부터도 1년간 2만 5,000달러의 지원금을 받게 되었다.

⑵ LA 한인가정상담소의 현황

① 개 관

한인가정상담소는 Los Angeles지역 사회에 기반을 둔 비영리 단체로서 이민 생활을 하는 남가주 지역의 한인 동포들의 가정과 개인, 특히 여성, 어린이, 저소득 가정을 돕기 위하여 한국 가정법률상담소의 창설자이신 이태영 박사와 그와 뜻을 함께하는 이민 1세대 한인 여성들에 의하여 1983년 가정법률상담소라는 이름으로 창립되었다.

주요 프로그램과 봉사업무로는 전문 심리상담과 예방교육 및 생활정보 등을 이중언어로 제공함으로써 낯선 미국 사회에 적응하는 과정에서 발생하는 개인적, 가정적, 그리고 사회적 갈등들을 해결하도록 돕는 데 있다. 한인가정상담소는 인간의 존엄성과 법 앞에 만인평등의 이념을 실현하기 위하여 가난한 자, 억울한 자, 불행한 자, 약자 등 번민하는 이웃의 편에 서서 이들의 인권옹호에 필요한 모든 법률적 구조사업을 무료로 제공하고 인권을 회복함으로써 가정의 평화를 이루는 것을 목표로 한다. 또한 오랜 경험을 통해 가정의 평화는 곧 사회의 평화와 인류의 평화로 이어진다는 결론을 얻은 상담소는 그것을 실현시키는 데에도 목적을 둔다는 이태영 박사의 설립이념을 담고 있다.

한국에 최초로 창설된 한국가정법률상담소는 우리나라 최초의 여성 변호사 이태영 박사에 의해 여성문제 연구원의 여성법률상담소로 1956년 문을 열었다. 1948년 이후 여성에게 불평등한 신민법 제정움직임이 가족법 개정운동의 도화선이 되었으며 또한 가정법률상담소의 전신인 여성법률상담소 창설의 한 계기가 되었다. 여성문제 연구원은 1956년

6월 8일 간부회의를 열고 나흘 뒤인 6월 12일 새로 탄생할 기구의 명칭 및 운영과 개소에 관한 구체적인 논의가 있었으며 그 결과 명칭을 여성법률상담소로 명명했다.

이러한 과정을 거쳐 1956년 8월 25일 여성법률상담소가 개소되었고 창설직후부터 최초의 법률구조기관답게 다양한 법률상담을 비롯하여 가족법개정운동을 주도하는 등 활발한 활동을 시작하였다. 그 후 1966년 가정법률상담소로 이름을 바꾸어 남녀 모두의 권익을 위한 한 단계 높은 인권기관으로 자리매김하게 되었다. 이후 1970년에는 국제법률구조협회원으로 가입하였고 그 이사국이 되어 국제적인 발전의 길을 열었으며 1976년 다시 한국가정법률상담소로 이름을 바꾸었다. 창립 10년 만에 국내지부 설치를 거론하여 1966년부터 대한 YWCA산하 각 지방 YWCA프로그램부에 가정법률상담소를 설치할 것을 공식적으로 건의하여 받아들여져 전국 30여 개의 지부를 설치하였다.

그 후 창립 25주년에 이르러서는 해외지부 설치를 의논하기에 이르렀다. 해외, 그중에서도 우리 교포들이 많이 거주하고 있는 미국 내 지부 설치를 계획하게 된 것은 이태영 소장이 미국을 내왕하면서 목격한 교포가정의 문제가 불안정한 이민생활과의 상승작용으로 몇 곱절 어려운 상태에 놓여있는 현실 때문이었다. 특히 상담소가 주목한 것은 국제결혼한 한국 여성의 그늘진 삶이었다. 이들의 비극적인 삶은 이혼율 80%가 단적으로 입증하고 있었으며 이 조사자료 수치는 8만여 국제결혼 여성을 대상으로 미8군 인사처, 숭전대학 박종삼교수, 8개 미주 총영사관, 현지교포사회목사, 미국대사관등에 의뢰하여 1년 6개월여에 걸쳐 조사 작성된 것이다.

문화적 갈등까지 겹친 여성들의 삶은 어렵기 그지 없었으나 현지에 주재하고 있는 영사관이나 대사관에도 마땅한 담당부서가 없어 교포여성들의 문제는 수수방관의 상태였다. 이에 따라 1983년 시카고 지부를 시작으로 덴버, 콜럼버스, 오거스타, 킬린, 콜로라도스프링스, 로스앤젤레스, 시애틀 등 미국 내 7개 지부가 탄생하게 되었다. 그 후 워싱턴, 필라델피아 등지에도 지부 설치가 이루어졌으며 현재 미국 내 지부들은 모두 독립적으로 교포사회의 한 구심점이 되어 활발한 활동을 지속하고 있다.

② 주요활동

가. 전문 상담프로그램

전화를 통한 개인상담 및 개인, 청소년, 부부, 가족, 어린이 및 각종 그룹상담

○ 알라논 / AA

알콜중독자 가족과 친구를 위한 모임 / 알콜중독자 모임

○ 부모교육 프로그램

아동보호국, 아동법원 등으로부터 아동학대로 인한 부모교육 명령을 받은 이들을 위한 그룹상담반 운영(12주간, 52주간)

○ 아동 학대 예방 프로그램

부모상담 및 교육 및 가정방문 교육

나. 가정폭력예방 프로그램

남가주 보건국으로부터 자금지원을 받는 가정폭력 예방프로그램은 1988년에 한인가정에서 나타나는 가정폭력과 함께 파급되는 문제들에 대한 대책으로 시작되었다

○ 가족 상담

○ 가정 폭력 가해자 교정 프로그램(52주)

가정 폭력으로 인해 법정 교육명령을 받은 이들을 위한 그룹 상담반 운영

○ 가정폭력예방을 위한 지역사회 교육

공익광고를 통한 방송캠페인, 가정촉력 예방 방지 세미나, 청소년

폭력 방지 교육
○ 부모 교육
○ 분노조절 교실

⑶ 가정문제연구소의 현황

① 개 관

가정문제연구소는 1987년에 정식으로 설립되었다. 가정문제상담소는 고 염진호 여사의 설립취지에 따라 이주 한인 여성들의 권익보호와 가정문제 및 가정폭력, 도박, 마약, 알콜, 이민법률, 정신질환 등 전반적인 한인교포의 가정문제 및 법적 권익보호를 위한 목적으로 설립되어 오늘에 이르고 있다. 본 연구소의 설립자인 고 염진호 여사는 소련 태생으로 한국에서는 자유당 정권시절 야당이었던 민주당 부녀부장으로 활동할 만큼 활발한 정치인이었으며 동경 여의전, 성균관대, 프랑스 소르본 대학에서 유학한 화가이기도 하다. 고 염 여사는 뉴욕으로 이민 후 한인사회 최초의 봉사단체인 가정문제연구소를 설립하여 많은 가정폭력 피해자들에게 도움을 주었다. 또한 뉴욕 한인 여성회를 창설 하였고, 퀸즈 한인천주교회, 대뉴욕 지구 한인 상록회 등의 산파역을 하였다. 고 염 여사는 뉴욕교포 사회에서 가장 존경 받는 어머니이자 여성 리더로서 기억되고 있다.

그 발전연혁은 다음과 같다.
○ 1973년, 설립자 염진호 여사 자택에서 가정문제 상담시작
○ 1983년, 가정문제상담소 발기인 모임 개최
  (염진호 여사, 남병현 박사, 김재택 박사, 손창문 변호사)
  − 후원회 발기총회
  − 제1차 정기총회(회장: 남병현 박사, 소장: 염진호 여사)
○ 1984년, 퀸즈 플러싱에 사무실 개설

　　　2차 정기총회(43명 참석)
　○ 1985년, 자원봉사자 모임 결성
　○ 1987년, 이사회 결성(이사장: 민경완 선출)
　　　연방정부로부터 비영리단체 승인
　　　"가정문제연구소"기관명 변경
　○ 1989년, 정기이사회(이사장: 레지나 김 선출)
　　　설립자 염진호 여사 별세
　　　(동포사회 최초로 "뉴욕한인동포장"으로 장례식 엄수)
　　　임시이사회(레지나 김 소장 선출)
　○ 1990년, 사무실 확장 및 이전

② 주요활동

가정문제연구소의 봉사프로그램에는 24시간 핫라인, 피해여성상담, 개인문제상담, 청소년 지도상담, 임시대피숙소 운영, 법률 및 의료적 지원, 피해자 권익보호, 사회계몽 및 교육, 이민법률상담, 단도박 친목모임(도박 끊는 모임), 19세 이하 아동 및 저소득층 무료 건강보험 등이 포함된다. 이 중에서 현실적으로 가장 유익하고 꼭 필요하며 앞으로도 지속적으로 발전해 나가고자 하는 프로그램은 무료이민법률상담, 단도박 친목모임(도박 끊는 모임), 무료건강보험 3가지이다.

가. 무료법률상담

박동규 변호사[2]가 1999년 7월 24일부터 무료법률상담을 실시하여 매 2개월(홀수달)마다 마지막 토요일에 1회 실시하고 있다. 상담혜택을

---

2) 박동규 변호사는 에미그런트 어워드 파운데이션이 수여하는 2004년 이민상(Emigrant Awards) 수상자이다. 이 상은 에미그런트 세이빙스 뱅크가 설립한 에미그런트 어워드 파운데이션이 이민자, 학대 여성, 장애인, 노인들을 돕고 옹호 활동을 펼친 사회의 모범이 되는 시민을 선정, 공로를 치하하기 위해 마련된 것이다.

누리고 있는 사람들이 연간 700여 명에 달한다.

　주로 이민법과 관련된 상담이 이루어지고 있다. 2006년 현재는 상담 횟수가 이전보다 늘어나고 상담범위도 확대되는 추이를 보이고 있다. 예컨대, 2005년 12월 3일과 2006년 1월 28일 실시되는 등 상담주기가 단축되었고, 상담내용도 이민법률상담 이외에도 형사법, 상법, 부동산법 등으로 확대하여 시행하고 있다.

나. 가정문제해결 위한 활동
○ 이민여성문제해결 위한 활동
　한인 여성들은 이민생활에서 문화 차이로 인한 스트레스, 직장에서 받는 스트레스, 과중한 가정 일로 받는 스트레스 등이 쌓여 우울증 초기 증상을 보이는 경향이 많다.

　2004년에는 뉴욕시립대 심리간호학 교수인 송근숙 박사(사우스 옥스 정신병원서 18년간 근무)와 뉴욕주 정신보건국 산하 퀸즈 어린이 정신병 치료 센터의 김은희 박사를 초청하여 4차례의 한인 여성 및 청소년 대상 우울증 세미나 및 자가 진단 검사를 실시하였다. 8월 7일에는 "이민생활 행복하십니까?"를 주제로 세미나를 열었고, 9월 11일에는 "사춘기자녀"를 주제로, 10월 2일에는 "음주문제", 11월 6일에는 "행복한 삶으로의 초대"를 주제로 세미나를 개최하였다. 2005년 9월 24일, "이민여성우울증에 관한 세미나"를 개최하는 등 매년 송근숙 박사를 모시고 이민여성들을 상대로 세미나를 개최하고 있다.

○ 가정문제상담
　가정문제연구소는 청소년, 부부, 사회적응, 마약, 술 등 각종 문제로 발생하는 가정 문제에 대해 상담하고 있다. 상담건수는 매년 약 1,600여 건이다. 1978년～2004년 6월까지 총 3만 2,998건을 상담한 실적을 기록하고 있다(2004.9.30).

2006년 4월 3일 가정문제연구소는 2006년 1월부터 3월까지 면담 및 전화상담 등 총 412건을 처리했다고 밝혔다. 상담통계에 따르면 가정문제 중 배우자 부정이 40건으로 가장 많고, 정신적 학대 37건, 육체적 학대 35건, 성적 불만 21건, 가출 외박 13건, 가출 여인 숙소제공 10건, 직계존속가족과의 불화 10건 등으로 나타났다. 보건문제로는 마약 알콜 도박 문제가 33건으로 가장 많았으며, 정신질환 30건, 기타 중독증 6건, 에이즈 4건으로 나타났다. 자녀문제로는 가출 외박 18건, 부모 자녀 갈등 13건, 등교거부 6건, 성폭행 피해 및 강도 도둑피해가 각 4건으로 집계됐다. 이민상담을 비롯한 법률상담이 75건으로 급증했으며, 결혼상담 6건, 구인 및 구직 5건, 사회보장 신청 보조 4건, 기타보조요청 3건으로 나타났다(미주 세계일보, 2006.4.4).

○ 응급셸터(Shelter) 설립

가정문제연구소는 2006년 2월 9일 뉴욕시로부터 응급셸터 건립을 위한 지원금을 총 108만 7천불을 지원받아 올해 안에 응급셸터를 건립하게 될 것이라고 밝혔다. 응급셸터는 가정문제연구소의 33년간의 숙원사업으로서 셸터가 마련되면 응급한 상황에 처한 여성들과 자녀들이 정신적 육체적으로 쉴 수 있는 공간으로 운영해 나가고자 한다(미주 세계일보, 2006.2.11).

다. 마약, 알콜, 도박 상담

뉴욕가정문제연구소가 발표한 2001년 마약, 알콜, 도박 상담은 모두 1백 51건으로, 내방상담은 25건, 전화상담 80건으로 2000년에 비해 43.5%가 증가했다고 밝히고 있다(뉴욕 중앙일보, 2002.1.5, 제목 : 가정 파괴 '도박중독' 많다). 연구소의 2004년 보고서에 따르면 총 196건으로 내방상담 32건 전화상담 163건으로 밝히고 있다(첨부자료 가정문제연구소 2004년 보고서 1~4jpg).

이에 가정문제연구소는 2000년 6월 28일부터 현재까지 매주 화요일 7:30-9:00시까지 단도박 모임을 진행해오고 있다.

③ 재정적인 후원

N.Y.City, N.Y.State 등의 정부보조금뿐만 아니라 재단 및 개인기부 형태로 재정을 충당하고 있다.

2004년의 재정상황을 보면, 총 수입 133,070달러이다. 그 중 정부기금 30,150달러, 단체기금 16,500달러, 이사회비 25,000달러, 디너 골프 모금 43,280달러, 후원금&회비 17,740달러이다.

⑷ 한인청소년회관(KYCC)의 현황

① 개 관

한인청소년회관은 한인커뮤니티에 근거하여 1975년에 한국커뮤니티와 미국 공동체를 연결시키는 비영리단체로 설립되었다. 언어와 문화적인 장벽을 극복하는데 어려움을 경험하는 이주 한인 특히 청소년들과 그들의 가족의 문제를 해결하는데 KYCC는 주력하고 있다. KYCC는 미국 내 한인뿐만 아니라 다인종 지역사회의 통합의 필요성을 충족시키기 위한 서비스의 다변화의 필요성을 느끼고 프로그램의 개발과 개량에 노력하고 있다.

한인 청소년회관은 한인 청소년들과 그 가정을 돕기 위해 한인청소년센터(KYC)라는 이름으로 설립되었다. 한인들의 실생활에 도움을 주도록 서비스의 효율성을 중시하고 기존의 프로그램을 활성화시키는 데 주력해 온 KYCC는 그동안 청소년 문제뿐 아니라 한인단체 전체 이슈 및 가정문제를 다루는 봉사단체로 활동이 강화되었고 다민족·다문화 단체로 변모하고 있다. 특히 50여 명으로 구성된 KYCC운영진은 한인 45%, 외국인 55%를 차지해 다문화 시대를 살아가는 한인들이 타인종과 더불어 살아갈 수 있도록 인종 간의 관계를 중시하고 있다.

그 발전연혁은 다음과 같다.

○ 1975년 2월 14일, 한국 청소년 센터(KYC)는 남쪽 Crenshaw에 아시아 아메리칸 약물 남용구제프로그램 설치

○ 1977년 "공동체 자문 위원회" 설치

○ 1979년 KYC는 지역 사회 개발을 위해 LA주정부로부터 카운슬링서비스를 보조하기 위하여 AB90그랜트를 받았다. KYC 프로그램은 범죄 예방, 고용 및 교육을 담당한다. KYC 직원은 9명으로 늘어났다.

○ 1982년 8월 20일, KYC는 한인커뮤니티에 청소년에 대한 포괄적인 서비스를 제공하는 비영리 단체로서 인가받았다.

○ 1983년, United Way는 KYC를 첫 번째 한인커뮤니티의 단체로 인정했다.

  18세에서 25세 사이의 10여 명의 자원봉사자로 구성된 KYC는 한인커뮤니티 내의 청소년들의 수요를 충족시키기 위한 프로그램 개발에 착수한다.

○ 1985년, ARCO재단은 카운슬링을 위한 임상 소셜 워커를 고용하기 위하여 KYC를 투자한다. The California Department of Mental Health는 KYC에게 청소년들과 부모들에게 예방교육을 위하여 정신건강프로그램 설치를 위하여 장학기금을 수여한다.

○ 1988년, KYC는 3986 Ingraham 거리에 건물을 구매한다.

○ 1992년 10월 15일, KYC 이사회는 이름에 "센터의 성장 및 확장의 방향을 인식하기 위하여 공동체"를 추가하는 것을 결의한다. KYCC는 사무실 등의 새로운 시설의 기공을 경축한다. KYCC 직원은 41명으로 늘었다.

○ 1994년 4월, KYCC는 Wilton으로 이전하였으며 The James Irvine Foundation KYCC에 프로그램개발기금을 수여하였다.

○ 1995년 20주년 기념식에 KYCC는 한인청소년에게 문화적인 지도
력 발달을 제공하는 안내하는 여름 프로젝트를 실시한다.

② **주요활동**

'고객 중심 봉사확대'를 강조하는 KYCC는 지난해 고객들이 이용기
회를 누릴 수 없다는 지적을 하자 공식적으로 이용시간을 연장하는 등
발 빠르게 대응하고 있다. 자체 직원을 보강하는 등 준비를 갖춰 지금
은 오전 9시부터 오후 5시 30분까지 운영하는 등 한인들의 편의를 위해
최선을 다하고 있다.

지역경제개발부와 상담서비스부로 조직이 정비된 KYCC는 한인사회
에 필요한 다양한 프로그램을 골고루 활성화하는 데 중점을 두고 있다.
지역경제개발부는 자영업자 창업 및 경영서비스와 취업알선 서비스에
주력하는 한편 낙서 지우기, 나무 심기, 물 절약 등 환경보호 프로그램
을 담당해왔으며, 상담서비스부는 학부모 상담, 방과 후 교육, 청소년
선도, 음주 및 마약 예방 프로그램 등을 맡아 왔다.

가. 상담 및 교육 프로그램

KYCC는 갓 이민 온 한인들이나 저소득층 가정에게 우선적으로 상
담·교육프로그램과 사업보조 프로그램 등을 제공하고 있다. 상담 및
학습프로그램 운영을 담당하는 아동·가족서비스부는 4명의 전문 상담
가와 통역관 등 모두 12명이 활동하고 있으며 개인·그룹 상담, 학부모
교육, 오전 및 방과 후 학습 프로그램, 사회봉사활동 프로그램 등을 실
시한다.

○ 개인그룹상담

지난해 KYCC는 총 634건을 상담했으며 이중 가정 내 자녀양육에
관한 문의가 149건(22.4%)으로 가장 많았고 자녀의 학교생활 적
응 관련이 128건(19.2%), 청소년 선도 프로그램 87건(13%), 약물

남용 44건(6.6%), 적응 35건(5.3%), 가족문제 31건(4.7%) 등의 순이었다.

○ 아동 학대 예방 학부모교육

자녀와 대화법, 청소년 자녀훈육법, 스트레스 관리법, 분노 관리법 등과 자녀 발달단계에 대한 설명 등이 있다.

○ 방과 후 학습프로그램

월~금요일 오후 3~6시 방과 후 숙제 지도 및 컴퓨터 교육이 이루어진다.

○ 사회봉사활동 프로그램

직업교육과 계몽비디오 시청 등을 조직한다.

나. 청소년 범죄예방 프로그램

청소년개발부는 청소년 갱 예방 프로젝트, 청소년 직업준비 서비스, 음주·약물 방지 및 금연 교육프로그램, 한인청소년지도자 육성 프로그램을 실행한다.

○ 청소년갱예방 프로젝트

○ 청소년 음주·약물 방지 금연 교육 프로그램

매년 음주·마약 방지 및 금연교육을 위한 댄스파티를 성대히 개최하고 그 자리에서 청소년 연극 프로그램 멤버들의 에이즈·마약·음주·흡연의 위험성을 알리는 연극도 공연한다.

○ 한미청소년지도자 육성 프로그램

매년 여름에 진행되는 한미청소년지도자 육성프로그램은 지역사회 참여를 위한 기술과 지역사회의 정치·사회·경제적 현안에 대해 배우며 자체적으로 결정한 지역사회 사업을 펼치게 된다. 이런 교육 프로그램을 통하여 청소년들이 건강한 삶의 자세를 갖고 각종의 탈선으로부터의 주위를 환기시키기 위함이다.

다. '청소년의 집'(Youth Shelter) 운영

한인 교포 가정의 청소년들 중에서 학교생활이나 미국 사회 환경에 적응하지 못해 가출하는 청소년들에게 숙식을 제공하며 다시 가정에 돌아가도록 돌보는 시설이다. 2000년에 63만 달러(약 8억2천만 원)를 주고 현 건물을 매입하여 개·보수하였다.

이 시설의 모체인 Flushing 지역에 있는 '한인 청소년센터'에서는 학교생활 및 진학 상담, 정학 및 퇴학 학생 지도, 학교와 가정 연결 프로그램, 특수학교 전·입학 상담, 가족 상담, 수감 청소년 방문 및 상담, 가출·갱·마약 관련 상담 및 치료, 방과 후 클럽활동 지도, 스포츠 활동 지원 등의 프로그램을 시행하거나 계획하고 있다. 재정은 부족하지만 대부분 한인 교회와 한인 선교단체, 개인과 이사들의 후원으로 채워지고 있다.

⑸ 뉴욕 아름다운재단의 현황

① 개 관

2003년 한국의 아름다운재단의 정신에 동감하는 사람들이 모여 미주 아름다운재단을 창립하였다.[3] 미주 아름다운재단은 미국 교포사회에 나눔의 정신과 올바른 기부문화를 퍼뜨리는 것을 목표로 하여 설립되었으며, 미국 각 지역의 아름다운재단을 통해 지역 주민들이 그 지역의 문제를 고민하고 해결함으로써 공동체 안에서 서로 돕고 나누는 문화를 추구한다.

뉴욕 아름다운재단은 한국의 아름다운재단과 그 정신을 함께 공유한

---

3) 한국의 아름다운재단이 만들어진 지 6년, 아름다운재단은 한국 사회에서 동정심 호소에 의존하지 않는 이성적이고 정기적인 기부 문화 확산, 공익과 복지의 사각지대를 돕는 다양하고 유연한 배분 사업, 기부자 중심의 기금 조성 문화, 기업과 비영리 단체 간의 바람직한 파트너십 모델 제공 등 여러 분야에서 올바른 나눔의 문화를 만드는 데 힘써 왔다.

다. 한국 아름다운재단은 건강하고 올바른 기부문화를 통해 빈곤과 소외 격차를 줄임과 동시에 아름답게 돈쓰기 운동을 통해 보람된 나눔의 정신을 확산시켜 더불어 살아가는 세상의 소중한 의미를 고국사회에 정착시켜 왔다. 뉴욕 아름다운재단 역시 올바른 기부문화의 확산과 나눔 운동을 통해 모두가 풍요로운 미주 동포사회를 만들어가고자 한다. 더불어 한인사회 공동의 관심과 문제를 함께 고민하고 전문적인 모금사업과 기금운용을 통해 동포사회의 커뮤니티 활동을 지원한다. 더 나아가 지역공익재단(Community Foundation)으로서 지구촌 한인사회의 네트워크를 만들어 더 나은 환경 속에서 다음 세대가 성장할 수 있도록 값진 유산을 전하는 것을 그 목적으로 한다.

미주 아름다운재단은 타지에서 새로운 삶을 개척하고 만드는 해외 동포들이 미국의 각 지역에서 자신과 가족의 꿈만이 아니라 공동체의 삶을 돌아보고 함께 마음과 물질을 나누도록 독려함으로써 공동체 전체가 더 큰 꿈을 이룰 수 있도록 돕고 있다. 현재 미국의 아름다운재단은 북가주 아름다운재단과 뉴욕 아름다운재단이 설립되어 독립적인 모금과 지원사업을 통해 아름다운 나눔의 씨앗을 뿌리고 있다.

② 주요활동

아름다운재단의 지원 사업은 단순히 일회성의 자선적 시혜를 벗어나 보다 지속적이며 효과적인 지원을 통해 개인의 삶뿐만 아니라 사회 전체에 긍정적이며 미래 지향적인 개선을 이루어 가고 있다. 더불어 기부자와 배분분야 전문가의 참여와 의견을 통해 보다 공정하고 열린 형태로 배분사업을 진행한다.

아름다운재단의 지원 사업은 지역에서 복지를 실현하고 손수 개선해 나가는 단체들을 대상으로 한다. 예외적 경우에 한해 개인에 대한 직접적인 지원이 이루어지기도 하지만 대부분의 사업은 재단 기금들의 목적과 부합하는 단체들의 사업을 지원하게 된다. 물론 지원을 받는 모든 개인 및 단체는 아름다운재단에서 기준으로 하는 투명성 프로그램과 배분 사업에 대한 사후평가를 통해 최대한 공정하고 투명하게 선정되며 엄격한 원칙에 따라 지원기금의 사용 내역을 공개하여야 한다.

가. 기금지원사업의 원칙
○ 공정성
지원대상자 및 단체의 조건 및 여건을 고려한 우선적 기회를 제공한다.
○ 전문성
단체활동가, 복지전문가, 지역활동가 등 각 영역별 전문가의 참여를 통해 배분의 전문성을 확보한다.
○ 효과성
일괄적 배분이 아닌 기금별 지원영역 설정을 통해 배분을 하며 중복 배분을 지양하며 복지의 사각지대를 발굴하여 실질적 효과를 높인다.
○ 개혁성
배분사업의 지원에서 머무는 것이 아니라 이를 토대로 관련분야의 제도적 개선을 이루어내는 미래지향적 배분을 한다.

나. 기금의 종류
○ 커뮤니티 기금
그동안 한국인들은 특유의 근면함과 성실함을 바탕으로 성공적인 이민사를 써왔다. 하지만 미주한인사회에는 여전히 소외되거나 생계에 곤란을 겪는 분들이 존재한다. 커뮤니티 기금은 한인사회의 그런 상처 난 부분을 치유하고 재생시키기 위한 기금이다.
커뮤니티 기금은 언어적 교육의 문제 더 나아가 법률적 문제 해소를 돕는 기금이다. 언어는 타국 생활에서 흔하게 겪게 되는 대표적 문제이다. 하지만 언어의 어려움은 단지 의사소통의 어려움으로 끝나지 않는다. 자신이 몸담고 있는 사회의 법률 및 제도적인 부분에 있어서 그 권리와 의무를 충실히 이행하고 누리지 못하기 때문에 불필요한 문제들이 생겨나기도 하고 그런 과정에서 어느 순간 자신도 모르게 범법자가 되기도 한다.

커뮤니티 기금은 그런 사회적 제도 및 법률의 개정 및 개선을 지원하는 기금이다. 미국이라는 다민족 국가 안에 한인사회 역시 수많은 민족들 중 하나의 부분을 차지하며 살아가고 있다. 하지만 다른 한편으로 소수인종이라는 부정적인 허울 아래 많은 이주사회 구성원들이 미국의 주류사회 구성원들과는 다른 차별적인 대우를 받거나 불평등한 처우로 피해를 보는 경우가 있다.

아름다운재단의 커뮤니티 기금은 이밖에 미주한인사회에서 일어나는 다양한 사회적 문제들과 개선의 여지가 필요한 제도적 문제 그리고 한인사회의 긍정적 발전을 위한 지원을 위해서 마련된 기금이다.

○ 한민족 뿌리 기금

한민족 뿌리 기금은 구성원들로 하여금 우리의 것을 배우고 가꿀 수 있도록 돕는 기금이다. 훌륭한 교육 환경의 제공의 문제를 개인적인 문제로 돌린다면 충분한 잠재성에도 불구하고 기회를 가지지 못한 아이들에게 큰 매질과 다름이 없다. 그 아이들이 훌륭한 인재로 성장할 수 있도록 선택의 기회를 주는 것은 우리 모두에게 희망찬 미래를 앞당기기 위한 투자이며 세계적인 한인 지도자를 발굴하여 육성하는 기금이다.

한민족 뿌리 기금은 한인사회의 전반적 연구를 위한 기금이다. 소수민족으로 미국사회에 제 목소리를 내고 자신의 권리를 누리기 위해서는 스스로에 대한 관심과 역사 돌아보기가 반드시 필요하다. 객관적이고 세밀한 연구 사업은 한인사회가 지닌 문제점들을 풀어내고 보다 발전적인 방향으로 이끌어가는 중요한 견인차 역할을 할 것이다.

○ 해외동포기금

고국을 떠나 전 세계에 흩어져 살고 있는 한국인의 숫자가 약 700만 명 규모라고 한다. 그 중 전체의 2/3인 250만 명 정도가 미주지역에 살며 서유럽이나 아시아, 중남미, 저 멀리 아프리카 대륙까지 한국인의 발길이 뻗치지 않은 곳이 없다. 하지만 그 삶의 질을 들여다보면 지역에 따른 편차가 심하다. 아름다운재단은 해외동포기금을 운영하여 전 세계 이주한인에 대한 지원서비스가 이루어지도록 기금 조성사업을 펼치고 있다.

해외동포 기금은 몸은 멀지만 마음은 하나인 전 세계의 우리 동포들을 위한 기금이다. 공책 살 돈이 없어 학교가 있음에도 불구하고 공부를 못하는 아이들이 아직도 있고 한창 공부할 나이의 아이들이 생계 문제로 인해 생활전선으로 내몰리고 있는 아이들도 있다. 어느 곳에 있건 모든 아이들에게 교육의 기회는 균등하게 제공되어야 한다. 그 아이들에게 교육은 당장의 맛있는 음식이나 옷보다 큰 희망을 가져다주기 때문이다.

해외동포 기금은 한인동포 아이들이 구김 없이 자라도록 지원하는 기금이다. 해외의 한국계 이민 2세대들에게 한국이란 나라는 멀고도 가까운 나라인 것이 사실이다. 자신의 아버지와 어머니, 혹은 할아버지와 할머니의 나라임에도 불구하고 정작 자신은 외형만 갖추고 있을 뿐 변변한 한국어 하나도 제대로 구사하지 못할 뿐 아니라 부모님들의 나라지만 넉넉하지 못한 환경에서 방문은 꿈도 꾸지 못할 일이다. 그나마 한국의 문화와 고유한 언어인 한글이라도 배우고 싶은데 한국어 책을 구하고 한국어 선생님이 있는 학교에 가는 것은 더욱 쉬운 일은 아니다.

해외동포 기금은 자신의 뿌리를 찾으려는 동포의 자녀들을 위한 기금이다.

3. 재미한인 권익보호단체의 네트워크

〈표 Ⅱ-2〉 재미한인 권익보호단체의 네트워크

순번	단체명칭	네트워크 대상
1	LA법률보조재단	민족학교, 아태법률센터, 네이버후드법률센터, 오렌지카운티 법률보조 소사이어티, 한인청소년회관, 한미변호사협회, 아태법률센터, 가정상담소, 한미연합회, 아태여성보호센터, 캘리포니아여성법률센터, 인신매매방지센터, 남가주한인노동상담소, 한미연합회, 한인건강정보센터, 전국아태마약방지센터, 코리아타운청소년회관
2	아태법률센터	민족학교, LA법률보조재단, 네이버후드법률센터, 오렌지카운티 법률보조 소사이어티, 한미변호사협회, 한인청소년회관, 아태건강벤처, 헬스컨수머센터, LA시노인국, 건강권리센터, 아태노인센터, 한미변호사협회, 보트피플SOS, 인신매매방지센터, 아메리칸정의센터, 아태분쟁해결센터
3	뉴욕한인변호사회	한인법조계, 미국 정계, 한인변호사국제협회
4	북가주한인변호사회	북가주 로스쿨, 지역한인회, 한인단체, 아시안계 단체 및 기타 기관
5	워싱턴한인변호사회	워싱턴 내 한인변호사들간의 연대, 워싱턴한인변호사와 한인커뮤니티의 연대, 워싱턴 내 타 기관과의 연대
6	한인유권자센터	뉴욕시립로스쿨, 한인열린포럼네트워크, 한인권익신장위원회, 뉴욕한인회, 소호번영회한인회, 자메이카상인번영회, 브롱스총연, 한뜻열린마당, 풀물패한울, 청년학교, 미주한인단체봉사협의회, 아시안아메리칸법률재단, 커뮤니티오픈포럼, 유엔 NGO '국제이민자재단'
7	LA민족학교	아태법률센터, LA법률보조재단, 미주한인봉사교육단체협의회, APIA(아시아계유권자운동연합), 드림팀, 미국 기타지역(미국 북가주, 산호제, 뉴욕, 시카고, 필라텔피아)의 한인민족교육단체, 타국가(캐나다 토론도와 호주 시드니)의 한인민족교육단체, 한국 5·18기념재단, 리틀 도쿄 서비스센타, 아시안 연합체

순번	단체명칭	네트워크 대상
8	뉴욕청년학교	뉴욕이민자연맹, 서류미비자사면활동그룹, 뉴욕이민자운전권리연맹, 뉴욕드림액트테스크포스, 노동자권리테스크포스, 이민서비스예산증액테스크포스, 아시안아메리칸유권자연합, 뉴욕이민유권자활동캠페인, 한인열린포럼네트워크, 한인정치력신장위원회, 'New York Joint Coalition Against Simpson Mozolli Bill', 이민자 및 망명자를 위한 권익옹호뉴욕협의회, 아시안아메리칸법률교육재단, 직장안전보건협의회, 미국한인봉사교육단체협의회
9	남가주한인 노동상담소	Coalition LA의 진행위원회, 다민족이민노동자네트워크, 국제적노동운동연대, 외국(한국, 멕시코)의 노동자단체
10	뉴욕가정상담소	무지개의 집, 뉴욕가정상담소, 퀸즈YWCA, 워싱턴 정신대문제대책위원회
11	LA한인 가정상담소	한국의 가정법률상담소의 미국 내 지부이다. 한국의 가정법률상담소에는 32개의 한국 내 지부와 LA한인가정상담소를 포함한 6개의 해외지부가 포함된다.
12	가정문제연구소	뉴욕시립대, 변호사들
13	한인청소년회관	한인커뮤니티와 미국 공동체간의 연대, 다민족 다문화 단체로 전환
14	뉴욕아름다운재단	한국 아름다운 재단, 미국 아름다운 재단(미주 아름다운 재단, 뉴욕 아름다운 재단, 북가주 아름다운재단), 기금지원을 통해 형성된 네트워크(미국내 한인봉사단체, 미국내 한인교육 및 연구단체, 세계 한민족단체)
15	뉴욕한인봉사센터	민주평화통일자문회 뉴욕협의회, 뉴욕중앙일보, 뉴욕한인회, 청년학교, 뉴욕한인건설협회, 다민족문화캠페인, 뉴욕한인이민봉사센터, 한미장애인재활협회 등 한인단체들과 10여 개 아시안 단체
16	작은나눔	지역의 노숙자로부터 세계적 범위내의 재해민에게까지, 사랑의 나눔 문화를 전파하고 있다.
17	한미연합회	한인가정상담소, LA법률보조재단, 아시안단체들과의 연대, 주류사회 및 타민족과의 연대
18	미주한인봉사 교육단체협의회	회원단체(시카고 한인교육문화마당집), LA민족학교, 뉴욕청년학교, 한인단체 및 아시안단체
19	코리안아메리칸 시민활동연대	존 리우 시의원, 청년학교, 아시안아메리칸법률교육재단, 뉴욕한인회, 뉴욕한인상록회, 플러싱경로센터, 한인권익신장위원회, 청년학교, 코리안아메리칸커뮤니티재단, 뉴욕한인봉사센터, 뉴욕/뉴저지 한인유권자센터

순번	단체명칭	네트워크 대상
20	재미한국청년연합	재미한국청년연합 미국 내 지부(시카고한국청년연합), LA한국청년연합, 뉴욕한국청년연합), 타국가(한국, 호주, 캐나다, 미국)의 평화옹호단체, '세계식량계획의 친구들'

1) 법률단체의 네트워크

(1) LA법률보조재단(LAFLA)의 네트워크

LA법률보조재단은 민족학교, 아태법률센터, 네이버후드법률센터, 오렌지카운티 법률보조 소사이어티, 한인청소년회관, 한미변호사협회, 가정상담소, 한미연합회, 아태여성보호센터(CPAF), 캘리포니아여성법률센터(CWLA), CAST(인신매매방지센터), 남가주한인노동상담소, 한인건강정보센터, 전국아태마약방지센터(NAPAFASA) 등과 연대를 결성하여 활동을 벌리고 있다.

LA법률보조재단은 정기적으로 민족학교에 가서 가정법, 이민법관련 상담을 해주고 있다.

LA법률보조재단은 아태법률센터, 네이버후드법률센터, 오렌지카운티 법률보조 소사이어티와 공동으로 아시안 언어 공동 프로젝트로 전화로 법률상담 및 조언을 하고 있다. 상담내용에는 가정법(이혼, 양육권, 친부권, 가정폭력), 공공혜택(칼웍스, 프드스템프, 메디칼, 쇼셜 시큐리티), 이민(시민권취득, 체류신분조정, 여성폭력방지법), 주거(강제퇴거, 주거환경), 취직(미지불 급여청구, 실직혜택), 소비자보호(채무액 수금, 사기문제) 등이 포함된다.

LA법률보조재단은 한미변호사협회, 아태법률센터의 변호사들과 함께 한인청소년회관(KYCC)에 정기적으로 직접 나와 무료로 법률상담을 한다. 상담내용에는 제약이 없다.

LA법률보조재단은 가정상담소 및 한미연합회와 공동주최로 상담을 진행한다. 상담내용은 저소득층을 대상으로 법률상담 외에도 정부혜택, 주택소유, 소비자권리, 및 시민권 신청에 관한 상담이 포함된다.

LA법률보조재단은 아태여성보호센터(CPAF), 캘리포니아여성법률센터(CWLA)와 연합하여 한인 타운 내 가정폭력과 관련한 사건들이 연이어 발생하고 있는 가운데 가정폭력 사전 예방을 위해 노력을 기울이고 있다.

2006년 4월 19일, LA 한인타운에 기반을 둔 LA법률보조재단과 CAST(인신매매방지센터) 등 주류 단체와 아태법률센터, LA카운티 네이버후드법률센터, 민족학교, 남가주한인노동상담소, 한미연합회, 한인건강정보센터, 전국아태마약방지센터(NAPAFASA), 코리아타운청소년회관 민족학교와 KAC 등 한인단체를 포함한 12개 비영리단체가 한인 사회에서 발생하는 공동의 이슈에 대응하기 위한 연합체구성을 위한 첫 번째 모임을 갖고 연대를 다짐했다. 이번 모임은 LA법률보조재단이 주도했다(한국일보, 2006.4.21).

⑵ 아태법률센터(APALC)의 네트워크

조사결과, 아태법률센터는 민족학교, LA법률보조재단, 네이버후드법률센터, 오렌지카운티 법률보조 소사이어티, 한미변호사협회, LA법률보조재단, 한인청소년회관, 아태건강벤처, 헬스컨수머센터, LA시노인국, 건강권리센터, 아태노인센터, 한미변호사협회, LA법률보조재단, 네이버후드법률센터, 보트피플SOS, 인신매매방지센터(CAST), 아메리칸정의센터, 아태분쟁해결센터 등과 연대를 형성하여 활동을 벌리고 있다.

아태법률센터의 한인 변호사가 직접 민족학교로 와서 매달 둘째, 넷째 금요일에 법률상담을 하고 있다. 상담내용에는 주거법(퇴거소송응답서 작성보조, 주거 관련 불만접수 정부기관안내, 렌트콘트롤 권리 교육, 시큐리티 디파짓 환불요구 지원), 가정법(재산이나 부채 관련 없는 이혼상담, 양육비, 양육권, 방문권, 배우자보조금 문제보조, 가정폭력관련 접근금지 신청보조), 이민법(시민권 신청관련 문의, 영주권 및 가족 이민신청 안내, 가정폭력피해자(VAWA) 영주권 신청, 임시 영주권 관련 문의)이 포함된다.

아태법률센터는 LA법률보조재단, 네이버후드법률센터, 오렌지카운티 법률보조 소사이어티와 함께 아시안 언어 법률상담 접수 프로그램을 실행하고 있다.

아태법률센터는 한미변호사협회, LA법률보조재단, 한인청소년회관와 함께 KYCC로 직접 나와 무료로 법률상담을 한다. 전화로 법률상담 및 조언을 하고 있다.

그리고 2006년 3월 24일자 한국일보에 의하면, 메디케어 파트 D 등록 마감이 8주 앞으로 다가온 가운데, 아태법률센터는 아태건강벤처, 민족학교, 헬스컨수머센터, LA시노인국, 건강권리센터, 아태노인센터 등과 '메디케어 D'프로그램 설명회 개최하고, 아태계 노인들의 프로그램 가입을 촉구했다. 이날 행사에서 참석자들은 영어가 서툰 이민자를 배려하지 않은 연방 정부의 무성의도 질타했다.

2005년 11월 5일, 아태법률센터와 한미변호사협회, 민족학교가 공동 주최한 시민권 신청 무료 워크숍이 민족학교에서 열렸다. 사전예약을 한 40여 명이 참가한 이날 행사는 시민권 신청부터 인터뷰에 이르기까지 시민권 신청에 관한 모든 것이 안내됐다. 이번 상담에는 아태법률센터 관계자, 변호사, 법대생 등 10여 명의 자원봉사자들이 나왔다(한국일보, 2005.11.7).

2003년 4월 14일, 아태법률센터는 LA법률보조재단, 네이버후드법률센터, 보트피플SOS, 인신매매방지센터(CAST)와 함께 2003년 4월 14일 힐다 솔리스 연방하원(캘리포니아 · 32지구) 지역사무실에서 기자회견을 갖고 인신매매관련법이 제정된 후의 상황을 보고하고 연방정부의 지속적인 도움과 단속을 요청했다(중앙일보 LA, 2003.4.14).

아태법률센터는 워싱턴의 아메리칸정의센터(Asian American Justice Center)와 아태분쟁해결센터(Asian Pacific American Dispute Resolution Center) 등과도 연대하여 활동하고 있다.

⑶ 뉴욕한인변호사회의 네트워크

뉴욕한인변호사회는 다양한 방식으로 한인법조계, 미국 정계와 연대를 형성하고 있다. 2004년부터 뉴욕변호사협회는 매년 연례만찬을 개최하고 있다. 연례만찬은 한인 1세와 1.5세, 2세 변호사들을 한자리에 모아 한인 법조계의 결집을 다지고 나아가 한인사회의 단결된 힘을 보여주는 행사인 동시에 미 법조계 및 정계와 한인 사회를 연결하여 한인 정치력 신장과 한인사회를 위한 서비스수준을 높이기 위한 행사이기도 하다.

또한 뉴욕한인변호사협회는 한인변호사국제협회 연례대회에 정기적으로 참석하고 있다. 뉴욕한인변호사협회는 대회 참가를 통해 미 타 지역과 한국을 비롯한 해외에서 활동하고 있는 한인 변호사들과의 관계를 돈독히 하고 상호협력을 도모하고자 한다.

⑷ 북가주한인변호사회의 네트워크

북가주한인변호사회는 북가주내 로스쿨 및 지역한인회 그리고 지역의 한인단체, 아시안계 단체 및 기타 기관들과 긴밀한 연대를 형성하고 있다.

북가주한인변호사회는 멘토링 프로그램을 통해 북가주 내 로스쿨과의 교류를 진행한다. 한인 변호사와 북가주 내의 한인법대생들과의 교류를 통하여 한인법대생들이 한인커뮤니티 내의 봉사자로서 자연스럽게 성장하도록 한다.

지역한인회와의 연계를 통하여 한인커뮤니티에 법률교육을 실시하며 한인커뮤니티에 영향을 미치는 법률문제의 해결을 모색하고자 한다.

한인단체에 법률서비스를 제공하고 있다.

아시아인, 그리고 소수자, 다른 지역 내 기관들과 공통의 관심에 대하여 협력을 추구하고 있다.

(5) 워싱턴한인변호사회의 네트워크

워싱턴 한인변호사회는 워싱턴 내 한인변호사들 간의 상호교류, 한인커뮤니티와 워싱턴 한인변호사들 간의 교류, 지역 내 타 기관과의 교류를 위해 노력하고 있다.

2) 인권단체의 네트워크

(1) 한인유권자센터의 네트워크

한인유권자센터는 뉴욕시립로스쿨, 뉴욕·뉴저지한인사회사업가협회, 뉴욕한인봉사센터, 뉴욕뉴저지한인유권자센터, 플러싱YWCA, 뉴욕가정상담소, 청년학교, 뉴욕한인유학생협의회, 한인권익신장위원회, 뉴욕한인회, 소호번영회한인회, 자메이카상인번영회, 브롱스총연, 아시안아메리칸법률재단 등과 연대를 형성하여 활동을 전개하고 있다. 그리고 유엔 NGO '국제이민자재단'(IIF) 등의 활동에도 참여하고 있다.

2004년 이래로 뉴욕시립법대(CUNY) 산하에 있는 '이민과 난민권리 법무 사무실(Immigrant and Refugee Rights Clinic)'과 공동으로 무료 시민권대행서비스를 매년 실시하고 있다.

2003년 뉴욕·뉴저지한인사회사업가협회, 뉴욕한인봉사센터, 뉴욕뉴저지한인유권자센터, 플러싱YWCA, 뉴욕가정상담소, 청년학교, 뉴욕한인유학생협의회 등 7개 단체가 연합하여 한인열린포럼네트워크를 형성하였다. 이들은 세미나 개최뿐만 아니라 한인사회의 권익신장을 위한 사업을 함께 추진하기로 하였다. 2003년 여덟 차례의 포럼을 개최하였으나 공동활동이 없다는 자체 반성 하에 2004년부터는 열린포럼의 이름을 걸고 본격적으로 불법체류학생 사면법 제정 촉구운동 및 유권자 등록운동을 중점적으로 벌여나가고 있다.

한인유권자센터는 유권자등록운동을 진행함에 있어서 한인권익신장 위원회, 뉴욕한인회, 소호번영회한인회, 자메이카상인번영회, 브롱스총연, 한뜻열린마당, 풍물패한울, 대학생들과 광범위한 협력을 하고 있다.

한인유권자센터는 연대홍보활동을 진행함에 있어서 한인권익신장위원회, 청년학교, 미주한인단체봉사협의회, 뉴욕한인회와 긴밀한 협력을 하고 있다. 2000년 11월 6일, 한인유권자센터가 진행한 선거참여 연대 홍보활동에는 한인유권자센터, 한인권익신장위원회, 청년학교, 미주한인단체봉사협의회, 뉴욕한인회유권자추진위원회 등이 참여하였다.

한인유권자센터는 출구조사, 투표소설문조사 등 활동은 아시안아메리칸법률재단과 연합으로 진행하고 있다.

2003년 3월부터 비영리단체들을 네트워크화시켜서 '커뮤니티오픈포럼'을 주도하고 있다.

2003년 6월 15일, 유엔 NGO '국제이민자재단'(IIF)이 주최하는 제18회 국제 문화 엑스포 행사에 참가하여 유권자등록 캠페인 전개 및 한울 풍물패의 풍물 공연을 진행하였다.

(2) LA 민족학교의 네트워크

LA 민족학교는 아태법률센터, LA법률보조재단, 미주한인봉사교육단체협의회, APIA(아시아계유권자운동연합), 리틀 도쿄 서비스센터와 밀접한 연대관계를 유지하고 있다. 동시에 미국 내 그리고 타 국가의 한인단체들과 밀접한 연대관계를 형성하고 있다. 그리고 아시안계와의 연합에도 주력하고 있다.

아태법률센터의 한인 변호사가 직접 민족학교로 와서 매달 둘째, 넷째 금요일에 법률상담을 하고 있다. 상담내용에는 주거법, 가정법, 이민법이 위주이다.

2004년 6월 이래로, 나성법률보조재단과 공동으로 매달 네 번째 주 금요일 오후 1시부터 4시까지 무료법률상담을 실시하고 있다. 상담분야는 주로 가정법률상담과 이민법 분야에 대한 상담이다.

LA 민족학교는 미국전역도시에 위치한 코리안아메리칸의 협의체인 미주한인봉사교육단체협의회(NAKASEC)에 가입되어 있다. 특히 NAKASEC 설립 당시 이길주 민족학교 이사장이 초대 이사장으로 역임하기도 하였다. LA 민족학교의 재무이사인 이은숙 씨는 미주한인봉사교육단체협의회의 사무국장으로도 근무했다.

LA 민족학교의 재무이사인 이은숙 씨는 아시아계유권자운동연합기관인 APIA의 재무이사로도 선출되었다. 1996년 출범한 APIA보트는 19개 미국 전역의 사회운동단체들로 구성돼 매년 유권자 7만 명을 등록시키는 한편 선거와 관련된 각종 캠페인을 활발하게 펼치고 있다.

LA 민족학교는 미주한인봉사교육단체협의회 등 7개 단체와 연합으로 드림팀을 구성하여 드림법안의 상정을 위해 노력하고 있다.

LA 민족학교는 미국 북가주, 산호제, 뉴욕, 시카고, 필라텔피아에서 유사한 민족교육과 문화보급을 하는 단체가 설립되는데 보조를 하였다. 그리고 캐나다 토론도와 호주 시드니 지역에서도 유사한 민족교육과 문화보급을 하는 단체가 설립되는데 보조를 하였다.

한국의 5·18기념재단과의 인적교류 프로그램을 통하여 민족학교의 고태영 학생과 송유미 학생이 각각 조선대와 전남대에서 1년간 인턴십 프로그램을 수행하고 있는 중이다.

LA 민족학교는 구체적인 사업시행과정에서 연방정부와 가주 LA시 당국의 펀드를 유치하는 작업을 계속 추진하는 한편 공공자금 배당과 노인아파트 및 사회봉사센터 운영 노하우 도입과 관련해 일본계 커뮤니티의 리틀 도쿄 서비스센터 측과 협조하고 있다.

2006년 6월 예비 선거와 11월 중간 선거가 다가옴에 따라, 아시안들의 투표율을 높이기 위한 아시안 연합체가 결성됐다. 9개의 아시안 단체의 참여로 만들어진 이 연합체는 앞으로 있을 선거에서 아시안들의 적극적인 선거 참여로 소수계의 정치적인 목소리를 높여야 한다고 강조했다. 한인 커뮤니티에서는 민족학교와 한미연합회가 동참했다. 연합체는 특히 낮은 투표율을 보이고 있는 청년층의 선거 참여 유도에 초점을 맞추고 있다. 대대적인 캠페인 활동과 더불어 유권자 등록 자료를 배포하고 전화 연락을 통해 실질적인 선거 참여에 도움을 줄 방침인 것으로 알려졌다(라디오 코리아 뉴스, 2006.6.7).

(3) 뉴욕 청년학교의 네트워크

뉴욕청년학교는 뉴욕이민자연맹(New York Immigration Coalition), 서류미비자사면활동그룹(Legalization Working Group), 뉴욕이민자운전권리연맹(New York Coalition for Immigrants' Right to Driver's Licenses), 뉴욕드림액트테스크포스(NY DREAM Act Task Force), 노동자권리테스크포스(Workers Rights Task Force), 이민서비스예산증액테스크포스(I.O.I Task Force), 아시안아메리칸유권자연합(APAVA), 뉴욕이민유권자활동캠페인(NY Immigrants Vote makes difference), 한인열린포럼네트워크4), 한인정치력신장위원회, 'New York Joint Coalition Against Simpson Mozolli Bill', 이민자 및 망명자를 위한 권익옹호뉴욕협의회, 아시안아메리칸법률교육재단(AALDEF), 직장안전보건협의회(NYCOSH), Legal Aid Society, 미국한인봉사교육단체협의회 등의 회원단체로 활동하고 있다. 따라서 그 연대의 범위는 매우 광범위하다.

---

4) 뉴욕뉴저지한인사회사업가협회, 뉴욕한인봉사센터, 뉴욕뉴저지한인유권자센터, 플러싱 YWCA, 뉴욕가정상담소, 청년학교, 뉴욕한인유학생협의회등의 7개 단체 연합체

뉴욕 청년학교는 현재 뉴욕지역 이민자, 사회단체의 연합체인 뉴욕이민자연맹(New York Immigration Coalition)의 회원단체로 활동하고 있다.

특히 청년학교는 뉴욕이민자연맹(NYIC)이 주관하는 연례 뉴욕시 이민자의 날, 알바니 이민자의 날, 연방 로비데이 행사에 공동 주최단체로 참여하고, 한인 커뮤니티의 참가를 조직하고 있다. 1,000여 명의 이민자가 참여하는 이 연례행사에 청년학교는, 매년 버스를 동원하여 한인 참가자들을 모집해 뉴욕시청과 뉴욕주도 알바니, 수도 워싱턴 디시를 방문하여 집회를 개최하고, 정부와 의회 관계자들에게 올바른 이민 정책의 수립과 이민 서비스를 위한 예산 편성을 촉구한다.

청년학교 원 사무국장인 문유성 씨는 2004년 12월 3일 뉴욕이민자연맹(NYIC) 이사로 선임되었다. 이민자연맹은 각 시민단체들이 연합해 만든 뉴욕시의 대표적 이민자권익옹호단체이다. 이민자연맹 이사는 모두 25명이며 임기는 2년이다. 이민자연맹은 그동안 불법체류 운전자 면허 박탈 시민권 신청 적체 의료보험 제한 등의 문제에 맞서 권익운동을 펼쳐왔다.

뉴욕 청년학교는 서류미비자사면활동그룹(Legalization Working Group)의 회원단체로 활동하고 있다.

이민자의 운전면허 취득 권리의 보호를 위해 청년학교는 수년간 갖가지 노력을 하고 있다. 우선 뉴욕 일원의 60여 개 사회단체, 노조, 이민자 단체 등이 연합한 뉴욕이민자운전권리연맹(New York Coalition for Immigrants' Right to Driver's Licenses)의 주관단체로 참여하여, 평등한 운전면허취득권리 캠페인을 주도하고 있다.

뉴욕 청년학교는 뉴욕드림액트테스크포스(NY DREAM Act Task Force), 노동자권리테스크포스(Workers Rights Task Force), 이민서비스예산증액테스크포스(I.O.I Task Force), 아시안아메리칸유권자연합(APAVA), 뉴욕이민유권자활동캠페인(NY Immigrants Vote makes difference), 한인열린포럼네트워크5), 한인정치력신장위원회 단체협의체의 회원단체로 활동하고 있다.

뉴욕청년학교는 1985년 'New York Joint Coalition Against Simpson Mozolli Bill' 참여하였다.

86년 '이민자 및 망명자를 위한 권익옹호뉴욕협의회'에 참여하였다.

뉴욕 청년학교의 종합 법률 서비스는 아시안아메리칸법률교육재단, 직장안전보건협의회 및 Legal Aid Society와 같은 단체와의 긴밀한 협력 관계로 진행되고 있다.

특히 아시안아메리칸 법률교육재단(AALDEF)과의 협력관계는 매우 밀접하다. 공동으로 무료 법률상담실을 운영하고 있고, 매년 선거 때마다 공동으로 출구조사를 실시하고 있으며, 공동으로 무료 시민권 신청 서비스를 대행하고 있으며, 2004년 12월 5일에는 식당 근로자 권리 홍보를 위한 타운홀 미팅을 마련했다.

뉴욕 청년학교는 미국한인봉사교육단체협의회의 주관기관이다. 1992년 4·29나성사태, 1994년 캘리포니아 주민발의안 187, 연방의회에서 합법이민자를 차별하는 웰페어개정안 등의 각종 반이민법들이 가속화되자 나성민족학교 등과 연합하여 미국한인봉사교육단체협의회를 결성하고 조직적으로 빈이민법안들에 대응하기 시작하여 1995년 워싱턴전국광고캠페인을 비롯하여 반이민법안들이 출현할 때마다 서명운동, 전화, 팩스 보내기, 의원방문 등의 종합적이고 광범위한 캠페인을 전개하였으며, 최근에는 이러한 캠페인을 수준을 넘어서 이민법안개정을 정부와 의회에 요구하고, 서류미비자 사면운동을 벌여나가고 있다.

(4) 남가주한인노동상담소(KIWA)의 네트워크

남가주한인노동상담소는 현지 정부기관, 아시안계 단체, 국제적 노동

---

5) 뉴욕뉴저지한인사회사업가협회, 뉴욕한인봉사센터, 뉴욕뉴저지한인유권자센터, 플러싱 YWCA, 뉴욕가정상담소, 청년학교, 뉴욕한인유학생협의회 등의 7개 단체 연합체

운동단체 등과 모두 연대관계를 형성하고 있다.

KIWA은 한국인 유권자들이 민족적 유대관계를 벗어난 성숙한 투표를 할 수 있도록 노력하고 이에 관한 교육을 실시하고 있다. 또 다른 유색인종 커뮤니티와 협력하여 정치계에 더 많은 영향력을 행사하려고 한다. KIWA는 유권자들을 조직하고 교육시키는 Coalition LA의 진행위원회와 협력하고 있다.

1997년부터 남가주한인노동상담소는 CHIRLA, 필리핀 노동자센터와 함께 로스앤젤레스의 저임금이민노동자들의 싸움을 포함한 여러 가지 조직활동을 상호 지원하고 협력해 왔었다. 체불임금에 대한 소송과 고용주에 압력을 가하는 캠페인을 통해 체불임금을 받아내는 것이 일반적인 방법이었다. 최근 수년간 저임금이민노동자들에게 영향을 직접적으로 미치는 공통적인 문제 즉 정책과 법안에 대한 대안 논의, 노동자들 사이의 연대 강화를 위한 논의는 결국 서로를 돕는 차원을 넘어서 협의체구성의 열망을 현실화시켰다. 이 협의체가 바로 다민족이민노동자네트워크(MIWON)이다.

KIWA는 ENLACE(노동단체를 지원하고 이들과 전략적 정보를 나누며 노동단체를 훈련시키는 국경을 초월하는 노동네트워크)와 환경적 경제적 정의를 위한 남서부 네트워크와 협력한다.

KIWA는 또 Factor X와 민주노총과 같은 멕시코, 한국의 단체들과 함께 연대하여 활동하고 있다.

⑸ 뉴욕한인봉사센터(KCS)의 네트워크

뉴욕한인봉사센터는 민주평화통일자문회 뉴욕협의회, 뉴욕중앙일보, 뉴욕한인회, 청년학교, 뉴욕한인건설협회, 뉴욕한인이민봉사센터, 한미장애인재활협회 등 한인단체 그리고 아시안 단체들과 연대를 형성하고 있다. 그리고 민족의 장벽을 뛰어넘기 위한 노력들을 진행하고 있다.

2002년 5월 11일, 뉴욕한인봉사센터는 민주평화통일자문회의 뉴욕 협의회와 공동으로 노인들을 대상으로 하는 통일 강연회를 개최하였다.

2005년 7월 21일, 뉴욕한인봉사센터와 뉴욕중앙일보가 KCS 플러싱 한인경로회관에서 상속을 주제로 포럼을 개최하였다. 그리고 뉴욕중앙일보사, 뉴욕한인회, 청년학교, 뉴욕한인건설협회 등과 함께 외국인 주소 이전 신고를 돕고 있다.

다민족문화캠페인활동을 벌리고 있다. 2004년 12월 23일 중국계, 유태인계 노인들과 함께 다민족 노인잔치를 벌였다. 무료 점심 프로그램에 대만계 노인들도 참여하고 있다.

뉴욕한인이민봉사센터, 한미장애인재활협회 등 한인단체들과 10여 개 아시안 단체들과 함께 '아시안 아메리칸 리더십 서밋 2003'을 공동 개최하였다.

⑹ 한미연합회(KAC)의 네트워크

한미연합회는 한인가정상담소, LA법률보조재단 그리고 아시안계 단체, 미국 주류사회 및 타 민족과의 연대 결성을 위해 노력하고 있다.

한미연합회는 한인가정상담소, LA법률보조재단과 협력하여 다양한 법률서비스를 제공하고 있다.

2006년 6월 예비 선거와 11월 중간 선거가 다가옴에 따라 아시안들의 투표율을 높이기 위한 9개의 아시안 단체들이 참가한 연합체가 결성되었는데, 한인 커뮤니티에서는 민족학교와 한미연합회가 동참하고 있다. 새로 구성된 연합체는 낮은 투표율을 보이는 아시안들을 독려해 소수계의 정치적인 신장을 이루는 데 목적이 있다.

한미연합회 LA지부는 LA시 휴먼 릴레이션스 코미션과 4·29 토론회를 공동주최했다. 2006년 2월 16일, 남가주 경제발전위원회는 LA 한미연합회와 마크리들리 토마스 켈리포니아주 하원의원 그리고 여러 한인

단체와 흑인단체들과 함께 한·흑 간의 관계를 개선하기 위한 공동포럼을 개최하였다.

⑺ 미주한인봉사교육단체협의회(뉴욕)의 네트워크

미주한인봉사교육단체협의회는 시카고 한인교육문화마당집(KRCC), LA 민족학교, 뉴욕 청년학교 등 회원단체가 있다. 그리고 많은 한인단체 및 아시안계 단체들과 모두 연대가 형성되어 있다.

⑻ 코리안아메리칸시민활동연대(KALCA)의 네트워크

코리안아메리칸시민활동연대는 청년학교, 아시안아메리칸법률교육재단, 뉴욕한인회, 뉴욕한인상록회, 플러싱경로센터, 한인권익신장위원회, 청년학교, '코리안아메리칸커뮤니티재단(KACF), 뉴욕한인봉사센터, 뉴욕/뉴저지 한인유권자센터 등 한인단체들과 연대가 형성되어 있다.

2005년 8월 5일, 코리안아메리칸시민활동연대는 존 리우 시의원과 청년학교(YKASEC), 아시안아메리칸법률교육재단(AALDEF) 관계자들과 함께 시청에서 1965년 공정선거권법안관련 기자회견을 개최하였다.

뉴욕한인회, 뉴욕한인상록회, 플러싱경로센터, 한인권익신장위원회, 청년학교, '코리안아메리칸커뮤니티재단(KACF) 2세위원회' 등과 함께 WQHT 채널 'Hot 97'의 쓰나미 피해 아시안 비하 방송에 대한 가두시위에 참가하였다.

2005년 12월 12일, 청년학교와 함께 맨해튼 뉴욕시 선거관리위원회에서 열린 '뉴욕시 선거 지원위원회 연례 청문회'에서 한국사회의 입장을 대변하였다.

2006년 5월 7일, 아시안문화유산축제에서 뉴욕한인봉사센터, 청년학교 등과 함께 정치력신장운동 전개하였다.

2006년 1월 15일, 뉴욕/뉴저지 한인유권자센터와 함께 뉴욕 빌라델비아 장로교회에서 유권자 등록운동을 실시하였다.

⑼ 재미한국청년연합의 네트워크

재미한국청년연합은 미국 내 시카고한국청년연합, LA한국청년연합, 뉴욕한국청년연합 등 지부가 있다.

그리고 한국, 호주, 캐나다, 미국 등 국가의 평화옹호단체들과 연대가 형성되어 있다. 2000년, 재미한국청년연합은 재미한겨레동포연합, 재캐나다한국청년연합, 재호주한국청년연합과 함께 "진보적 평화운동의 정착과 활성화를 위하여"라는 주제로 컨퍼런스를 공동개최했다. 미국의 평화인권단체인 PAX Christi, Peace Action, War Resisters League, GABRIELA 등 30여 개 미국 내 반전·평화·인권단체들이 후원하였다.

재미한국청년연합은 "세계식량계획의 친구"들과 함께 세계적 범위에서의 평화운동을 벌리고 있다.

3) 봉사단체의 네트워크

⑴ 뉴욕가정상담소의 네트워크

뉴욕가정상담소는 무지개의 집, 뉴욕가정상담소, 퀸즈YWCA 그리고 워싱턴 정신대문제대책위원회와 협력관계를 형성하고 있다.

뉴욕가정상담소는 2006년 여성의 달을 맞아 무지개의 집, 뉴욕가정상담소 퀸즈YWCA 등 3개 여성봉사단체와 합동으로 여성들만을 위한 행사를 열었다.

2004년 말 워싱턴 정신대문제대책위원회의 일본정부의 공식사과와 배상을 촉구하는 100만인 서명운동에 동참하였다.

(2) LA 한인가정상담소의 네트워크

한인가정상담소는 한국의 가정법률상담소의 미국내 지부로 존재하고 있다. 한국가정법률상담소에는 지금 32개의 국내지부와 LA한인가정상담소를 포함한 6개의 해외지부가 있다. 그 리스트는 다음과 같다.

[국내지부]

기관명	주 소	약도	전화번호
강릉지부	강원도 강릉시 포남2동 1295 여성회관2층		(033)652-9555
거제지부	경상남도 거제시 옥포2동 660-4 옥포종합사회복지관 2층 상담실		(055)687-9077
구리·남양주지부	경기도 구리시 수택1동 374-1 보훈회관1층		(031)551-9976
군산지부	전라북도 군산시 중앙로1가 9-5		(063)442-1560
광주지부	광주광역시 남구 양림동 108-5		(062)527-0011
대구지부	대구광역시 수성구 범어2동 186-10		(053)745-4501
대전지부	대전광역시 서구 도마2동 439-6 배재대학교내		(042)520-5258
동두천지부	경기도 동두천시 생연2동 824-46 경일빌딩2층		(031)866-0009
동해지부	강원도 동해시 천곡동 962-26		(033)535-0188
목포지부	전라남도 목포시 산정1동 47-1 3층		(061)273-2514
부천지부	경기도 부천시 소사구 심곡본동 736-15 4층		(032)667-2314
부평지부	인천광역시 부평구 부평4동 204-1 우성빌딩 301호		(032)514-1112
서울중구지부	서울특별시 중구 신당2동 402-8		(02)2238-6554
수원지부	경기도 수원시 권선구 매산로3가 산2-1 시민회관3층		(031)243-4600
순천지부	전라남도 순천시 행동 38번지		(061)753-9910
성남지부	경기도 성남시 분당구 하탑로 106 (야탑동 610번지) 여성문화회관 1층		(031)707-6661
안동지부	경상북도 안동시 운흥동 139-5 구 상공회의소 3층		(054)856-4200
울산지부	울산광역시 중구 성남동 57-1		(052)246-9568
원주지부	강원도 원주시 개운동 393-4 25/4		(033)731-4336
익산지부	전라북도 익산시 남중동 1가 82-60		(063)851-0265

기관명	주 소	약도	전화번호
인천지부	인천광역시 남구 학익2동 25-12 석목법조타운 509호	📇	(032)438-1114
전주지부	전라북도 전주시 덕진구 인후동1가 727-59	📇	(063)244-2930
정읍지부	전라북도 정읍시 연지동 21-2	📇	(063)535-3705
진주지부	경상남도 진주시 남성동 3-18 종합사회복지관 2층	📇	(055)746-7988
제주지부	제주도 제주시 이도2동 1063-11 동아빌딩 3층		(064)753-9421
창원·마산지부	경상남도 창원시 사파동 3 대한빌딩 401호	📇	(055)261-0280
천안지부	충청남도 천안시 쌍용동 1800번지 201호	📇	(041)577-3680-1
청주지부	충청북도 청주시 상당구 북문로2가 116-146 구 여성회관1층	📇	(043)257-0088
춘천지부	강원도 춘천시 중앙로3가 67-1 춘천시민복지회관 3층	📇	(033)257-4688
태백지부	강원도 태백시 황지동 59-53 하늘교육센터 3층	📇	(033)554-4003-5
평택·안성지부	경기도 평택시 이충동 591 여성회관3층	📇	(031)611-4251
부산상담소	부산광역시 동구 초량3동 1158-7 YWCA회관 3층	📇	(051)469-2987

〔해외지부〕

기관명	주 소	전화번호
한인가정상담소 (Korean American Family Service Center)	3727 West 6th Street Suite 509, Los Angeles, CA 90020 U.S.A	(213)389-6755
오렌지카운티 가정법률상담소 (Korean Family Counseling Legal Advice Center)	11501 BrookHurst, St, Suite 201 Garden grove, CA 92840 U.S.A	(714)590-0017, 590-0018
한인생활상담소 (Korean Community Counseling Center)	302 N.78th Street Seattle, WA 98103 U.S.A	(206)784-5691
필라여성회 가정법률상담소 (Korean Women's Assciation of Greater Philadelphia)	1135 W.Cheltenham Ave. Suite 203 Melrose Park, PA 19027	(215)635-5158
뉴저지 한인가정상담소 (Korean Family Service Center (YWCA of N-J))	110 Main Street Fort Lee, NJ 07024 U.S.A	(201)461-7313

기관명	주 소	전화번호
워싱톤 가정법률상담소 (Korean Family Counseling and Research Center)	1952 Gallow Rd. #340A Vienna, VA 22182, U.S.A	(703)761-2225

⑶ 가정문제연구소의 네트워크

가정문제연구소는 뉴욕시립대 그리고 변호사들과 연대관계가 형성되어 있다.

가정문제연구소에서는 매년 뉴욕시립대의 심리학 박사인 송근숙교수를 초청하여 여성문제 관련 세미나를 개최하고 있다.

김수지, 박동규, 서봉권, 손창문, 윤영익, 윤석준, 임혜경, 최홍경 변호사들을 초빙하여 법률상담 서비스를 제공하고 있다.

⑷ 한인청소년회관(KYCC)의 네트워크

한인청소년회관은 한인커뮤니티와 미국 공동체를 연결시키기 위해 노력하고 있다. 다민족, 다문화 단체로 변신하고 있다.

⑸ 뉴욕 아름다운재단의 네트워크

뉴욕 아름다운재단은 한국 아름다운재단, 미국 아름다운재단과 연대가 형성되어 있다. 미국 아름다운재단에는 미주 아름다운재단, 뉴욕 아름다운재단, 북가주 아름다운재단이 포함되어 있다.

뉴욕 아름다운재단은 또 기금지원을 통해 네트워크를 형성하고 있다. 한인커뮤니티 기금지원을 통해 미국 내 한인단체들과 네트워크를 구축한다. 해외동포기금지원을 통해 전 세계에 흩어져 살고 있는 한인단체들과 연결된다.

4) 재미한인 권익보호단체의 네트워크 특징

(1) 네트워크의 영역

네트워크는 주로 법률상담, 민족교육, 이민자권리옹호, 정치력신장, 세계평화 등 운동을 전개하는 과정에서 영역에서 활발하게 구축되고 활용되고 있다.

현재 거의 모든 한인권익보호단체들이 무료법률상담을 실시하고 있고, 이것은 미국사회에서의 한인권익보호의 시발점이 되고 있다. 무료법률상담은 변호사단체를 중심으로 진행되고 있다. 사회단체들과 연합하여 법률상담을 진행하거나, 변호사단체들이 연합하여 진행하는 등 3가지 방식을 취하고 있다.

유색소수민족으로 살아가고 있는 미국사회에서 민족교육은 매우 중요한 의의를 가진다. 현재 민족학교, 청년학교를 비롯한 많은 단체들에서는 서로 협조하고 지원하면서 민족교육을 진행하고 있다. 그리고 한인청소년 지도자 양성프로그램들도 실행하고 있다.

이민자권리옹호와 정치력신장운동은 네트워크구축을 떠나서는 이루어 질 수 없는 것이다. 따라서 이민자권리옹호와 정치력신장운동은 모두 단체 간의 연대의 방식으로 진행되고 있다. 이민자권리옹호와 정치력신장운동은 주로 뉴욕청년학교, LA민족학교, 한인유권자센터, 남가주한인노동상담소, 한미연합회, 미주한인봉사교육단체협의회, 코리안아메리칸시민활동연대 등이 주관하여 연대를 결성하고 있다. 법률단체와 기타 사회단체들은 적극 동참하고 있다. 괄목할 만한 점은, 2006년 4월 19일 한인사회의 공동이슈에 대응하기 위한 연합체구성을 위한 첫 모임은 LA법률보조재단에서 주도했다는 점이다.

민족과 국경의 한계를 벗어나 진행되고 있는 반전평화운동도 네트워크를 구축하여 활동을 전개하고 있다. 재미한국청년연합은 시카고, LA, 뉴욕에 있는 지부들 그리고 한국, 호주, 캐나다, 미국 등 나라의 평화옹호단체들과 연대를 결성하고 있다.

⑵ 네트워크의 민족성

한인커뮤니티에서의 권익보호를 목적으로 하는 단체들이 결성한 네트워크는 일반적으로 한인단체에 국한되고 있다. LA법률보조재단, 아태법률센터, LA민족학교, 한인유권자센터, 뉴욕가정상담소, LA한인가정상담소, 가정문제연구소, 뉴욕아름다운재단, 뉴욕한인봉사센터 등은 일반적으로 한인단체에 국한되고 있다.

한인커뮤니티의 범위를 초월하여 진행되는 이민자권익옹호와 반전평화운동을 주로 진행하는 단체들의 네트워크는 타민족과 활발하게 진행되고 있다. 가장 대표적인 것은 뉴욕청년학교와 남가주한인노동상담소, 작은나눔자선단체, 한미연합회, 미주한인봉사교육단체협의회, 코리안아메리칸시민활동연대 등이다. 이들은 미국 내 타민족 또는 국제상의 공동 이념을 지닌 단체들과의 광범위한 연대를 결성하고 활동을 전개하고 있다.

⑶ 네트워크의 지역성

현재 미국 한인단체들의 네트워크에는 수요에 따라 다양한 지역성이 나타나고 있다. 지역사회봉사와 사회복지는 주로 지역 내 네트워크의 형식으로 나타나지만, 넓은 범위의 단합이 필요한 이민자권리옹호와 정치력신장은 지역의 범위를 벗어난 미국 전 지역에서의 네트워크가 주로 활용되고 있다. 그리고 반전쟁평화운동은 전 세계적 범위 내에서 진행되는 특징을 가지고 있다.

⑷ 네트워크의 조직성

미국 내 한인사회의 네트워크는 현재 비교적 성숙되었다고 볼 수 있을 것이다. 네트워크가 활발하게 구축되고 운영되고 있을 뿐만 아니라 협의체의 형식으로 존재하는 경우가 많다. 미주한인봉사교육단체협의회, 코리안아메리칸시민활동연대 등은 모두 한인단체들이 결성한 협의체이다.

Ⅲ
재일한인의 권익보호 네트워크 실태

1. 재일한인의 권익보호현황

일본에 거주하는 재일한인들은 일상생활에서 그동안 개선되었다고는 하나 많은 차별 속에 살고 있다. 최근 귀화를 통해 일본국적을 취득하는 동포 수가 점증하고 있다. 이러한 귀화자의 증가추세는 수 세대를 거치면서 재일한인사회의 의식의 변화도 있겠지만 일본사회에서 동포들이 당면하고 있는 많은 문제들이 그 배경일 수 있다. 그 대표적인 분쟁사례로는 국적, 참정권, 공무담임권, 전쟁희생보상청구권, 지문날인, 고용차별, 입주거부 그리고 우토로 지역의 토지소유권 분쟁 등이다.

그 첫째 문제는 국적문제이다. 역사적으로 재일한인은 1952년 샌프란시스코조약으로 인해 일률적으로 외국국적을 갖게 되었다. 이 조약으로 인해 일본국적을 갖지 않음으로 여러 가지 차별을 인정하는 국적조항이 등장하게 되었다(梁泰昊・川瀨俊治, 『在日韓國・朝鮮人問題』, 東京: 解放出版社, 2004, 66면~68면). 물론 이 차별조항으로 인한 최대의 피해자는 당시 외국인의 다수를 점했던 재일한인이었다. 지금 일본사회는 민족, 다국적화가 진행되어 외국인 중에서 약 40%가 재일한인이다. 국적조항의 신설목적은 국적조항제정 당시 구 점령지출신자의 대다수였던 재일조선인의 배척이었다. 그 증거는 공식문서로 남아 있다. 샌프란시스코조약 직전에 발효된 재일조선인의 일본국적 이탈을 언급하고 있는 행정통달로 「조약발효 후 조선인 및 대만인의 일본국적취득은 일반외국인과 마찬가지로 국적법의 규정에 의해 귀화의 절차에 의할 것을 요한다.」는 내용이다. 결국 일률적으로 외국적으로 하면서 재일조선인의 존재를 인정하지 않는 것이다. 국적조항에 의해서 점령 하에 있었던 조선인의 국적문제를 일반외국인과 마찬가지로 처리했다. 일본은 1950년 국적법을 제정했지만 이때는 부계주의에 의해서 부친의 국적만을 수계할 수 있었다. 일본에서는 국적이 없다는 것은 외국인으로 취급되어 다양한 권리를 누릴 수 없게 된다. 이로 인해 큰 사회문제가 되었다. 1985년 여성차별철폐조약에 가입하면서 국적법이 바뀌어 부모 어느 쪽이 일본적이면 일본국적을 취득할 수 있게 되었다. 그리고 5년 이상 일본에 주소를 갖고 품행이 선량하는 등 일정요건을 충족시켜서 신청하면 외국인이 일본국적을 취득하게 된다. 귀화를 위해서는 생활상 모든 면에서 한국인이라는 스스로를 버리고 일본인이어야 한다는 심사를 거쳐야 한다.

국제조약의 비준으로 내외국인평등의 원칙에 따라 현재까지 건강보험, 국민연금 등의 가입, 공단주택과 공영주택의 입주, 국민금융금고의 융자, 아동수당 등이 국적에 의한 제한이 철폐되었다. 국민연금제도가 실시되었을 때, 재일한인의 국적조항을 들어 연금지급을 거절하고 보험료의 반환으로 끝내려고 했던 사건이 있었다. 법원은 2심에서 연금수급을 인정하자 국가는 공소를 취하하고 판결에 따랐다. 취업 시에 변호사, 지방공무원, 국공립대학의 교원에게도 문호가 개방되었으나 외무공무원등의 국가공무원 임용에는 국적이 일본임을 요하는 국적조항이 아직까지 유지되고 있다.

둘째 문제는 참정권문제이다. 전후 일본의 경우 피선거권을 포함해서 선거권은 호적법의 적용을 받은 자에 한정하게 되었었다. 그러므로 재일한인은 전쟁 전에 있었던 선거권을 상실하고 1952년 샌프란시스코조약에 의해서 일본국적은 모두 상실하게 되어 지방선거권에 대해서는 지방자치법 제18조의 국적조항에 의해서 배제되었었다(梁泰昊·川瀨俊治, 65면-68면). 그동안 재일한인사회에서 이를 개선하기 위한 단체와 활동가들의 노력이 꾸준히 계속 되었었다. 그럼에도 불구하고 아직도 많은 문제가 존재하고 있다. 일본 의회의 의원 수는 거주외국인도 포함되어 배정됨에도 불구하고, 그들을 선거권자로부터 제외함으로서 일본인유권자의 한 표의 무게가 높게 책정되어 당선자 수가 나온다. 그리므로 재일한인 유권자가 상당수 있으면서도 그 수만큼 민의가 반영되지 않고 있었다.

세 번째 문제는 공무담임권문제이다. 재일한인이 공직에 임용되려면 귀화에 의해서 일본국적을 취득해야 한다. 김경득(金敬得) 씨의 경우 1976년 사법시험에 합격했었다. 그런데 변호사가 되기 위해서는 사법연수를 받아야 되는데 연수를 받기 위해서는 귀화를 해야만 했다. 그러나 그는 일본사회의 차별로부터 도피하려고 하지 않고 조선인변호사가 되어 조선인차별을 해소하기로 결심했다. 그 때문에 조선인의 진정한 신뢰를 얻기 위해서 스스로 귀화를 하지 않고 끝까지 이러한 차별에 투쟁하여 처음으로 한국적 변호사가 되었다. 그러나 양홍자(梁弘子) 씨는 1984년 長野縣 교원채용시험에 합격하면서 정교원이 되어 정식채용을 의뢰했지만 국적문제로 거절되었었다(梁泰昊·川瀨俊治, 69면~72면/86면~90면). 최근 일본 법원은 일본 국적이 없는 외국인의 공무담임권에 대해서 일률적으로 부정하는 과거와는 달리 지자체의 판단을 존중한다는 자세를 보이고 있으나 사실상 많은 문제점을 안고 있다.

네 번째 문제는 전쟁희생보상권문제이다. 일본에서 진행 중인 일본군위안부 관련 소송은 크게 피해자의 국적에 따라 한국인 피해자 사건, 필리핀 피해자 사건, 중국인 피해자 사건, 대만인 피해자 사건, 네덜란드 피해자 사건이 있다. 그 중에서도 한국인 피해자 사건은 제소 순서에 따라보면 1991년 12월 6일 동경지방재판소에 제소된 '아시아-태평양 전쟁 한국인 피해자 보상청구사건', 1992년 12월 25일 야마구치 지방재판소 시모노세키지부에 제소된 '부산 강제위안부피해자보상청구사건', 1993년 4월 5일 동경지방재판소에서 제소된 '재일한국인 강제위안부피해자보상청구사건' 등 3종류의 재판이 있다. '재일한국인 강제위안피해자사건'은 시모노세키지부의 제1심 판결을 제외하고는 모두 패소를 거듭하고 있고, '부산 강제위안부 피해자보상청구사건'은 제1심 일부 승소판결마저 항소심에서 역전 패소판결을 받아 결국 모두 패소된 상태에서 불복하여 현재에 이르고 있다. 일본 법원이 일본군위안부, 군속 등에 의한 전쟁희생보상청구에 대해 인용을 하고 있는 국제법에 기한 개인의 청구권의 기각은 개인의 국제법 주체성을 오인하는 것으로 국내재판소에서 국내법의 일부로 된 국제법을 원용하고 이에 근거하여 국내재판소가 판단을 하는 것은 흔히 있는 일로 이 경우 국내재판소에서 개인의 국제법 주체성은 인정되어야 한다. 아울러 개인의 청구권에 대해서도 전시인도법이 개인에게 배상을 하는 것을 인정하는 것이 이 법의 취지에 부합한다. 개인이 외국 또는 외국인을 상대로 권리를 주장하는 것보다 국가의 외교보호권을 통해 권리를 보호받는 것이 효율적이기는 하지만, 주권국가절대론에 빠져 개인의 의사를 무시하고 국가가 개인이 가지고 있는 권리를 마음대로 포기할 수 없다. 일본국은 공법상 근무관계에 있는 군인 및 징용된 군속, 고용된 군속에 대해서도 안전배려의무를 가지고 있고, 그 구체적 내용은 상황에 따라 다르나 원칙적으로 전시에 있어서도 책임져야 한다. 법리상 제척기간을 적용 시 현저히 정의·공평의 이념에 반하면 그 적용을 제한해야 한다. 또한, 개인의 국제법에 근거한 청구권에는 시효의 적용이 없고, 전쟁범죄 및 인도에 반하는 죄에는 시효가 없다는 이론도 있다. 이외에도 시효제도의 적용을 전제로 하더라도 일본민법에 기초한 시효의 기산점을 피해자의 주관적 인식과 손해배상청구권행사의 객관적 가능성을 종합평가하여 그 시점을 재산정해야 한다.

다섯 번째 문제는 지문날인제도문제이다. 지문날인제도는 몇 번의 개정을 거쳐서 현재에 이르게 되었다. 1980년 후반까지는 일본에 1년 이상 체류하는 16세 이상 외국인이 대상이 되었다. 처음에는 등록확인신청 시 지문날인을 하게 했고, 날인을 거부한 경우 1년 이하의 금고 또는 20만 엔 이하의 벌금에 처하도록 되어 있었다(외국인등록법 제18조 제8호 및 동조 제2항). 1993년부터는 영주자 및 특별영주자에 대해서 지문날인을 폐지하고 사진, 서명 및 일정 가족사항등록(16세 이상)하게 하는 것으로 대신했다(외국인등록법 제14조의 2). 1999년 법 개정에는 비영주자에게 지문날인을 폐지하고 1년 이상 체류하는 외국인에게 사진, 서명 및 가족사항을 등록하게 했다. 일본법무성에 의하면 외국인 일반에게 지문날인을 부과하고 있는 나라는 일본을 제외하고 25개국이지만 미국 이외에는 자국민에게도 지문날인을 부과하고 있다. 그러나 미국은 국적법이 출생지법으로 되어 있기 때문에 2세는 외국인이 아니므로 지문날인의 대상이 되지 않는다(梁泰昊・川瀨俊治, 127면).

여섯 번째 문제는 고용차별문제이다. 재일한인이 일본에서 한반도국적을 가지고 일본기업에 취업한다는 것은 쉽지 않다. 설령 면접을 한다고 해도 일본명을 강요하여 채용하지 않는 예도 있다. 이러한 민족차별에 항변을 한다고 해도, 가해자가 주무관청과의 교섭을 거부하거나 경우에 따라서는 행정청의 지도를 거부하기도 한다. 일본기업의 인권의식은 평생고용과 연공임금이라는 기업일가의식과 이에 따른 노무관리체제에 유래하고 있다. 결국 이질적 요소의 배제가 지상명령이었으나 일본기업이 세계적인 규모의 기업으로 성장하면서 합자회사가 증가해 외국인 채용이 증가하게 되었다. 그러나 기업에 채용되지만 근무 중에 상대방이 거북하게 생각한다면서 한국명은 감추게 하고 사내에서는 일본 이름을 강제하는 기업이 적지 않다(梁泰昊・川瀨俊治, 57면～60면). 재일한인대학생의 취직면접 시 일본명을 강요하고, 이를 거부하여 채용되지 않았던 예가 있다. 법원은 이를 민족차별로 인정했지만, 관련 회사가 교섭을 거부하고, 노동부의 지도도 거부했던 사례가 있었다.

일곱 번째 문제는 영업방해문제이다. 재일한인이 가게를 개점하고 운영 시 일본의 우익세력들이 다양한 방법으로 가게뿐만 아니라 집주변을 돌면서 집요하게 위협하면서 영업을 방해한다. 경찰에 수사를 의뢰하지만 그 때마다 소극적이다

여덟 번째 문제는 주택입주차별문제이다. 외국인에 대한 주택정책도 많이 개선되었다고는 하나, 여전히 민간 집주인과 임대아파트, 맨션업자, 부동산중개업자들에게 있어서 재일한인들에 대한 차별은 당연한 것으로 여겨지고 있다. 1980년 이후 많이 개선되었다고는 하나 이들의 입주차별은 여전히 존재한다. 1989년 1월 오사카(大阪)에 거주하고 있는 재일한인 1세 배건일(裵健一)씨는 오사카지방법원에 주택입주문제로 제소를 했다. 자식들이 중학교에 입학하기 위해서 열심히 공부를 할 맨션에 입주하기위해 부동산중개업자를 통해서 입주할 수 있는 건물을 의뢰하고 중개료를 지불했다. 그러나 소개받은 집주인은 배씨가 일본국적을 취득하지 않은 재일한인이라는 이유로 입주를 거절했다(梁泰昊·川瀨俊治, 73면~76면).

아홉 번째 문제는 우토로 토지소유권문제이다. 우토로(ウトロ)51번지 지역에 재일조선인 부락이 형성된 것은 1941년 제2차 세계대전 중 교토 군비행장 건설을 위해 일본 정부에 의해 동원된 조선인 노동자가 한바(노동자가 집단으로 합숙하던 가건물)를 만들어 생활하면서부터이다. 6,000평(21,000평방미터) 가량의 면적에 1,300여 명이 거주했었다. 이 비행장 건설공사는 일본의 패전과 동시에 중단되었다. 종전으로 많은 조선인들이 귀국했지만, 조국에 친척도 집도 아무것도 남아 있지 않았던 사람들, 뱃삯을 구할 수 없었던 사람들은 남게 되었다. 그들은 자신들의 역사와 글을 잊지 않기 위해 마을 한가운데 조그마한 민족학교를 짓고 운영하기도 하였으나 일본 정부의 탄압을 견디지 못하고 1949년 폐쇄되었다. 1988년까지 우물물로 생활하는 차별과 극빈 생활 속에서도 이들은 일본 국적 취득을 거부하고 서로 상부상조하면서 60년 이상

살아 왔다. 현재 65세대 203명의 재일조선인이 거주하고 있다.

우토로 지역은 처음에는 교토부의 토지였으나, 일본이 패전하면서 닛산차체주식회사(닛산자동차 계열회사)의 소유가 되었다. 닛산자동차 그룹은 경영적자를 보충하기 위해서 유휴자산 매각을 결정하고 주민회 회장에게 3억 엔에 매각하였다. 주민회 회장은 또다시 4억 5천만엔에 부동산 회사 서일본식산(니시니혼쇼쿠산)에 전매하였다. 부동산회사는 1989년 교토지방재판소에 '건물수거토지명도' 소송을 제기하였고 피고들의 시효취득 항변에도 불구하고 1998년 교토지방재판소는 결국 원고의 손을 들어주었다. 한편 시효취득을 인정받지 못한 주민들은 일본이 비준한 사회권규약(경제적, 사회적 및 문화적 권리에 관한 국제조약, 일명 A규약)을 들어 국제조약이 규정하는 거주의 권리를 인정할 것을 주장하였으나 오사카고등재판소 역시 항소를 기각하였고, 이어서 최고재판소도 2000년 이 건을 기각하였다. 일본에서 사법적 판단은 이것으로 종결된 것이다.

2. 재일한인 권익보호단체 및 변호사의 현황

1) 권익보호단체의 현황

〈표 Ⅲ-1〉 재일한인 권익보호단체

권익보호단체	설립발기인	설립일자	설립목적
재일 코리안 인권협회	李相鎬, 徐正禹 등	1974년 발족 1995년 조직개편	민족차별철폐
재일코리안변호사협회	배훈, 고영의 변호사 등	2002년 7월 20일	재일한인의 권익보호, 법률가의 결집, 연대
재일한국민주인권협의회	하현일, 고행인 등	1991년	재일 한국인의 인권 향상

권익보호단체	설립발기인	설립일자	설립목적
코리아NGO센터	朴正惠, 宋悟, 鄭甲壽 등	2004 3월 27일	코리안네트워크를 구축, 동아시아 공동체 형성
코리안인권생활협회	洪敬義, 池榮, 崔英俊, 林範夫(변호사), 梁英哲(변호사) 등	1997년	재일코리안의 생활법률상담
킨키인권협회	홍경의 등	1996년 4월	재일한인의 인권과 생활권 보호
재일한인 노동자를 위한 노조,재일고려노동자연맹	고영길 등	1983년 10월 15일	기본인권과 노동조건 개선
재일본조선인인권협회	洪正秀 변호사 등	1994년 2월 5일	재일 코리안의 인권과 생활보호
서동경동포생활 상담종합센터	이용순, 서문균, 이순희 등	2000년 3월 22일	동포법률·생활상담
동포법률생활센터	洪正秀 변호사, 李順香, 韓鐘哲 사회보험 노무사, 金靜寅 등	1997년 12월 1일	법률상담
한국인법률구원센터	김성원 등	1994년 3월	법률상담

⑴ 재일 코리안 인권협회의 현황

『재일 코리안 인권협회』는 이상호(李相鎬), 서정우(徐正禹) 등에 의해서 1974년에 발족한 민투련(민족차별과 싸우는 연락협의회)을 전신으로 하여, 1995년에 현재의 모습으로 조직이 개편되었다. 설립목적은 민족차별 철폐운동을 통하여 표면에 나타난 현상만이 아니고, 그 배경에 있는 원인을 구명하고 그 해결을 도모하고자 노력하고 있다.

『재일코리안 인권협회』가 조직적으로 활동하기 전인 1970년에 일본에서 처음으로 기업에 의한 취업차별사건 규탄투쟁을 시작했고, 요코하마 지방법원의 히타치 제작소 취직차별재판 시 반대운동을 전개했다. 이어서 1974년에는 취직차별사건 재판승소를 계기로 민족차별과 싸우는 연락협의회(민투련)를 발족하여 공영주택·아동수당 등의 행정차별

철폐운동을 개시했다. 이듬해인 1975년에는 일본에서 처음으로 일부 지자체의 주택입주차별 철폐운동을 시작했다. 1970년대 말인 1979년 오사카부 야오시 직원의 국적조항철폐운동을 했다.

1980년대 들어서는 1980년에 주택융자, 공동주택 국적조항철폐, 외국인 교육기본지침 제정운동에 참여했다. 이듬해인 1981년 국민체육대회에 참가하는 고교생의 국적조항 철폐운동에 참가했다. 그리고 1984년에는 오사카부 타카츠키시에서 제도적 무연금자(고령자·장애자)에 대한 구제운동을 시작했고, 그 후, 각 지자체에 특별급부금제도가 확대되게 운동을 전개했으며 그 후 국가공무원인 우편외무직의 국적조항을 철폐시키는 데 기여했다. 1985년에 지문날인거부운동을 전개하고 일부 지자체의 교원채용시험의 국적조항과 킨키청년해상대학의 국적조항을 철폐시켰다. 이어서 1987년에 귀화 코리안(일본적)의 복성(민족명)을 실현시켜 우리 민족 고유의 성을 쓸 수 있게 했다. 1989년에는 기업의 육영회 장학금의 국적 조항을 철폐시키고, 일본에서 첫 입주차별재판 반대운동을 개시했다. 1990년대 들어서 1991년에 재판이 개시된 오사카, 도쿄의 재일 구일본 군인·군속의 전후보상운동을 전개했다. 1993년 오사카 지방법원의 입주차별재판에서 승소를 위한 운동을 전개했다. 1995년에는 오사카에서 민투련 제21회 전국대회에서 조직을 발전시켜 재일 코리안 인권협회를 발족하고 재일 코리안 118명에 의해 제기된 지방참정권 집단소송에 대하여 지원활동을 했다. 그 후 1997년에 오사카시의 초·중학교 입학 시에 외국인등록번호 기입차별을 철폐하기 위해서 운동을 전개하고, TBS [브로드 캐스터] 도노부히코 차별 발언을 규탄했다. 1998년에는 은행의 「연금정기」차별을 철폐시키고 일본에서 첫 재일 코리안 고령자 데이 하우스 「온돌 빵」설립활동에 참여했으며, 지역진흥권의 재일 코리안 차별철폐에 적극적으로 참여했다. 1999년에 법무성 외국인등록법개정안에 대해서 「외국인등록법 개정안 오아미 재일 코리안 인권 협회안」을 작성해서 제안하고 주민표 「귀화」기재 차별

철폐에 선두에 나섰으며, 킨테츠 그룹 차별 FAX 사건 요망서를 제출하기도 했다. 21세기에 들어서 2000년에 오사카부·도쿄도에서 재일 외국인을 「여론조사」의 대상이 되게 했고, 일본해류학회에 「북조선 한류」, 「동선난류」문제로 보고, 개정시켰으며, 혼간지방수민족 차별 발언 사건을 규탄하고 긴란단기대학 차별 사건 요망서를 제출했다. 2001년에 「간이귀화」법안에 반대성명을 발표하고, 공안조사청의 외국인등록 원표수집 문제로 오사카부 시모이치쵸 마을 조사와 JAL, 시티뱅크, 우편저금 월드 현금카드 외국인등록증 문제 교섭에 참여했으며, 대학의 귀국자녀 국적 조항 철폐 운동에 적극적으로 동참했다. 2002년에는 매일신문 「북한적」보도에 항의하고, 나라 교통 「조선정벌」발언사건 요망서를 제출했다. 2003년에는 금융청 「본인 확인법」에 외국인 조항 설정에 참여했다.

협회의 운영을 위해서는 재정확보가 제일 큰 문제로 일본정부로부터 일체의 보조금을 받지 않고 있으며, 단체운영의 기본경비는 회원의 회비 및 수익사업으로 충당되거나 뉴스레터 등의 광고 및 판매수입 등에 의해서 충당되고 있다.

⑵ 재일 코리안 변호사협회의 현황

재일한인들이 권익침해를 당했을 때 그 실질적인 법적 구제를 위해서 변호사들의 역할은 매우 중요하다. 이를 위해서 일본에서 활동하고 있는 재일한인 변호사들을 중심으로 『재일 코리안 변호사협회』가 결성되었다. 배훈, 고영의 변호사 등에 의해서 2002년 7월 20일 재일한인 다수가 거주하고 있는 오사카, 동경에 설립되었다. 이 협회는 재일한인에 대한 법적 차별 철폐, 동포의 참정권 등 권리 옹호, 민족성 회복 등을 목표로 하고 있다. 이 협회는 일본 내 외국 국적 변호사들의 협회로는 최초로 현재 약 60여 명의 재일한인 변호사 가운데 40여 명이 회원으로 가입해서 활동하고 있다.

『재일코리안변호사협회』는 2002년 7월 설립을 전후하여 그 동안 전후보상, 지방자치 참정권과 같은 문제들에 관해 재일한인들을 주 대상으로 법률자문을 해주고 소식지 발간, 심포지엄 개최 등 다양한 활동을 하고 있다. 그리고 차별철폐와 민족교육의 보장, 참정권·공무담임권의 확보 등을 위해 활동하고 있다. 2003년 11월에는 제1회 한국인포럼을 개최하여 재일한인의 지방참정권 획득문제와 국적문제를 다루었다(민단신문, 2003.10.16).

1977년에 변호사 자격의 「국적 조항」이 철폐된 이후, 전국적으로 재일 조선, 한국적의 변호사 등록이 증가하였다. 일본에서 활동하는 것으로 추산되는 약 60여 명의 한국계 변호사들 중 도쿄(東京), 오사카(大阪), 치바(千葉), 교토(京都), 후쿠오카(福岡) 등 9개 현(縣)에 사는 변호사 약 40여 명이 협회에 가입해서 제일동포의 권익보호를 위해서 분야별로 열심히 활동하고 있다.

(3) 재일한국민주인권협의회의 현황

대표적인 일본 내 재일한인 인권단체로서『재일한국민주인권협의회』가 있는데, 이 협의회는 1991년 하현일, 고행인, 박항유 등에 의해 동경과 오사카 두 곳에 사무실을 개설하였으며, 3명의 상근자가 각각 근무하고 있다. 이들과 비상근간사 10명이 이사회를 구성하여, 1년에 한 번 총회가 개최되고 중요한 의사결정이나 사업보고를 하고 있다. 이 협의회는 재일한인 2~3세에 의해서 결성되어 민주주의와 인권이라는 가치관을 기초로 해서 재일 한국인이 긍지를 가지고 살아갈 수 있는 사회를 지향하고 있다. 일본과 한반도, 세계적인 관점에서 교류와 협력을 통해 시민사회의 발전에 기여하는 활동을 펼치고 있다. 가장 중요한 활동목표는 재일 한국인의 인권 향상이다.

이 협의회는 동경과 오사카 두 곳에 사무실을 두고 3명의 상근자와 10명의 비상근간사가 이사회를 구성하여 근무하고 있다. 다른 단체와 달리 현재 재정문제 해결에 큰 기여를 하고 있는 후원자로 참여하고 있는 사람들 중에서 50% 이상이 일본인이다 (http://www.saemaul.or.kr/newspaper/international_view.asp?idx=88).

『재일한국민주인권협의회』는 1996년 8월에 결성된 GKNJ(Global Korean Network Japan)에 이사자격으로 참여하고 있으며, 경제난으로 힘든 북한 동포들에게 사상과 이념을 떠나 식량지원을 하는 우리민족 서로돕기운동 등 한국 시민단체와의 교류에도 힘쓰고 있다. 그리고 일본 국내에서는 1998년 4월에 동경도 공무원 채용 시 국적조항철폐운동을 전개하면서 이를 관철시키기 위해 동경 지방정부와 적극적으로 교섭하였다. 같은 해 9월에는 민족교육촉진협의회, 동포보호자연락회와 공동주체로 민족교육권 확보를 위해 오사카 지방정부와 협의하는 등의 재일한인의 권익보호를 위한 현안문제를 해결하기 위해 활발한 활동을 펼쳐왔다. 더 나가서 한·일 시민교류와 파트너십을 고양시키기 위한 활동을 꾸준히 해 오고 있다. 실제로 일본에 있는 한국 관광 상품에 대한 광고는 값싼 음식이나 저렴한 관광비용에 대한 것이 대부분이다. 민권협에서는 이러한 점에 착안해 1998년 8월에 토요나카 국제교류협회와 「98 한국 스터디투어」를 개최하기도 했다. 이 행사에 일본 시민단체의 상근자 들이 참가하여 한국 시민단체와 종군 위안부를 방문하는 등 한국과 일본 간의 역사나 현실을 보다 심층적이고 올바르게 이해할 수 있는 기회를 가졌다. 한편 협의회는 재일한인의 참정권이나 공무원 임용, 국적조항 철폐 등 인권향상에 힘을 기울이면서 시민사회의 도래에 따른 민간차원의 한-일 교류에 노력해 일부는 가시적인 성과를 거두고 있다.

협의회의 재원은 다른 권익보호단체와 달리 충당되고 있다. 협의회는 주로 회원들이 납부하는 12,000엔 이상의 연회비와 국적·민족·지역에 관계없이 연간 10,000엔 이상을 납부하는 후원자의 회비로 운영되고 있다. 일본인들도 이 단체에 회원으로 가입하여 회비를 납부하고 활동하고 있다.

⑷ 코리아NGO센터의 현황

『코리아NGO센터』는 2004년 3월 27일에 재일한국민주인권협의회(민권협), 민족교육문화, 원코리아페스티벌 실행위원회가 통합하여, 새로운 재일코리안NGO로서 설립되었다. 코리아NGO센터를 비롯한 이들 세 단체는 실질적으로 공동으로 20년 넘게 재일한인의 권익보호를 위해 활동해 왔다. 재일 코리안의 민족 교육권의 확립과 일본사회에 있어서의 다민족·다문화 공생사회를 실현하며 동시에 재일 코리안 사회의 풍부한 사회기반의 창조와 동아시아에 있어서의 코리안·네트워크를 구축하여, 코리아·일본 간의 시민, NGO의 교류·협력관계를 추진하는 사업을 수행하여, 코리아의 통일과 열린 지역주의로서의 동아시아 공동체의 형성에 기여하는 것을 목적으로 설립되었다. 이 센터는 권익보호단체 중 회원이 많은 편으로 정회원 140명, 준회원 270명과 2개의 단체가 활동하고 있다.

『코리아NGO센터』는 2004년 6월 16일 일본변호사회연합회의 공식대표단, 오사카부내의 민족교육현장을 시찰했고, 8월에는 「민족교육포럼 2004」의 개최에 협력했으며, 9월에는 「외국인 인권기본법의 제정을 요구하는 오사카 집회」를 공동개최했다. 같은 해 10월에는 일본변호사연합 「제47회 인권옹호 대회」에 참가했다.

현재의 수행하고 있는 주요 사업으로는 민족교육, 인권문제해결사업, 재일한인들의 네트워크 형성, 한국 내의 단체들과의 네트워크구축과 동아시아 네트워크 구축사업 등에 관심을 갖고 있다.

단체의 성격상 다양한 활동을 하고 있는『코리아NGO센터』는 단체를 운영하기 위해서 연간 약 4천만엔 정도의 재원이 필요한데 75% 정도는 수익사업(민족교육용 악기나 한복 등을 판매, 코리안타운 등의 체험교실운영경비 등)으로 충당하고, 나머지는 회비, 기부금, 찬조금, 조성금(재외동포재단) 등으로 충당하고 있다.

⑸ 코리안인권생활협회의 현황

재일한인의 권익침해와 관련해서 생활 속에 직접관련이 있는 법률분쟁에 관해 상담을 하는 단체로는『코리안인권생활협회』가 있는데, 이 단체는 상호부조의 정신에 따라 재일 코리안 및 그들과 관계를 갖는 일본인의 법률상 또는 생활상의 여러 문제의 해결을 도모하고 생활의 안정과 향상 그리고 차별 없는 지역사회와 마을 만들기에 기여하고자 설립되었다. 재일 코리안이 일본사회에서 생활을 영위하는 과정에서 직면하는 여러 가지 문제를 해결하는 데 경제적인 문제와 법률전문가 및 법률상담소의 부족 등으로 인해 충분한 대응이 매우 어려운 상황이어서, 이를 지원할 수 있는 법률·생활상담소를 만들 필요성을 느끼고 있던 변호사들에 의해서 결성되었다.

이 협회는 생활문제 관련 법률전문가들의 모임으로 변호사, 사법서사, 사회보험노무사, 행정서사, 변리사, 공인회계사, 세무사, 토지조사가옥사, 부동산감정사, 중소기업진단사 등의 법률분쟁 관련 법률전문가와 고령자나 장애자의 복지활동에 임하는 전문가, 인권문제에 종사하는 연구자 그리고 재일 코리안의 권리·생활 옹호를 위해서 봉사하는 사람 등으로 구성되어 있다.

『코리안인권생활협회』는 재일 코리안과 관련된 양국 법률연구와 재일 코리안의 상속(혼인·양자 결연·성 변경 등) 문제의 법률 기초지식 그리고 재일 코리안의 복지와 생활, 연금 문제, 고령자와 개호보험제도 복지문제, 특정 공익증진법인 문제 등에 대한 상담활동을 하고 있다. 그리고 법률상의 제수 속에 필요한 한국어의 호적 등본을 일본어로 번역과 법률상의 트러블로부터 경영·세무 분야까지, 클라이언트의 요구에 따라 필요한 유자격자를 소개하고 있다.

칸사이권을 중심으로 많은 코리안의 상담활동에 종사하고 있다. 지금까지의 상담 활동에서는 정주자뿐만 아니라 도일의 코리안 및 재일 코리안과 관계를 가지는 일본인 등도 많이 방문하고 있다. 그 외에도 지방자치체나 재판소, 금융기관이나 보험 회사 등에서도 각종 상담을 받는 등 그 특수성을 살려 일정한 역할을 하고 있다.

이 협회는 회원의 회비와 찬조금 그리고 회보 등의 광고수익 등으로 운영되고 있다.

⑹ 킨키인권협회의 현황

지역에 따른 분류에 의해 재일한인이 많이 거주하고 있는 킨키지방에서 시작된『킨키인권협회』는 1996년 4월에 재일한인의 인권과 생활권을 보호하고, 한반도의 번영과 자주적 평화통일에 적극적으로 기여하는 것을 목적으로 설립되었다. 또한, 더 나아가 세계평화, 친선과 우호를 강화 발전시키데 이바지하는 것을 목적으로 하고 있다.

대표적인 재일한인 지역권익보호단체로서『킨키인권협회』의 회원은 변호사, 사법서사, 사회보험노무사, 행정서사, 변리사 등 법률전문가를 포함해서 경제·경영계에 공인회계사, 세무사, 토지조사가옥사, 부동산감정사, 중소기업진단사, 그리고 노인개호나 장애자의 복지분야에서 활동하는 전문가, 인권문제에 종사하는 학술연구자, 재일 코리안의 생활향상을 위해서 봉사하는 활동가, 독지가 등으로 구성되어 있다.

『킨키인권협회』는 제도적 차별의 철폐운동과 재일한인고령자·장애자의 무연금 문제, 유엔 각종 위원회에의 문제제기, 취업차별이나 입주차별 등의 민족·국적 차별 등 차별 사건의 해결을 위해 노력하고 있으며 동포를 위한 법률·생활 상담을 하고 있다.

이 협회는 일본 내 지역의 대표적인 재일한인 권익보호단체로서 회원들의 회비와 광고수익 그리고 후원금에 의해서 운영되고 있다.

⑺ 재일한인노동자를 위한 노조, 재일고려노동자연맹의 현황

직역별로 재일한인 노동자의 권익보호를 위해서 활동하는 단체로서『재일한인노동자를 위한 노조, 재일고려노동자연맹』은 1983년 10월 15일에 모든 재일한인노동자를 집결하여 동포노동자의 권리의식을 높이며, 민족적 자긍심을 높이기 위해 설립되었다. 이 연맹은 재일 노동자들이 건강한 문화생활을 향유하는 권리 등 기본적 인권과 노동조건의 유지개선을 위해 힘쓰고 있다. 정치, 경제 등 각 방면에 한일교류가 활발해짐으로써 한국 노동자, 해외노동자와의 연대를 통해 자주적인 평화통일을 실현하기 위해 공헌하고 있다. 이 연맹은 설립 당시에 다른 단체와 달리 특정인을 중심으로 구성된 것이 아니라 1979년부터 재일한인 관련 권익보호에 관한 연구조사회가 중심이 되어 활동하던 중 노동문제에 대처하는 단체의 필요성에 따라 설립하게 되었다. 현재 일본 내의 재일한인 노동자를 대변하는 대표적이고 실질적인 직역별 인권단체라 할 수 있다.

직역별 대표적인 권익보호단체로서『재일한인노동자를 위한 노조, 재일고려노동자연맹』은 소수의 회원과 코리안NGO센터 등 단체의 회원 등으로 구성되어 있다.

직역별 대표적인 단체인『재일한인노동자를 위한 노조, 재일고려노동자연맹』은 재일한인 노동자의 권리의식을 높이며 재일 노동자들의 기본적 인권과 노동조건의 유지개선을 위해 힘쓰고 있다. 일본 내에 70여개의 지국을 갖고 활발히 활동하고 있다. 1년에 2회 노동자대회를 개최하며, 회원 간의 중요문제에 대한 이해를 돕기 위해서 월례연구회 등을 운영하고 있다.

운영비는 회원의 회비와 한겨레신문 등의 번역수익 등에 의하고 있다.

⑻ 재일본조선인인권협회의 현황

『재일본조선인인권협회』는 1994년 2월 5일 홍정수 변호사 등에 의해서 재일 코리안의 인권과 생활보호를 목적으로 도쿄에 중앙본부를 두고 설립되었다. 킨키 지방본부는 2년 뒤인 1996년에 개설되었다.

이 협회의 회원으로는 변호사나 사법서사, 세무사 등 법률이나 세무 전문가 등이며, 무료 법률상담이나 재일 코리안의 지위·권리에 관한 연구를 하고 있다.

『재일본조선인인권협회』는 거주국인 일본 내에서 차별 없이 안심하고 살 수 있는 동포 사회를 목표로 하고 있다. 구체적인 목표는 다음과 같다.

- 민족 교육의 권리 보장 및 무연금 상태의 재일한인 고령자·장애자 문제를 시작으로 제도적 차별을 철폐한다.
- 국적, 민족을 이유로 한 취업차별이나 입주차별을 시작으로 일상생활에 있어서의 다양한 차별 사건을 해결한다.
- 유엔의 인권기관 등에 대표단을 보내 재일한인에게 관련되는 인권침해를 없애기 위해 활동을 하고 있다.

재일본조선인인권협회는 전문가에 의한 법률·생활상담을 수시로 하고 있다. 한편 재일한인 사회의 발전을 위해 회원의 전문지식 향상을 위해 정기적인 분야별 부회 활동을 하고 있다. 대표적으로 법률 부회에서는 변호사, 사법서사, 법률 연구가가 중심이 되어 재일한인의 법적 지위나 권리문제 및 상담 사례를 연구하고 있고, 경제경영 부회에서는 동포 세무사가 중심이 되어 개인이나 기업을 둘러싼 세금문제나 회계, 경영문제를 매월 주된 테마로 논의하고 있으며, 생활 법무부회에서는 행정서사나 사회보험노무사가 중심이 되어 체류자격, 보험연금 문제, 각종 조성금 등을 매월 주된 테마로 논의하고 있다.

협회는 회원의 회비와 행사의 찬조금 그리고 기부금 등으로 운영되고 있다.

⑼ 서동경동포생활상담종합센터의 현황

『서동경동포생활상담종합센터』는 2000년 3월 22일, 이용순, 서문균, 이순희 등에 의해서 재일본조선인인권협회 및 동포법률·생활상담센터, 니시토쿄 공동법률사무소와 함께 국적이나 소속단체를 불문하고, 동포로부터의 상담 및 법률문제해결에 큰 기여를 하고 있다. 이 센터는 동포법률·생활상담에 관심이 있는 회원들에 의해서 운영되고 있다.

서동경동포생활상담종합센터는 재일 코리안의 인권과 생활, 민족문화 활동을 지원하는 네트워크 조직을 갖고 동포의 생활과 권리 향상, 민족문화의 보급과 커뮤니케이션·공생을 도모하기 위하여 여러 가지 이벤트를 개최하고 있다.

회원의 회비와 행사의 찬조금 그리고 기부금 등으로 운영되고 있다.

⑽ 동포법률생활센터의 현황

『동포법률생활센터』는 1997년 12월 1일, 홍정수(洪正秀) 변호사, 이순향(李順香), 한오철(韓鐘哲) 사회보험노무사, 김정인(金靜寅) 등에 의해서 동포사회의 세대교체와 급속히 진행되는 고령화, 생활의 안정과 가치관의 다양화 등으로 인해 상속, 국제결혼, 국적, 교육, 취직 등 여러 가지 법률·생활상의 문제가 제기되게 되었다. 이러한 고민에 대해 상담해주고 그 해결을 도와 줄 수 있는 상설 종합 상담소로서 도쿄에서 1997년 12월 1일, 오사카에서 2002년 11월 11일에 각각의 법률상담센터가 개설되었다.

이 센터의 회원들은 다음과 같은 각 전문분야의 활동가로 구성되어 있다. ① 변호사: 洪正秀, 殷勇基, 梁文洙, 金舜植, 稻葉不二男, 藍谷邦雄, 古川健三, 張學鍊, 姜文江, 杉山典彦, 小野幸治, 蛭田孝雪, 阿部裕行, 加藤俊輔, 川口和子, 金哲敏 ② 사법서사: 河正潤, 沈 植, 金奉吉, 金允植, 金京植, 趙誠允, 皇甫泰伸 ③ 세무사: 吳圭哲, 李明哲, 金幸三, 金國泰, 李永壽, 鄭日究, 姜宗豪, 吳尙哲, 張善玉, 權淑香, 朴成美, 趙博來 ④ 사회보험노무사: 韓鐘哲, 金由美 ⑤ 행정서사: チェ・ヒョンギル, 裵哲也, 宋民子 등이 활동하고 있다.

『동포법률생활센터』는 재일 코리안의 생활 속에서 제기되는 국적, 체류자격, 복지 등의 여러 문제의 해결을 지원하는 상담 활동과 법률상의 문제 이외에 개호나 복지의 문제에 대해서도 전문가가 대응하여 취직이나 아파트의 입주 등 일상생활상의 고민에도 최대한의 조언과 협조를 하고 있다. 의료관계에 대해서는 한국어를 아는 의사를 소개하기도 한다. 1997년 12월에 개설된 이래 총계 6,500건을 넘는 상담 안건을 받아들여 성실하게 활동하여 동포의 지지와 신뢰를 받고 있다.

회원의 회비와 행사의 찬조금 그리고 기부금 등으로 운영되고 있다.

⑾ 한국인법률구원센터의 현황

일본 내의 재일한인의 권익보호도 중요하지만 일본 내에서 활동하는 한국인 근로자들의 권익도 간과할 수 없다는 필요성에 따라 1994년 3월『한국인법률구원센터』가 설립되었다. 김성원 등에 의해서 전쟁 전부터 한국인 거주자가 많은 오사카시의 이쿠노구에서 한국인을 중심으로 상담사업을 실시하기 위해 설립되어 꾸준히 활동하고 있다. 이 센터는 관련 분야에 식견이 있는 자, 변호사, 지역 사람들에 의해서 운영되고 있다.

『한국인법률구원센터』는 주로 재일 한국인이 많은 곳인 이쿠노구에서 활동을 하고 있는데, 이쿠노구는 한국인의 친족, 아는 사람, 친구를 의지하고 한국에서 일하러 오는 사람들도 많기 때문에, 영주자가 아닌, 또는 불법체류하는 한국인이 가장 많이 살고 있는 곳이기도 하다. 주요 활동으로는 결혼하여 일본에 왔지만 일본과 한국의 생활습관의 차이로부터 결혼생활이 파탄한 경우에 대한 상담, 이혼이나 아이의 친권에 대해 고민하는 사람들에 대한 상담, 취업자의 경우 임금의 체불 문제나 노동자 피해보상보험에 대한 상담, 병이 들었을 때의 의료문제(일본은 체류기간이 1년 이상이 아니면 국민건강보험에 가입할 수 없다), 교통사고의 보상문제, 아이의 교육문제 등에 대한 상담 등을 하고 있다.

회원의 회비와 행사의 찬조금 그리고 기부금 등으로 운영되고 있다.

2) 변호사의 현황

〈표 Ⅲ-2〉 재일한인 권익보호 활동가

성명	성별	연령	직업	근무처	최종학력	자격취득
裵薫	남	53세	변호사	オルビス法律事務所 (오사카)	京都대 상대	1985년
高英毅	남	49세	변호사	原後綜合法律事務所 (동경)	동경대	1992년
林範夫	남	40대	변호사	一心法律事務所(오사카)	-	
金龍介	남	41세	변호사	台東協同法律事務所 (동경)	早稻田大法學部	
李宇海	남	47세	변호사	東京永田町法律事務所 (동경)	早稻田大法學部	
康由美	여	41세	변호사	大阪法律センター 法律事務所(오사카)	-	2004년
梁英哲	남	40대	변호사	なんば國際法律事務所 (오사카)	同志社大法學部	1999년 4월
洪正秀	남	-	변호사	星法律事務所(동경)	-	
梁文洙	남	-	변호사	J&K法律事務所(동경)	-	
金敬得	남	58세	변호사	우리법률사무소(동경)	早稻田大法學部	1979년

(1) 배훈(裵薰) 변호사의 현황

배훈 변호사는 경도(京都)대 상대를 졸업하고 1987년에 변호사자격을 취득했다. 그는 오사카에 オルビス法律事務所를 개설하고, 작년에 작고한 김경득 변호사의 뒤를 이어 재일코리안변호사협회(LAZAK) 공동대표로 1997년 일본이 일방적으로 설정한 직선기선 영해 안에서 조업했다는 이유로 일본 해상보안청 순시선에 나포되어 구속된 대동호 선장 김순기 씨의 변론을 직접 맡았고, 현재는 재일한인의 지방참정권 취득과 전후보상문제를 원만하게 해결하기 위해서 노력하고 있다. 그리고 이외에 그는 코리안NGO센터 등 일본 내 인권, 법률단체의 자문 등의 활동을 하고 있다. 약 10년 전부터 재일 코리안 문제를 테마로 스터디그룹을 결성 연구하고 매년 수차례 도쿄와 오사카에서 모임을 개최하고 있다. 연구회의 주제는 지방참정권이나 전후보상 문제 등으로 재일 코리안들이 당면하고 있는 법적 분쟁과 법적 지위 향상에 관한 문제로 활발하게 활동하고 있다.

(2) 고영의(高英毅) 변호사의 현황

고영의(高英毅) 변호사는 동경대를 졸업하고 1992년에 변호사자격을 취득하였다. 그는 동경에 原後綜合法律事務所를 개설하고 현재 재일코리안변호사협회(LAZAK) 공동대표와 코리안NGO센터 이사로 활동하고 있다. 고 변호사는 회사 경영, 금융법일반, 지적 재산권, 도산·민사집행, 부동산·건축 관계, 계약문제, 사고 등 손해배상, 노사문제, 가정문제, 정부외국인 인권문제 등에 법률자문과 상담을 하고 있다. 지방참정권이나 전후보상 문제 등 재일 코리안들이 당면하고 있는 법적 분쟁의 현안에 대해서 자문을 하고 법적 지위 향상을 위해서 활동을 전개하고 있다.

(3) 임범부(林範夫) 변호사의 현황

임범부(林範夫) 변호사는 오사카에 一心法律事務所를 개설하고, 재일 코리안 변호사 협회(LAZAK), 재일본 조선인 인권협회 킨키지방 본부, 세계 한인 변호사 협회(IAKL) 회원으로 재일한인의 권익보호를 위해서 활동하고 있다. 임 변호사는 재일한인의 민·형사 일반, 체류문제, 사건과 관련하여 한국법과 조선법 관련 각종 서류를 조사하거나 주문하고 번역한다. 그는 한국의 변호사와 제휴하고 있으며 소송, 조정, 법률상담, 계약서·내용 증명서의 작성, 유언서의 작성, 재류특별허가의 신청 등을 하고 있다.

(4) 김용개(金龍介) 변호사의 현황

김용개(金龍介) 변호사는 와세다대(早稻田大)법학부를 졸업하고 동경에 台東協同法律事務所를 개설하였다. 그는 동경변호사회 외국인의 권리에 관한 위원회, 재일 코리안 변호사협회 이사로 활동하고 있다. 김 변호사는 재일한인 관련 법률 분쟁 특히 형사와 국적 관련 사건을 변호하고 있다.

(5) 이우해(李宇海) 변호사의 현황

이우해(李宇海) 변호사는 와세다대(早稻田大)법학부를 졸업하고 동경에 東京永田町法律事務所를 개설하고 재일 코리안 변호사협회 이사로 활동하고 있다. 이 변호사는 지방참정권이나 전후보상 문제에 대해서 재일한인 관련 단체들과 연대하여 일본정부에 대응하고 있다.

(6) 강유미(康由美) 변호사의 현황

강유미(康由美) 변호사는 여성변호사로 2004년에 변호사자격을 취득하고 오사카에 大阪法律センタ- 法律事務所를 운영하며 재일코리안변호사협회 회원, 코리안NGO센터 회원으로 재일한인의 권익보호를 위해서 자문과 상담을 하고 있다. 강 변호사는 재일한인 변호사로서 일본인의 입주차별사건 당사자가 되어 소송을 준비 중에 있다. 2005년 11월에 일본인 집주인이 한국국적이라는 이유로 입주를 거부한 일에 대하여 집주인과 오사카시를 상대로 소송을 제기하려고 준비 중이다.

(7) 양영철(梁英哲) 변호사의 현황

양영철(梁英哲) 변호사는 同志社大 법학부를 졸업하고 1999년 4월에 변호사자격을 취득하였다. 그는 오사카에 なんば國際法律事務所를 개설하고 재일코리안변호사협회 회원, 코리안NGO센터 회원으로 재일한인의 권익보호를 위해서 자문과 상담을 하고 있다. 양 변호사는 외국인등록과 국적표시, 고령자장애인무연금, 민족교육에 대한 제도적 차별, 일상생활상의 차별문제에 대한 적극적인 대처와 해결을 위해 활동하고 있다.

(8) 홍정수(洪正秀) 변호사의 현황

홍정수(洪正秀) 변호사는 동경에 星法律事務所를 개설하고 동포법률생활센터(ＮＰＯ法人同胞法律・生活センタ-) 소장, 재일본조선인인권협회 회원으로서 재일한인들이 당면하고 있는 법률분쟁에 직접 소송을 수행하거나 상담하고 있다. 특히 홍 변호사는 재개발 등 부동산 관계, 이혼(위자료・재산 분여・친권・양육비), 인지 등 신분 관계, 유산분할, 유언서 등 상속 관계, 주식회사, 유한회사의 기업법무, 어음수표, 채권

회수 등 상사 관계, 교통사고의 피해자 청구, 형사사건(체포·구류·보석·고소), 재일 조선인·한국인의 신분 관계 소송과 법률자문을 해 주고 있다.

⑼ 양문수(梁文洙) 변호사의 현황

양문수(梁文洙) 변호사는 동경에 J&K法律事務所를 개설하고 재일한인을 위한 대표적인 권익보호단체인 동포법률생활센터에서 법률자문을 해 주고 있다. 양 변호사는 동포법률생활센터에서 재일한인들의 생활법률상담수행하고 있다.

⑽ 김경득(金敬得) 변호사의 현황

고 김경득(金敬得) 변호사는 와세다대(早稲田大)법학부를 졸업하고 1979년에 일본 내 외국인으로서는 최초로 사법고시에 합격했다. 그는 1985년에 한국 유학을 마치고 2005년 12월 작고할 때까지 동경에 우리 법률사무소를 개설하고 재일한인의 권익보호를 위해서 활발하게 활동했었다. 그동안 1976년 11월 일본최고재판소에 외국인의 일본사법연수원 입소를 위한 청원을 시작으로, 1977년 일본최고재판소 사법연수원 입소, 1979년 일본 제1호 외국인변호사 등록했으며, 1981년부터 1984년까지 한국에 유학했다. 유학 후 일본에 귀국하여, 1990년부터 2002년까지 일본 니카타대학교, 히도쓰바시대학교 강사로 활동했다. 그는 재일한인 인권운동의 선구자로서 그들이 받고 있는 차별과 편견을 없애기 위해서 항상 선봉에 서서 노력했었다. 특히 그는 재일한인의 국민연금가입불허에 소송을 제기했었고, 외국인을 잠재적 범죄자로 취급하는 지문날인제도철폐운동을 주도했었다. 도쿄도 정향균 보건사 관리직 채용거부에 대한 소송에서 승소판결 받았고, 종군위안부소송을 수행했었다.

3. 재일한인 권익보호단체 및 변호사의 네트워크

1) 권익보호단체의 네트워크

⑴ 재일코리안 인권협회의 네트워크

『재일코리안 인권협회』는 일본의 재일동포 차별철폐운동의 선구자로서 오랫동안 활동하고 있는 대표적인 권익보호단체이다. 30년 동안 활동하면서 일본인과의 진정한 연대는 재일 코리안의 자립적 활동이 전제되어야 한다고 인식하고 일본인이 포함된 조직 형태로 재일 코리안(한반도에 연고가 있는 사람, 일본국적자 포함)의 민족조직으로 개편하였다. 『재일코리안 인권협회』는 일본 내에서의 취업, 입주, 신원조사, 인터넷의 게시판운용 등을 통해 교묘하게 이루어지는 민족차별을 철폐하기 위해서 제도, 정책을 제안하고 재일 코리안의 일본 사회로의 적응을 적극적으로 돕고 있다. 이 협회는 재일동포의 당면한 권익문제와 관련하여 정기적 또는 비정기적으로 모임을 갖고 있다.

『재일 코리안 인권협회』는 약 10년 전부터 매년 몇 차례씩 도쿄와 오사카에서 재일한인의 권익보호문제를 주요 테마로 스터디 그룹을 결성하여 모임을 갖고 있다.

⑵ 재일코리안 변호사협회의 네트워크

재일동포 변호사 단체인 『재일 코리안 변호사협회』는 각기 다른 법률분야의 전문가들이 모임을 결성하여 상호 연대하여 광범위한 재일동포와 관련된 법률적 현안에 능동적으로 대처함으로써 좋은 사회를 만들기 위해서 노력하고 있다. 이 협회 소속 재일동포 변호사들은 동포들을 대상으로 권익분쟁과 관련된 법률서비스를 제공하거나 동포사회의 현안이 되어 있는 권익분쟁문제에 대하여 심포지엄을 개최하는 등 다양한 활동을 하고 있다.

(3) 재일한국민주인권협의회의 네트워크

『재일한국민주인권협의회』는 민주주의와 인권이라고 하는 가치관을 기초로 하여, 재일한국인으로서의 아이덴티티(identity)를 육성하여 모두가 긍지를 가지고 살아가는 사회의 실현을 목표로 하고 있다. 그리고 일본·한반도·세계를 시야에 넣고, 사람과 정보의 네트워크 구축을 목표로 재일한국인 사회와 시민사회의 발전을 위해 노력하고 있다. 현재 후원자로 참여하고 있는 사람들 중에서 50% 이상은 일본인이다.

『재일한국민주인권협의회』는 1997년부터 동경과 오사카에서 「한국과 일본을 잇는 시민교류」와 「21세기 한·일 관계와 시민의 역할」이라는 주제로 세미나를 개최했고, 1998년 7월에는 「NPO 포럼 98, 관서회의」에 패널로 참여하는 등 활발한 활동을 하고 있다.

『재일한국민주인권협의회』는 한국과의 교류와 네트워크 형성에 적극적인 관심을 갖고 활동하고 있다. 뿐만 아니라 해외 동포들과의 교류와 네트워크 형성에도 노력하고 있다.

(4) 코리아NGO센터의 네트워크

재일동포의 권익보호를 위해서 활동하고 있는『코리아NGO센터』는 광범위한 영역에 걸쳐 주요 사업과 관련하여 네트워크를 형성하고 있다. 크게 일본 내의 활동단체와의 연대를 추진하고 있다.『코리안NGO센터』는 재일 코리안에 관련되는 「교육」, 「인권」, 「다문화」를 키워드로 한 인권연수·계발사업에 위해, 각종 강연·심포지엄 등에 강사를 파견하고 있다. 센터는 연 1회 총회를 개최하고, 연 3회 이사회, 1달에 1회 운영위원회를 열고, 정기적으로 일반인도 참가할 수 있는 세미나와 학습회를 개최한다.

『코리아NGO센터』는 일본 내의 활동단체와의 네트워크에 노력하고 있다.

『코리아NGO센터』는 한국내의 단체들(동북아평화연대, 참여연대 등)과의 네트워크를 추진하고 있다.

『코리아NGO센터』는 동아시아의 코리안 네트워크를 구축하여 각계 각층의 재일 코리안 단체와 권익보호활동가와의 교류·협력 관계를 활성화하여, 재일 코리안 사회의 풍부한 사회기반을 조성함과 동시에 중국, 러시아 등 동아시아에 거주하고 있는 코리안과의 사이에 교류를 진행시켜 코리안·네트워크를 구축하려고 노력하고 있다. 궁극적으로는 남북한의 통일과 국경을 넘은 동아시아에 있어서의 풍부한 시민사회가 되는 열린 지역주의로서의 「동아시아 공동체」의 형성에 노력하고 있다.

⑸ 코리안인권생활협회의 네트워크

『코리안인권생활협회』는 재일 코리안의 국적, 체류자격, 복지 등 여러 문제의 해결을 지원하는 상담사업과 국제사법상의 여러 문제 등 인권문제 등에 대한 연구사업을 하고 있다. 그리고 차별이 없는 사회 만들기, 재일 코리안 들의 생활과 권리의 향상을 위한 개발·교육사업 그외, 상기의 활동에 관한 연락, 조언 또는 원조 등을 실시하고 있다. 이 협회는 매주 월, 수, 금요일에 재일동포를 대상으로 무료법률상담과 생활상담을 하고 있으며, 두 달에 한 번씩 정기모임을 개최하여 정보교환과 사례연구를 하고 있다.

재일한인의 생활문제와 관련된 권익보호를 위해서 활동하는『코리안인권생활협회』는 일본 현지뿐만 아니라 한국과의 네트워크에 참여하고 있다.

『코리안인권생활협회』는 동북아시아 사회시민포럼 등에 참여하는 등 재외한인의 국제적 네트워크에 참여하고 있다.

⑹ 킨키인권협회의 네트워크

대표적인 지역 권익보호단체로써 『킨키인권협회』는 변호사, 사법서사가 중심이 되어 재일 동포의 법적 지위나 권리문제에 대하여 논의하고 있고, 공인회계사, 세무사가 중심이 되어, 개인이나 기업의 세금 문제나 회계, 경영 문제에 대하여 논의하고 있다. 재일 코리안의 인권과 생활을 목표로 21세기형의 새로운 동포사회를 구축하기 위해 항상 새로운 제안과 실천을 위해 노력하고 있다. 지방인권협회인 이 협회는 정례모임으로 매년 격월제로 4번째 금요일에 모임을 갖고 있다.

⑺ 재일한인노동자를 위한 노조, 재일고려노동자연맹의 네트워크

직역별 대표적인 단체인『재일동포노동자를 위한 노조, 재일고려노동자연맹』은 재일동포 노동자의 권리의식을 높이며 재일 노동자들의 기본적 인권과 노동조건의 유지개선을 위해 힘쓰고 있다. 일본 내에 70여 개의 지국을 갖고 활발히 활동하고 있다. 1년에 2회 노동자대회를 개최하며, 회원 간의 중요문제에 대한 이해를 돕기 위해서 월례연구회 등을 운영하고 있다.

『재일한인노동자를 위한 노조, 재일고려노동자연맹』은 일본 내에 70여 개의 지국이 있으며, 지역별로 간사이 네트워크, 간도 네트워크 등이 활동하고 있다.

『재일한인노동자를 위한 노조, 재일고려노동자연맹』은 특히 한국 내 노동자 권익보호단체인 민주노총 등과도 네트워크를 형성하고 있다.

⑻ 재일본조선인인권협회의 네트워크

『재일본조선인인권협회』는 평소 연구결과의 발표 및 회원 상호간의 정보교환을 하고 있다. 이 협회는 재일 코리안의 인권과 생활을 위하여

21세기형의 새로운 동포사회를 구축하기 위해 항상 새로운 제안과 실천을 목표로 하는 단체이다. 인권문제의 운동가로부터 각 분야의 전문가까지 폭넓은 활동가들이 관여하고 있다. 변호사, 사법서사, 세무사, 사회보험 노무사 자격이 있는 동포와 전문가, 연구자가 동포의 생활상 제기되는 법률문제를 동포의 입장에서 해결하고 있고, 많은 회원이 동포생활상담종합센터의 전문 상담원으로서 활약하고 있다. 이 협회는 재일동포의 생활과 권리와 관련하여 법률적 문제가 발생할 경우, 수시로 심포지엄 및 긴급 집회를 갖고 있다.

잘 짜여진 조직을 가지고 있는『재일본조선인인권협회』는 재일본조선인인권협회중앙본부, 재일본조선인동경인권협회, 재일본조선인오사카(大阪)인권협회와 연대하여 활동하고 있다. 협회는 평소 연구결과의 발표 및 회원 상호간의 정보교환을 위해 전국 규모의 연구교류 집회를 수시로 갖고 있다.

『재일본조선인인권협회』는 일본의 법률가와 연구자, 시민운동가와 함께 유엔의 인권기관 등에 대표단을 보내거나 재일한인과 관련되는 인권침해를 없애기 위한 활동을 국제기구, 국제단체와 적극적으로 제휴하여 전개하고 있다.

⑼ 서동경동포생활상담종합센터의 네트워크

『서동경동포생활상담종합센터』는 재일본조선인인권협회 및 동포법률·생활상담센터, 니시토쿄 공동법률사무소와 함께 국적이나 소속단체를 불문하고, 동포로부터의 폭넓은 상담을 받아 해결해 주고 있다. 이 센터는 재일 코리안의 인권과 생활, 민족문화 활동을 지원하는 네트워크 조직으로 동포의 생활과 권리 향상, 민족문화의 보급과 커뮤니케이션·공생을 도모하기 위하여 여러 가지 이벤트를 개최하고 최근에는 일본의 자치단체 및 여러 단체와도 교류를 하고 있다. 주 법률문제로는 국적, 혼인·이혼, 부모와 자식관계, 상속성의 변경, 연금문제, 체류자격, 세무문제 등이다.

『서동경동포생활상담종합센터』는 중부지역동포생활상담종합센터(昭島市, 立川市, 國立市, 東大和市, 武藏村山市, 小平市の一部), 동부지역동포생활상담종합센터(西東京市, 國分寺市, 小平市, 三鷹市, 武藏野市, 東村山市, 淸瀨市, 東久留米市, 小金井市), 남부지역동포생활상담종합센터(調布市, 府中市, 多摩市, 稻城市), 서부지역동포생활상담종합센터(福生市, あきる野市, 羽村市, 靑梅市, 西多摩郡), 八王子지역동포생활상담종합센터(八王子市, 日野市), 町田지역동포생활상담종합센터(町田市 또는 그 주변) 등과 지역별 네트워크를 형성하여 활동하고 있다.

⑩ 동포법률생활센터의 네트워크

『동포법률생활센터』에서는 1997년 이래 상설상담소를 운영하여 법률상담과 생활상담을 해 오고 있다. 재일 코리안의 생활에 대해 제기되는 국적, 체류자격, 복지 등의 여러 문제의 해결을 지원하는 상담활동과 법률문제나 인권문제에 대한 연구 활동 그리고 차별 없는 사회 만들기, 다문화 공생을 목표로 하는 계발·교육 활동을 하고 있다. 상담을 담당하는 사람들은 그 지역의 애향심, 애족심을 가진 코리안의 전문가센터의 활동에 찬성하여 재일 코리안의 인권문제에 많은 전문지식을 가진 일본의 전문가들이다. 동포법률생활센터는 국적이나 체류자격을 불문하고, 일본의 모든 코리안을 대상으로 하고 있다. 상담내용은 코리안의 신상에 생기는 모든 사항이다. 법률상의 문제는 물론 개호나 복지의 문제에 대해서도 전문가가 대응하여 취직이나 아파트의 입주 등 일상생활상의 고민에도 최대한의 조언 및 협조를 하고 있다.

「동포법률생활센터」는 재일한인과 관련되는 인권침해를 없애기 위한 활동을 국제기구, 국제단체와 적극적으로 제휴하여 전개하고 있다.

⑾ 한국인법률구원센터의 네트워크

『한국인법률구원센터』에서는 전쟁 전부터 거주하는 한국인이 많은 오사카시의 이쿠노구에서 재일한인의 권익분쟁에 관련된 상담을 실시해 오고 있다. 특히 이 센터는 정보제공과 재일한인들이 필요로 하는 관공서 등 관계기관에 동행하는 등의 「공생사회」의 실현을 위해 자원봉사를 하고 있다. 이 센터는 동포들의 권익보호를 위해서 수시로 모임을 갖고 있다.

2) 변호사의 네트워크

배훈 변호사는 재일코리안변호사협회(LAZAK) 공동대표, 고영의 변호사는 재일코리안변호사협회(LAZAK) 공동대표와 코리안NGO센터 이사로 활동하고 있다. 임범부 변호사는 재일코리안변호사협회, 재일본조선인 인권협회 킨키지방 본부에서 활발하게 활동, 한인사회의 차별에 저항하고, 미래 세대에 대한 교육과 의식계몽을 통하여 한인이 긍정적이고 평등한 삶을 살 수 있는 다양한 프로그램을 운영하면서 지역 내 단체들과 네트워크를 구축하고 있다.

배훈, 고영의, 임범부 변호사는 세계 한인 변호사 협회(IAKL)에 가입하여 한국의 변호사들과 인적 네트워크를 구성하여 재일한인의 현안이 되어 있는 각종 문제에 공동 대처하고자 노력하고 있다. 동시에 세계 한인 변호사 협회(IAKL), 재일코리안변호사협회의 회원 및 활동가들과 일본 내 관련 권익보호단체들과 연대하여 동아시아지역과 러시아 등 코리안이 거주하는 한인사회와의 네트워크를 구축하여 재외한인문제에 공동 대처하고자 노력하고 있다.

김용개 변호사는 약 10년 전부터 해마다 몇 차례씩 도쿄와 오사카에서 지방참정권이나 전후보상 문제 등 재일한인들이 안고 있는 수많은 문제나 법적 지위 향상을 위해서 활동하고 있다. 동시에 재일 코리안

변호사협회에서 일본 내에서 활동하는 재일한인 변호사의 연대를 위해서 이사로서 활동하고 있다. 최근에는 중국과 러시아를 비롯한 동아시아 지역의 한인단체들과의 구체적인 네트워크 구축을 구상하여 실천 중에 있다.

양영철 변호사는 재일코리안변호사협회, 코리안NGO센터와 코리안인권생활협회에서 회원이나 임원으로 활동하고 있다. 양영철 변호사는 일본 내에 거주하고 있는 코리안의 기본적인 제도상의 문제해결과 민족교육 및 일상생활과 관련된 차별과 고민해결을 중심으로 재일변호사협회 및 코리안NGO센터, 킨키협회 등 관련단체와 네트워크를 구축하여 연대하기 위해서 힘쓰고 있다. 동시에 한국정부의 적극적인 재일교포 지원과 참여연대, 동북아시아사회시민포럼 등 한국내의 단체와의 정기적인 모임을 통한 네트워크 구축에 힘쓰고 있다.

양문수 변호사는 동포법률생활센터에서 재일한인들의 생활법률상담 수행, 오르도카마, 뉴카마, 민단, 총련 등과 연대하여 한인사회의 차별에 대한 노력과 민족교육의 보장 그리고 일상생활에서 발생하는 여러 법적 분쟁에 대해서 법률상담가로 활동하고 있다.

작년 말 고인이 된 고 김경득 변호사는 그 동안 재일한인들의 권익보호를 위해 한국과 일본을 오가며 상담을 하든지 각종 단체에 자문을 하든지 활발하게 활동했었다.

강유미 변호사는 일본 내 한인사회의 인권운동관련 단체들을 중심으로 활동하면서 최근 스스로 겪은 입주차별사건 등 재일한인들의 현안 문제해결을 위해서 노력하고 있다. 강유미 변호사는 코리안NGO센터 등과 연대하여 네트워크 구축을 위해 노력하고 있다.

홍정수 변호사는 재일조선인의 일본 내에서의 신분관계와 국적문제 그리고 참정권운동을 위해 동포법률생활센터와 재일조선인인권협회를 중심으로 활동하고 있다.

이우해 변호사는 재일한인의 지방참정권이나 전후보상 문제에 대해서 연대하여 대처하고 있다. 특히 최근에는 중국과 러시아 지역의 단체들과의 구체적인 재외한인 네트워크 구축을 위해 노력하고 있다.

재일한인 권익보호를 위해서 활동하고 있는 변호사들 중 일부는 한국의 권익보호단체들과 정기적으로 회합을 갖고 공통관심사에 대해서 협력하고 있으며 동아시아 지역의 재외한인의 권익문제에 관심을 갖고 활동하고 있다.

3) 재일한인 권익보호단체 및 변호사의 네트워크 특징

⑴ 네트워크의 영역

재일한인단체들의 설립목적은 매우 뚜렷한 바, 일본사회에 존재하는 민족차별을 철폐하고 재일한인의 권익을 보호하는 것이다. 따라서 민족차별철폐와 재일한인 권익보호차원에서 여러 가지 활동을 활발하게 전개하고 있으며, 광범위한 네트워크를 구축하고 있다.

⑵ 네트워크의 민족성

네트워크는 주로 한인단체들과 한인들을 대상으로 이루어지고 있다. 이것은 두 가지 방면에서 구현되고 있다. 첫째, 단체의 구성원과 활동대상을 보면, 대부분 재일한인이다. 둘째, 연대의 대상은 대부분 한인단체 및 한인활동가들이다. 조사에 의하면, 재일단체들은 일본 내의 단체들과 한국, 중국, 러시아 등 동아시아 나라들과의 연대도 추진하고 있는데 모두 한인단체 및 활동가들 간의 연대이다. 10명의 활동가들도 모두 재일코리안변호사협회, 세계한인변호사협회에서 활동하고 있다.

그러나 타민족과의 연대에도 주의를 돌리고 있다. 재일코리인인권협회는 재일한인의 민족조직이지만 일본인도 포함되고 있다. 재일한국민주인권협의회에서 현재 후원자로 참여하고 있는 사람들 중에서 50%

이상은 일본인이다. 서동경동포생활상담종합센터는 최근 일본의 자치단체 및 여러 단체들과도 교류를 진행하고 있다.

⑶ 네트워크의 지역성

재일한인들이 구축한 네트워크의 지역성은 매우 다양한 바, 지역 내 네트워크, 지역 간 네트워크, 모국과의 네트워크, 국제적 네트워크가 모두 포함되어 있다.

"재일동포노동자를위한노조,재일고려노동자연맹"은 일본 내에 70여 개의 지국이 있다. "재일본조선인인권협회"는 재일본조선인인권협회중앙본부, 재일본조선인동경인권협회, 재일본조선인오사카인권협회와 연대하여 활동하고 있다. "서동경동포생활상담종합센터"는 중부지역동포생활상담종합센터, 동부지역동포생활상담종합센터, 남부지역동포생활상담종합센터, 서부지역동포생활상담종합센터, 八王子지역동포생활상담종합센터, 町田지역동포생활상담종합센터 등과 지역별 네트워크를 형성하여 활동하고 있다. 재일한국민주인권협의회는 일본, 한반도, 세계를 시야에 넣고, 사람과 정보의 네트워크 구축을 목표로 재일한인사회와 시민사회의 발전을 도모하고자 한다.

『재일한국민주인권협의회』는 주로 한국과의 교류와 네트워크 형성에 적극적인 관심을 갖고 활동하고 있고, 『코리아NGO센터』는 동북아평화연대, 참여연대 등 한국 내의 단체들과의 네트워크를 추진하고 있다. 『코리안인권생활협회』도 일본 현지뿐만 아니라 한국과의 네트워크에 참여하고 있으며, 『재일동포노동자를 위한 노조, 재일고려노동자연맹』은 한국 내 노동자 권익보호단체인 민주노총 등과도 네트워크를 형성하고 있다.

재일한국민주인권협의회, 『코리아NGO센터』, 『코리안인권생활협회』는 모국인 한국과의 연대뿐만 아니라 해외 동포들과의 교류와 네트워크 형성에 노력하고 있다. 특히『코리아NGO센터』는 중국, 러시아 등 동아시아에 거주하는 한국인과의 연대를 구축하여 동사시아공동체를 구축하려고 노력하고 있다.

『재일본조선인인권협회』와 『동포법률생활센터』는 일본의 법률가와 연구자, 시민운동가와 함께 유엔의 인권기관 등에 대표단을 보내거나 재일동포와 관련되는 인권침해를 없애기 위한 활동을 국제기구, 국제단 체와 적극적으로 제휴하여 전개하고 있다.

⑷ 네트워크의 조직성

일본의 재일한인 단체 및 활동가들의 연대는 지속적이며, 안정적인 특성을 나타내고 있다. 그러나 미국과 같은 협의체의 조직형태는 취하 지 않는 것으로 나타나고 있다.

Ⅳ
재중한인의 권익보호 네트워크 실태

1. 재중한인의 권익보호현황

재중한인에는 중국국적을 소지한 조선족과 기타 나라의 국적을 소지한 한인이 포함된다. 조선족은 중국에서 하나의 소수민족으로 존재하고 있다. 기타 나라의 국적을 소지한 한인은 중국에서 대등원칙과 평등원칙에 근거하여 외국인으로서의 지위를 유지하고 있다. 중국과 한국은 1992년에 정식으로 수교하였다. 현재 외국인의 신분으로 중국에 거주하는 한인들이 중국에 거주한 역사는 가장 길어 13년이다.

재중한인의 권익보호실태를 정확하게 파악하려면, 중국의 인권보호 상황과 중국의 민족정책에 대한 전면적인 고찰을 필요로 한다. 중국의 인권보호수준은 낮다. 1949년 중화인민공화국이 설립된 후 지금까지 중국공산당이 집권하고 있으며, 인권문제에서 생존권과 발전권을 최대의 인권이라고 강조하고 있으며, 사회단체의 결성과 활동에 대해 엄격한 규제를 하고 있다. 소수 엘리트들에 의해 좌지우지되고 있는 중국은 인권보호에 있어서도 국가의 계획에 따라 점진적으로 추진하고 있다. 55개 소수민족에 대해서는 기타 국가들에 비해 매우 관대하고 우호적인 민족정책을 펼쳐지고 있으며, 범사회적으로 민족평등의식이 자리를 잡고 있다. 따라서 중국에서 한인의 권익보호를 목적으로 하는 순수한 권익보호단체 또는 활동가들이 활동할 수 있는 토양이 아직 마련되지 않았다.

　현재 재중한인에게 있어서 가장 시급한 것은 법적 보호이다. 중국은 1978년부터 개혁개방정책을 실행하고 있고, 1992년부터 시장경제체제를 본격적으로 도입하고 있으며, 2001년 말에는 WTO에 가입하였다. 중국은 1990년대 초에 법치국가건설목표를 내세웠고, 지금까지 꾸준하게 인치사회에서 법치사회로의 전환을 추진해 왔다. 정치, 경제, 사회 각 분야에서 일어나는 급격한 변화들은 법제도의 형식으로 구현되고 있다. 현재 중국에서는 매달 십여 건 심지어 수십 건의 법들이 새로 제정되고 시행되고 있다. 따라서 법률환경에 대한 정확한 파악과 법제도에 대한 정확한 이해는 중국에서의 승패를 가름하는 시금석이 되고 있다. 문화대혁명기간에 폐지되었던 변호사제도는 1979년에 회복되었다. 변호사자격시험은 1986년부터 시행되었고, 변호사법은 1996년에 제정되었다. 시대적 수요와 비교해, 중국의 변호사 수는 매우 적은 편이다. 중국의 현행법에 의하면, 외국로펌은 중국정부의 인가를 거쳐 중국에 대표처를 설립할 수 있지만 중국의 법률업무는 취급할 수 없다. 따라서 중국사회에서 뿌리를 깊게 내렸고, 중국국적을 취득하고 있으며, 한국어와 중국어를 유창하게 구사할 줄 아는 조선족변호사들을 발굴하고 그들이 갖고 있는 네트워크를 최대한 활용하여 재중한인들의 권익을 보호할 필요성이 제기된다. 현재까지 재중 조선족변호사들에 대한 조사와 연구는 한국은 물론이고 중국에서도 전혀 이루어지지 않고 있다.

　아래에 재중한인의 권익보호현황에 대해 중국의 권익보호현황, 중국 조선족의 권익보호현황, 중국법률서비스시장개방현황 3개 부분으로 나누어 살펴보고자 한다.

1) 중국의 권익보호현황

국가인권위원회는 "2004년 인권백서"에서 중국 조선족의 인권상황에 대해 "중국의 소수민족정책이 타 국가들에 비교하여 소수민족에 대해 우호적이고 관용적이라는 점은 부인할 수 없다. 하지만 소수민족들이 분리운동으로 치닫지 않는 한도에서 관용적인 것이다. 문화적 다원성은 인정되어도 핵심적인 정치권력의 다원성은 인정되지 않는다. 그리고 소수민족의 문화와 낮은 수준의 자치는 허용되지만 민족자치는 어디까지나 당과 정부의 간섭과 통제를 전제로 주어지는 제한적인 수준에 머물 수밖에 없다. 특히 정치적인 차원에서의 자율은 제한적일 수밖에 없다. 또한 중국은 어느 부문에서나 '당 우위의 원칙'이 지켜지기 때문에, 민족자치보다는 '공산당 영도'가 우선한다. 지방의 특수성과 중앙집권적 통제가 서로 맞지 않는 경우, 역시 전자가 양보하는 것이 보통이다. 이러한 맥락에서 민족구역자치제는 한편으로는 소수민족의 다원성을 인정하면서도 중앙정부의 지배와 통제력은 유지하려는 정책이라고 볼 수 있다"고 평가하고 있다. 아래에 중국의 정당, 인권, 사회단체 등에 대한 규정과 관점을 살펴보고, 중국에서 인권보호를 위해 실행한 일련의 제도들을 살펴봄으로써 중국인의 권익보호상황에 대해 파악해 보기로 한다.

1949년 중화인민공화국이 창건된 후, 중국공산당은 시종 중국의 유일한 합법적인 집권당으로 존재하고 있다. 중국에는 중국공산당 외에 민주당파로 통칭하는 8개 정당이 있다. 중국국민당혁명위원회, 중국민주동맹, 중국민주건국회, 중국민주촉진회, 중국농공민주당, 중국치공당, 93학사, 대만민주자치동맹 등 8개 정당은 재야당이 아니며 반대당도 아니다. "長期共存、互相監督、肝胆相照、榮辱與共"은 중국 공산당과 각 민주당파가 협력하는 기본방침이다.

1949년 중화인민공화국이 성립된 후 중국은 매우 오랜 기간 "인권"

이란 개념을 사용하지 않았을 뿐만 아니라 이데올로기적인 잣대로 인권문제를 대하고 있었다. 특히 문화대혁명 기간에 인권은 자본주의의 물건으로 비판을 받았고 현실생활에서는 인권에 대한 무시와 침해가 초래되었다. 개혁개방초기에도 일부 신문에서는 "인권은 자본주의의 구호이다", "인권은 허위적인 것이다" 등을 주제로 대량의 문장을 발표하여 인권을 매도하였다.

1990년대를 전후하여 공산권국가들의 붕괴가 가속화되면서 미국을 비롯한 서구국가들은 중국의 인권문제에 대한 공격을 강화하였다. 이러한 상황에서 쟝저민을 핵심으로 하는 중국공산당은 세계의 발전추이를 가늠하고 인권문제에 대한 재인식을 하였으며 대외투쟁의 차원에서 사회주의 중국도 인권을 하나의 무기로 사용하여야 한다는데 결론지었다. 따라서 중국에서 최초로 사용된 인권개념은 주로 대외투쟁의 수요로부터 출발한 전략적인 선택이었다.

1991년 11월 1일, 중국 국무원 국정홍보실에서는 "중국의 인권상황" 백서를 발표하였는데 이것은 중국정부가 세계에 처음으로 공포한 인권백서이다. 중국은 백서에서 처음으로 인권을 "위대한 명사"라고 칭하였으며, 충분한 인권을 실현하는 것은 인류가 장기간 추구해온 이상이며, 중국 사회주의가 실현하고자 하는 숭고한 목표로서 중국인민과 중국정부가 장기간에 걸쳐 실현해야 할 역사적인 과제라고 강조하였다. 1991년 인권선언은 처음으로 정부문건의 형식으로 인권개념을 인정하였다. 이때부터 인권은 중국 대외선전에서의 중요한 주제로 되었고 매년 국무원총리의 정부사업보고에서는 대외정책을 설명할 때마다 중국의 인권문제에서의 기본입장을 밝혀왔다.

1997년 9월에 열린 중국공산당 제15차대회에서 "인권"개념은 처음으로 중국공산당의 정식문건에 수록되었다. 중국의 국가주석 쟝저민은 주제보고의 제6부분 "정치체제개혁과 민주법제건설"에서 "인권을 존중하고 보장한다"고 명확하게 천명하였다. 이때부터 중국에서 인권개념은 외국의 공격을 방어하기 위한 수단으로부터 중국공산당이 중국의 국내건설을 지도하는 목표로 전환되었다.

2004년 3월 14일, 제10기 전국인민대표대회 제2차 회의에서 통과된 헌법개정안에서는 처음으로 "인권"개념을 도입하여 "국가는 인권을 존중하고 보장한다"고 명문으로 규정함으로써 "인권"이 정치개념으로부터 법률개념으로 승화되도록 하였다.

2005년 4월 13일, 중국 국무원 국정홍보실에서는 "2004년 중국 인권사업의 진전"이라는 제목으로 인권백서를 발표하였다. 이 백서는 1991년부터 국무원 국정홍보실에서 중국의 인권상황에 관하여 발표한 제8번째 백서이다. 인권백서에서 중국은 대량의 데이터와 사실로 주로 공민의 생존권과 발전권, 정치권리, 경제문화와 사회권리, 소수민족정책, 여성권익보호, 사법보장, 장애인보호, 국제인권운동참여 등 방면에서 중국이 인권사업에서 거둔 진전에 대해 피력하고 있다. 이처럼 짧은 시간에 빈번하게 인권백서를 발표하는 것은 세계적으로도 손꼽을 수 있다. 중국정부는 대화의 방식으로 중국의 인권상황에 대한 국제사회의 이해를 증진하고 중국에 대한 불필요한 오해를 해소시키려 한다.

중국은 자국의 실정으로부터 출발하여 인권문제에 대해 중국특색의 관점을 확립하고 있다. 지금까지 중국정부가 8차례에 걸쳐 발표한 인권백서를 살펴보면 중국의 관점은 다음과 같다.

충분한 인권을 누리는 것은 인류의 염원이다. 그러나 세계적 범위 내에서 현대사회는 아직 인류가 추구하는 충분한 인권이라는 이 숭고한 목표에 도달하지 못했고, 그 실현과정에 있다. 인권보호상황은 각 나라의 역사, 사회, 경제, 문화 등 조건의 제약을 받으며 역사적으로 발전하는 과정이다. 각 나라의 역사배경과 사회제도, 문화전통, 경제발전에 엄청난 차이가 있기에 인권에 대한 이해가 다르며 인권보호를 위한 조치에도 차이가 있기 마련이다. UN에서 통과된 공약에 대해서도 각국은 자국의 상황에 비추어 태도도 각이하다. 인권문제는 국제적인 면이 있지만 주요하게는 한 국가 주권범위내의 문제이다. 때문에 한 나라의 인권상황을 고찰함에 있어서 그 나라의 구체적인 상황을 벗어나 볼 수 없다. 현 단계 중국에서 가장 중요한 인권보호는 바로 중국백성들의 생존권과 발전권 보장이다.

1979년 이후 중국은 경제건설 중심의 개혁개방을 실행하여 중국특색의 사회주의를 건설하였다. 현재 중국인민의 먹고 입는 문제는 기본상 해결하였다. 이것은 중국인민과 중국정부가 인권보호에서 거둔 역사적인 성과이다. 그러나 생존권과 발전권은 아직도 역사적인 과제로 남아 있다.

중국은 독립된 국가지만 발전도상의 나라로서 국력이 한정되어 있다. 국가의 독립과 주권을 보호하고 중국이 다시는 외래의 침범을 받지 못하게 하는 것은 중국인민이 생존하고 발전하는 기본조건이다. 중국은 현재 비록 먹고 입는 문제를 기본적으로 해결하였지만 경제발전수준이 아직 비교적 낮아 인민의 생활수준은 발달한 나라들과 비교하면 매우 큰 차이가 존재한다. 인구 당 배분되는 자원의 상대적인 빈곤은 아직까지도 사회경제의 발전과 인민생활수준의 개선을 제약하고 있다. 동란이 일어나거나 기타 재난이 발생한다면 인민의 생존권은 위협을 받게 될 것이다. 때문에 국가의 안정을 유지하면서 기존의 개혁개방정책을 추진해 나가며 생산력을 발전시키고 국력을 키워 중국인민들의 생활수준을 小康水平에 이르게 하며 인민의 생존권이 더 이상 위협받지 않도록 하는 것은 중국인민의 가장 근본적인 이익이고 요구이며 또한 중국정부의 장기적이고 급박한 임무이기도 하다. 따라서 사회의 안정과 경제중심의 발전전략은 중국발전에서 필수적인 것이다.

중국에서 공민의 인권보호는 주로 중국정부에서 설립한 인권보장기관, 비정부기구(NGO), 연구기관 등 세 개 부분에 의해 실행되고 있다. 중국의 인권보장기관에는 전국인민대표대회와 인민대표대회제도, 중국공산당이 주도하는 민주당파 합작과 정치협상제도 및 인민정치협상회의, 인민법원, 인민검찰원, 공안기관, 사법부, 노동과사회보장부, 국무원 빈곤탈퇴개발지도팀 사무실, 교육부, 문화부, 민정부, 국가계획생육위원회, 국무원여성아동사업위원회, 국가민족사무위원회, 국가종교사무국 등 15개 기관이 있다. 비정부기구(NGO)에는 중국인권연구회, 중화전국총공회, 중화전국여성연합회, 중화전국청년연합회, 중국장애인연합회, 중화전국변호사협회, 중화전국신문사업자협회, 중화전국귀국화교연합회 등 8개가 있다. 연구조직에는 중국인권발전기금회, 북경대학인권연구중심, 중국인민대학인권연구중심, 중앙당교인권연구중심 등 4개가 있다. 중국정부가 발표하는 인권백서는 주로 위의 기관 및 조직들에서 진행한 활동에 대한 종합으로 볼 수 있다.

단체결사자유는 헌법에 규정된 공민의 기본권리이다. "사회단체등기관리조례"는 중화인민공화국국무원령 제250호로 1998년 9월 25일 국무원 제8차 상무회의에서 통과되고 1998년 10월 25일 공포 및 시행되었다. 1989년 10월 25일 국무원에서 발표한 "사회단체등기관리조례"는 동시에 폐지되었다. 사회단체등기관리조례 제1조는 "공민의 단체결사의 자유를 보장하고 사회단체의 합법적인 권익을 보호하고 사회단체의 관리를 강화하고 사회주의 물질문명과 정신문명건설을 추진하기 위해 본 조례를 제정한다"고 규정하고 있고 제2조에서는 "본 조례에서 칭하는 '사회단체'란, 중국공민이 자원적으로 조직하여 회원의 공동한 목표를 실현하기 위해 정관에 따라 활동을 전개하는 비영리성 사회조직이다. 국가기관이외의 조직도 단위회원으로 사회단체에 가입할 수 있다"고 규정하고 있다.

사회단체의 결성은 반드시 그 업무주관부서의 심사동의를 거쳐, 조례의 규정에 따라 등기를 하여야 한다.6) 사회단체는 반드시 법인조건을

---

6) 아래의 단체는 조례에서 규정한 등기의 범위에 속하지 아니 한다: ① 중국인민정치협상회의에 참가한 인민단체; ② 국무원기구편제관리기관에서 核定했고 동시에 국무원의 비준을 거쳐 등기가 면제된 단체; ③ 기관, 단체, 기업사업단위내부에서 본 단위의 비준을 거쳐 성립되었고 본 단위내부에서 활동하는 단체.

구비하여야 한다. 사회단체는 영리성 경영활동에 종사해서는 아니 된다. 국무원 관련 부서와 현 급 이상 지방 각급인민정부의 관련 부서, 국무원 또는 현 급 이상 지방 각급 인민정부에서 수권한 조직은 관련 항업, 학과 또는 업무범위 내의 사회단체의 업무주관부서이다. 국무원 민정기관과 현 급 이상 지방 각급인민정부 민정기관은 본 급 인민정부의 사회단체 등기관리기관이다. 전국적인 사회단체는 국무원의 등기관리기관에서 등기관리를 한다. 지방성 사회단체는 소재지 인민정부의 등기관리기관에서 등기관리를 한다.

사회단체설립을 신청하려면 먼저 업무주관기관의 심사동의를 거쳐야 한다. 그 다음 발기인이 등기관리기관에 주비신청을 하여야 한다. 사회단체를 설립하려면, 아래의 조건을 구비하여야 한다: ① 50개 이상의 개인회원 또는 30개 이상의 단위회원이 있어야 한다. 개인회원과 단위회원이 혼합하여 결성된 경우, 회원 총수는 50개보다 적어서는 아니 된다. ② 규범화된 명칭과 상응한 조직기구가 있어야 한다. ③ 고정된 주소가 있어야 한다. ④ 업무활동에 상응하는 전직 사업인원이 있어야 한다. ⑤ 합법적인 자산과 재정내원이 있어야 한다. 전국성 사회단체는 10만 위안 이상의 활동자금이 있어야 하고, 지방성 사회단체와 행정구역을 뛰어넘는 사회단체는 3만 위안 이상의 활동자금이 있어야 한다. ⑥ 독립적으로 민사책임을 감당할 능력이 있어야 한다. 아래 상황 중 하나가 있으면, 등기관리기관은 비준하지 아니 한다: ① 설립을 신청한 사회단체의 취지, 업무범위가 조례 제4조[7]의 규정에 부합되지 아니 한다는 것을 증명할 만한 근거가 있는 경우; ② 동일한 행정구역내에 이미 업무범위가 같거나 비슷한 사회단체가 있어 성립할 필요가 없는 경우; ③

---

7) 사회단체는 반드시 헌법, 법률, 법규와 국가정책을 준수하여야 하며, 헌법에 확정된 기본원칙을 반대해서는 아니 된다. 국가의 통일, 안전과 민족의 통일에 해를 끼쳐서는 아니 되며 국가이익, 사회공공이익 및 기타조직과 공민의 합법적인 권익에 손해를 끼쳐서는 아니 되며 사회도덕풍기에 위배되어서는 아니 된다.
사회단체는 영리성 경영활동에 종사해서는 아니 된다.

발기인, 예정된 책임자가 현재 또는 과거에 정치권리를 박탈당하는 형사처벌을 받고 있거나 받은 경우 또는 완전한 민사행위능력을 구비하지 못한 경우; ④ 설립신청 시 허위신고를 한 경우; ⑤ 법률, 행정법규에서 금지하는 기타 사항이 있는 경우.

등기관리기관은 아래의 감독관리직책을 이행한다: ① 사회단체의 설립, 변경, 말소의 등기 또는 비치; ② 사회단체에 대해 연도점검을 실시한다. ③ 사회단체가 조례를 위반한 문제에 대하여 감독검사하고 사회단체가 본 조례를 위반한 행위에 대해 행정처벌을 준다. 업무주관단위는 아래의 감독관리직책을 이행한다: ① 사회단체가 설립준비신청, 설립등기, 변경등기, 말소등기 전의 심사; ② 사회단체가 헌법, 법률, 법규와 국가정책을 준수하고 정관에 따라 활동을 전개하도록 감독하고 지도한다. ③ 사회단체 연도점검의 초심을 책임진다. ④ 등기관리기관과 기타 관련된 부서를 협조하여 사회단체의 위법행위를 검사한다. ⑤ 관련된 기관과 함께 사회단체의 청산을 지도한다.

사회단체는 매년 3월 31일 전에 업무주관단위에 전년도의 사업보고를 올려야 하며, 업무주관단위가 초심에서 동의한 후, 5월 31일 이전에 등기관리기관에 올려 연도검사를 받아야 한다. 사업보고의 내용에는 본 사회단체가 법률법규와 국가정책을 준수한 상황, 본 조례에 따라 등기수속을 이행한 상황, 정관에 따라 활동을 전개한 상황, 인원과 기구변동의 상황 및 재무관리의 상황이 포함된다.

사회단체는 현대 중국정치생활의 중요한 구성부분이다. 중국의 사회단체는 거의 대부분이 관변 또는 준관변의 성격을 띠고 있다. "사회단체등기관리조례"에서는 사회단체를 설립하려면 반드시 업무주관부서의 비준문건을 제출해야 한다고 하고 있다. 업무주관부서는 현 급 이상 각급 인민정부 관련 부서 및 수권한 조직이다. 사회단체는 사실상 업무주관부서에 귀속되고 있다. 중국에는 전국성 사회단체가 근 2,000개가 된다. 그 중 행정편제 또는 사업편제를 사용하며 국가에서 재정적인 지원을 해주는 사회단체는 약 200개 가량 된다. 이 근 200개 사회단체 중 중화전국총공회, 공청단, 전국여성연합회 등 사회단체는 비정부조직이지만 부분적으로 정부의 직능을 행사하고 있다. 일부 사회단체의 사업임무, 기구편제와 지도층은 모두 중앙기구편제관리기관에서 직접 확정하고 전부 재정적인 지원을 해준다. 중화전국총공회, 중국공산주의청년단, 중화전국여성연합회, 중국문학예술계연합회, 중국작가협회, 중국과학기술협회, 중화전국귀국화교연합회, 중국법학회, 중국인민대외우호협회, 중화전국신문사업자협회, 중화전국대만동포친목회, 중국국제무역추진위원회, 중국장애인연합회, 중국적십자회, 중국인민외교학회, 송경령기금회, 황포군관학교동창회, 유럽미국동창회, 중국직공사상정치사업연구회, 중화직업교육사, 중화전국공상업연합회, 중화전국청년연합회, 중화전국학생연합회 등이다.

중화인민공화국이 성립된 후 지금까지, 중국의 사회단체는 3개 발전단계를 거쳤다. 첫 번째 단계는 1954년부터 1978년까지인데, 이 시기의 사회단체는 모두 관변단체였다. 1950년 중국의 최고행정기관인 국무원에서 중국 공민의 결사에 관한 첫 부의 행정법규인 "사회단체등기잠정시행방법"을 반포되었다. 1951년에는 중앙인민정부 내무부에서 "사회단체등기잠정시행방법시행세칙"을 반포하였다. 동 방법과 세칙에 근거하여 중국은 기존의 사회단체에 대한 정리를 하고 그 당시의 정치, 경제, 문화, 과학, 기술 및 사회가 필요로 하는 각종 사회단체에 대해 법에 따라 등기하였다. 예컨대 중국과학기술협회, 중국문예계연합회, 중국국제무역촉진위원회 등 사회단체가 등기되었다. 이러한 사회단체의 설립은 당시의 사회, 경제 질서를 안정시키고 신생의 인민정부를 공고히 하는데 적극적인 기여를 하였다. 이런 사회단체들은 공산당과 정부의 수요에 따라 위로부터 아래로 설립한 것인바, 당과 정부는 그들 사회단체들에게 상응한 사회적 책임을 부여하였다. 이러한 사회단체들은 당과 정부의 중요한, 없어서는 아니 될 부문으로 되었다. 이때 설립된 사회단체는 당시의 정치, 경제, 사회발전의 수요에 부응하기 위해 설립된 것으로 관변성격의 사회단체이다. 이러한 상황은 문화대혁명까지 연속되었다.

두 번째 단계는 1979년부터 1997년까지이다. 이 시기에 단일한 관변단체로부터 관변단체와 반관변단체가 병존하는 국면이 벌어졌다. 1989년, 국무원은 새로운 형세의 수요에 부응하기 위해, "사회단체등기관리조례"를 반포하였다. 이때 사회단체는 중국에 대량으로 나타났다. 불완전한 통계에 의하면, 1990년 전국각지에 사회단체가 4,560여개 밖에 없는 반면, 몇 년의 발전을 거쳐 1998년에는 181,318개로 늘어나 근 40배나 증가하였다. 이 시기의 사회단체는 정부기관에서 설립한 관변사회단체가 있는가 하면, 반관변단체도 있었다.

세 번째 단계는 1998년부터 지금까지이다. 이 몇 년간 중국에서는 각종 사회단체가 신속하게 발전하여 예전에 없었던 번영을 보여주고 있다. 그러나 발전과정에서 너무 지나치게 많고 혼란스러운 현상이 나타났고 사회단체들도 규범화되지 못한 행위들이 있었다. 국무원은 1998년에 기존의 "사회단체등기관리조례"에 대한 수정을 하고 1998년 10월 25일부터 반포 및 시행하였다. 민정부문에서는 새로 반포된 "사회단체등기관리조례"의 규정에 따라 사회단체에 대한 규범과 조정을 하여 같거나 비슷한 사회단체와 사회가 불필요로 하는 사회단체에 대한 정리와 합병을 진행하였다. 이번의 조정과 합병을 거쳐, 현재 중국에는 사회단체가 16.5만개가 있다. 그 중 학술성적인 사회단체가 38%를 차지하고, 行業性 사회단체가 23%를 차지하며, 전문성적인 사회단체가 29%를 차지하며, 연합성적인 사회단체가 10%를 차지한다.[8]

개혁개방 이후 중국의 사회단체는 점차적으로 발전하여 왔는데 아직도 미숙한 단계에 처해 있다. 사회단체에 대한 이론연구는 이 몇 년간

---

8) 陳金羅, "在市場經濟條件下對中國社會團体地位与作用的再認識",
  http//www.help-poverty.org.cn, 2002. 01. 04

일정한 발전이 있지만 현재까지 사회단체이론연구는 실천에 뒤지고 있다. 사회단체에 관한 많은 영역은 여전히 공백이다. 이론상의 유치는 실천에서의 맹목과 뒤처짐을 의미한다. 관변과 반관변은 현재 사회단체의 현실이다. 중국의 건국후의 몇 부의 헌법은 모두 결사자유를 공민의 기본적인 정치권리로 규정하고 있지만 여러 가지 원인으로 아직까지 공민의 결사를 규율하는 법률이 없다. 중국 공민들의 결사자유의 민주개념과 법제관념은 아직 매우 박약하다.

중국공민에 대한 인권보호에서 중국은 국가의 총체적인 계획에 따라 점진적으로 추진하고 있다. 이것은 법률구조제도의 확립과 발전에서 살펴볼 수 있다. 법률구조는 국가가 극빈자, 장애인들을 위해 마련한, 법률서비스를 제공받는데 필요한 비용을 삭감해 주거나 무료로 법률서비스를 제공하는 도움을 말한다. 중국은 1994년부터 법률구조제도를 추진하고 있다. 중국에서 법률구조에는 두 가지 형태가 존재한다. 한 가지 형태는 사법국을 위주로 진행되는 법률원조와 법원에서 실행하는 사법구조이다. 1994년 초에 중국사법부가 처음으로 중국사법법률구제제도를 확립하는데 관한 구상을 제출하고 북경, 상해, 광주, 청도 등 도시에서 시범적으로 실행하였다. 1996년 1월, 전국사법청(국)장회의에서는 중국특색의 법률구조제도를 설립하는 것을 1996년 전국 사법행정사업의 중점으로 할 것을 건의하였다. 동년 3월 사법부는 국가사법구조중심 주비팀을 구성하고 이를 중심으로 전국적인 법률구조사업을 전개하였다. 1996년에 반포된 "형사소송법"과 동년 5월에 반포된 "변호사법"은 법률구조에 관한 내용을 정식으로 규정하였다. 1999년 사법부와 최고인민법원은 "민사법률구조사업 약간의 문제에 관한 연합통지"를 공포하였다. 국무원에서는 "법률원조조례(法律援助條例)"를 2003년 7월 16일 국무원 제15차 상무회의에서 통과하고, 2003년 7월 21일 국무원령 제385호로 공포하였으며, 2003년 9월 1일부터 시행하였다. 본 조례는 제1조에서 "경제가 어려운 공민이 필요한 법률서비스를 제공받게 하고 법률원조사업을 추진하고 규범화하기 위해 본 조례를 제정한다"고 규정하고 있다. 동 조례의 규정에 부합되는 공민은 법률자문, 대리, 형사변호 등 무료법률서비스를 받을 수 있다. 2004년 말까지 중국에는 각급 정부법률구조기구 3,023개가 설립되었다. 전국적으로 법률구조에 종사하는 전직인원은 10,458명이며, 그 중의 4,768명은 직업변호사이다. 각급정부의 법률구조사업에 대한 재정적인 지원도 매년 증가하고 있다. 1999년의 1,869만 위안으로부터 2004년의 21,712만 위안으로 늘어나 연 증가율이 212%에 달한다. 10년간 중국의 각급법률구조기구에서는 변호사, 기층법률서비스종사자, 자원봉사자를 조직하여 각종 법률구조사건 110여 만 건을 해결했고, 160여 만 명에게 법률구조서비스를 제공하였다. 최근에는 많은 사회단체, 민간조직, 고등학교에서도 법률구조사업에 참여하고 있다.9)

중국에서 인민법원의 사법구조는 2000년부터 시작되었다. 최고인민법원은 2000년에 "경제가확실히곤난한당사자들에게사법구조를제공하는데관한규정(最高人民法院關于對經濟確有困難的當事人予以司法救助的規定)"을 제정하였다.10)제1조에서는 경제가 확실히 곤란한 당사자들이 법에 따라 소송권리를 행사하도록 하기 위해 동 규정을 제정한다고 규정하고 제22조에서 "본 규정에서 칭하는 사법구조란 인민법원에서 당사자가 자기의 합법적인 권익을 보호하기 위해 인민법원에 민사, 행정소송을 제기했으나 경제적으로 확실히 어려운 경우, 소송비용을 연체, 절감, 면제하는 것을 말한다"고 규정하고 있다. 2001년 3월말까지, 중국의 각급인민법원은 23.7만 여건의 안건의 당사자들에게 사법구조를 실행하여 법에 따라 13.16억 위안의 소송비용을 연체하거나 감면하도록 하였다.11)

---

9) 中國國務院新聞辦公室, "中國的民主政治建設", 2005. 10. 19

10) 2000년 7월 12일 최고인민법원 심판위원회 제1,124차 회의에서 통과되고, 2000년 7월 28일 정식으로 사회에 반포 및 시행하였다. 2005년 4월 5일 최고인민법원 심판위원회 제1,347차 회의에서 개정하였다.

2) 조선족의 권익보호현황

중국의 헌법에 의해, 중국에 거주하는 조선족은 중국적을 가진 중화인민공화국의 공민으로 국가가 부여하는 공민으로서의 권리를 평등하게 향유하고 의무를 평등하게 이행한다. 중화인민공화국 헌법12)은 서언에서 "중화인민공화국은 전국 각 민족 인민들이 공동으로 건립한 통일된 다민족국가이다. 평등, 단결, 互助의 사회주의 민족관계는 이미 확립되었고 계속하여 강화될 것이다. 민족단결을 수호하는 투쟁 속에서 대민족주의 주요하게 대한족주의를 반대하여야 한다. 동시에 지방민족주의도 반대하여야 한다. 국가는 일체 노력을 경주하여 전국 각 민족의 공동번영을 추진하여야 한다"고 규정하고 있다. 제4조에서는 "중화인민공화국의 각 민족은 일률적으로 평등하다. 국가는 각 소수민족의 합법적인 권리와 이익을 보장하며 각 민족의 평등, 단결, 互助관계를 수호하고 발전시킨다. 어느 민족이나 막론하고 민족차별과 압박을 금지하며 민족단결을 파괴하고 민족분열을 조장하는 행위를 금지한다. 국가는 각 소수민족의 특점과 수요에 근거하여 각 소수민족지역을 도와 경제와 문화의 발전을 도모한다. 각 소수민족이 집거한 지역에서는 지역자치를 실행하여 자치기관을 설립하고 자치권을 행사한다. 각 민족자치지역은 모두 중화인민공화국의 분리될 수 없는 일부분이다. 각 민족은 자기의 언어문자를 사용할 자유를 가지며 자기의 풍속습관을 유지하거나 개혁할 자유를 가진다"고 규정하고 있다.

헌법에서 규정한 민족지역자치제도를 실행하는 기본법률로, 중국은 "민족지역자치법"을 제정하고 실행하고 있다.13)

---

11) 中國國務院新聞辦公室, "中國的民主政治建設", 2005. 10. 19

12) 1982년 12월 4일 제5기 전국인민대표대회 제5차 회의에서 통과되고 시행되었다. 1988년 4월 12일, 1993년 3월 29일, 1999년 3월 15일, 2004년 3월 14일에 4차례의 개정을 거침

13) 1984년 5월 31일 제6기 전국인민대표대회 제2차 회의에서 통과되고 1984년10월1일

민족지역자치는 중국공산당이 중국의 민족문제를 해결하는 기본정책이며 국가의 하나의 기본정치제도이다. 민족자치지방에 자치기관을 설립한다. 자치기관은 국가의 1급 지방정권기관이다. 민족자치지역의 자치기관은 헌법에서 규정한 지방 국가기관의 직책을 행사할 뿐만 아니라, 자치권을 행사하여 본 지방의 실제상황에 따라 국가의 법률, 정책을 관철 집행한다. 민족자치지방의 자치기관은 본 지역의 상황에 근거하여, 헌법과 법률의 원칙에 위배되지 않는 전제조건하에서 특수정책과 유연한 조치를 취하여 민족자치지역의 경제, 문화건설사업의 발전을 가속화할 수 있다. 상급국가기관은 민족자치지역의 자치기관에서 자치권을 행사하는 것을 보장하여야 한다. 동시에 민족자치지역의 특점과 수요에 근거하여 민족자치지역에서 사회주의건설사업의 발전을 가속화하는 것을 적극 도와야 한다. 민족자치지역의 자치기관은 본 지역의 각 민족들이 자기의 언어문자를 사용하고 발전시킬 권리를 보장한다. 동시에 가지의 풍속습관을 유지하거나 개혁할 자유를 보장한다. 민족자치지역의 자치기관은 각 민족공민들의 종교신앙자유를 보장한다. 어떤 국가기관이나 사회단체 그리고 개인이거나를 막론하고 공민에게 종교를 신앙하거나 신앙하지 않을 것을 강제해서는 아니 되며 종교를 신앙하는 공민과 신앙하지 않는 공민을 차별해서는 아니 된다.

민족자치지역의 자치기관은 자치구, 자치주, 자치현의 인민대표대회와 인민정부이다. 민족자치지역의 자치기관의 조직과 사업은 헌법과 법률에 근거하여 민족자치지역의 자치조례 또는 단행조례에서 규정한다. 민족자치지역의 인민대표대회 상무위원회에서 지역자치를 실행하는 민족의 공민이 주임 또는 부주임을 담임한다. 자치구 주석, 자치주 주장, 자치현의 현장은 지역자치를 실행하는 민족의 공민이 담임한다. 민족자치지역의 인민대표대회는 현지 민족의 정치, 경제와 문화의 특점에 맞

부터 시행되었다. 2001년 2월 28일 제9기 전국인민대표대회 상무위원회 제20차 회의에서 개정.

취 자치조례와 단행조례를 제정할 권한이 있다. 상급 국가기관의 결의, 결정, 명령과 지시가 민족자치지역의 실제상황에 부합되지 않는 경우, 자치기관은 상급 국가기관의 비준을 거쳐 집행을 변경시키거나 집행을 정지시킬 수 있다. 상급 국가기관은 보고를 받은 일로부터 60일 내에 답복하여야 한다.

민족자치지역의 자치기관은 직무를 집행할 때, 본 민족자치지역자치조례의 규정에 따라 현지에서 통용되는 한 가지 또는 여러 가지 언어를 사용한다. 여러 가지 통용되는 언어문자를 사용하여 직무를 집행하는 경우, 지역자치를 실행하는 민족의 언어문자를 위주로 실행할 수 있다. 민족자치지역의 자치기관은 사회주의 건설의 수요에 따라, 여러 가지 조치를 취하여 현지 민족 중에서 각급 간부, 각종 과학기술, 경영관리 등 전문인력과 기술공을 대량으로 배양한다. 그리고 소수민족여성 중에서 각급 간부와 각종 전문기술인재 양성에 주의를 돌린다. 민족자치지역의 기업, 사업단위는 국가의 규정에 따라 인원을 채용할 때, 소수민족 인원을 우선적으로 채용한다. 민족자치지역의 자치기관은 국가의 군사제도와 현지의 실제수요에 근거하여 국무원의 비준을 거쳐 본 지역의 사회치안을 지키는 공안부대를 조직할 수 있다. 민족자치지역의 자치기관은 국가계획의 지도하에서 본 지역의 특점과 수요에 근거하여 경제건설의 방침, 정책과 계획을 제정하고 지방성 경제건설사업을 자주적으로 안배하고 관리한다.

민족자치지역은 국가의 규정에 따라 대외경제무역활동을 전개할 수 있고 국무원의 비준을 거쳐 對外貿易口岸을 개척할 수 있다. 외국과 인접한 민족자치지역은 국무원의 비준을 거쳐 변경무역을 전개할 수 있다. 민족자치지역은 대외경제무역활동에서 국가의 특혜정책을 향유한다. 민족자치지역의 재정은 1급 재정으로서 재정의 구성부분이다. 민족자치지역의 자치기관은 지방재정을 관리하는 자치권을 갖는다. 국가의 재정체계에 따라 민족자치지역에 속하는 재정수입은 민족자치지역의 자치기관에서 자주적으로 사용을 안배한다.

1993년 9월 15일에 국가민족사무위원회에서 "민족향행정사업조례" 와 "도시민족사업조례"를 제정하였다.

1985년 "연변조선족자치주자치조례"[14]가 제정되었다. 동 조례에 근거하여, 연변조선족자치주는 길림성 관할지역내의 조선족인민들이 지역자치를 실행하는 지역이다. 자치주의 관할범위는 연길시, 도문시, 돈화시, 용정현, 화룡현, 왕청현, 훈춘현이다. 자치주의 수도는 연길시에 설치한다. 자치주 인민대표대회는 자치주의 지방국가권력기관이다. 자치주 인민대표대회는 상무위원회를 설치한다. 자치주 인민대표대회 상무위원회 구성인원 중에서 조선족 성원은 반수를 초과할 수 있다. 자치주 인민대표대회 상무위원회의 주임은 조선족공민이 담임한다. 자치주 인민정부는 자치주인민대표대회의 집행기관으로 자치주의 지방국가행정기관이다. 자치주의 주장은 조선족 공민이 담임한다. 부주장, 비서장, 국장, 위원회 주임 등 정부 구성인원 중에서 조선족 성원은 과반수를 차지할 수 있다. 자치주 자치기관은 직무집행 중 조선어와 한어 두 가지 언어문자를 통용하며, 조선언어문자를 위주로 한다. 자치주 자치기관은 조선어문사업기구를 설립하여 조선어문에 대한 연구와 규범화 사업을 강화하여 조선언어문자의 건전한 발전을 도모해야 한다. 자치주 인민정부는 각 민족간부의 육성에 중시를 돌려야 한다. 특히 소수민족의 과학기술간부, 경제관리간부와 기타 전문성이 강한 간부육성에 각별한 주의를 기울여야 하며 동시에 소수민족 여성 중에서 각급 간부와 각종 전문기술인재육성에 주의를 기울여야 한다. 자치주 인민정부는 국가

---

14) 1985년 4월 24일 연변조선족자치주 제8기 인민대표대회 제3차 회의에서 통과되고, 1985년 7월 31일 길림성 제6기 인민대표대회 상무위원회 제14차 회의에서 비준되었다. 1985년 10월 1일부터 시행되었다. 총 7장 75조로, 제1장 '총칙', 제2장 '자치주의 자치기관', 제3장 '자치주 인민법원과 인민검찰원', 제4장 '자치주의 경제건설과 재정관리', 제5장 '자치주의 교육과학문화위생체육사업', 제6장 '자치주내의 민족관계', 제7장 '부칙'으로 구성되어 있다.

의 군사제도와 자치주의 실제수요에 근거하여 성 인민정부에서 국무원의 비준을 거친 후 자치주 사회치안을 유지하는 공안부대를 조직할 수 있다. 자치주 자치기관은 국가병역법의 규정에 근거하여 민병예비역건설을 강화한다. 자치주는 중급 인민법원과 인민검찰원을 설립하여 법에 따라 심판권과 검찰권을 독립적으로 행사한다. 자치주 중급인민법원, 인민검찰원에서 반드시 조선족 공민이 원장, 검찰장 또는 부원장, 부검찰장을 담임하여야 한다. 자치주 중급인민법원과 인민검찰원은 조, 한 두가지 언어문자를 사용하여 안건을 심리하거나 검사하여야 하며 각 민족공민이 본 민족언어문자를 사용하여 소송할 수 있는 권리를 보장하여야 한다. 자치주 자치기관은 국가계획의 지도하에 자치주의 실제상황에 결부시켜 자주적으로 자치주의 경제건설사업을 안배하고 관리한다. 자치주 자치기관은 전국의 통일된 보통교육제도에 근거하여 조선족 교육의 특점에 맞게 조선족 중, 소학교의 학제, 교학계획과 학과관련 교학대강을 확정하며 조선문으로 된 각 과목의 교과서와 참고자료, 조선족소년아동들의 과외도서를 편찬한다. 자치주 자치기관은 실제상황에 근거하여 주내에 조, 한 언어문자로 강의하는 중, 소학교를 각각 설립하며 조선어와 중국어 두 가지 언어문자로 반을 나누어 강의하는 중, 소학교를 설립할 수 있다. 자치주 내의 각급 각종 학교에서는 반드시 민족정책교육을 정치과목의 한 가지 중요한 내용으로 하여야 한다. 자치주내의 조선족중학교에서는 반드시 조선족역사를 역사과목 강의내용의 일부분으로 하여야 한다. 자치주 내의 조선족 중, 소학교에서는 조선어문의 교학을 강화할 뿐만 아니라 한어문교학도 강화하여 학생들이 조, 한두 가지 언어문자를 장악하도록 하여야 한다. 조선족자치기관은 한족 중, 소학교 학생들이 조선언어문자를 배우는 것을 제창한다. 자치주내의 대학교들에서는 국가의 교육계획과 자치주의 실제수요에 근거하여 전공과목을 설치하여 조선족 및 기타민족인재육성에 힘써야 한다. 대학교들의 교학, 연구사업은 반드시 자치주의 경제문화건설과 긴밀하게 연결시켜 자치주의 경제건설과 문화건설을 위해 힘써야 한다. 자치주내의 대학교, 중등전문학교에서 학생모집을 할 때, 각 민족학생들은 본 민족 언어문자로 답안을 작성할 수 있다. 조선어로 답안을 작성한 학생은 어문고시에는 조선어문과 한어문이 포함되어야 한다. 자치주내의 대학교들에서 학생모집을 할 때 동등한 조건하에서 조선족학생과 기타 소수민족학생을 우선 모집하여야 한다. 졸업생의 분배는 자치주의 수요를 우선 충족시켜야 한다. 조선족 민족특점과 민족풍격의 문학예술, 조선족민간문화예술유산을 보호한다. 자치주 자치기관은 조선어로 된 신문, 출판, TV사업을 발전시키는데 중시를 돌려야 하며 동시에 한문어의 신문, 방송과 TV사업도 잘해야 한다. 자치주 자치기관은 상급 국가기관의 소수민족계획생육을 적당하게 높이는 정책에 따라 계획생육실행방법을 제정하고 소수민족인구의 계획적인 증장을 추진한다.

"장백조선족자치현자치조례"는 1991년 3월 23일 장백조선족자치현 제12기 인민대표대회 제2차 회의에서 통과되었으며, 1991년 5월 9일 길림성 제7기 인민대표대회 상무위원회 제22차 회의에서 통과되었다. 1991년 6월 15일 반포 및 시행되었다. 총 7장 76조로 구성되어 있다. 제1장 총칙, 제2장 '자치현의 자치기관', 제3장 '자치현 인민법원과 인민검찰원', 제4장 '자치현의 경제건설과 재정관리', 제5장 '자치현의 교육과학문화위생체육사업', 제6장 '자치현 내의 민족관계', 제7장 '부칙'으로 구성되어 있다. 동 조례에 의해, 장백조선족자치현은 길림성 장백조선족인민들이 지역자치를 실행하는 지역이다. 자치현의 자치기관은 장백진에 설치되어 있다. 자치현 인민대표대회 상무위원회 구성인원 중에서 조선족공민은 30%보다 적어서는 아니되며 조선족 공민이 주임 또는 부주임을 담임하여야 한다. 자치현의 현장은 조선족공민이 담임한다. 자치현 인민정부의 구성인원 중에서 조선족 공민은 30%보다 적어서는 아니 된다. 자치현 자치기관에서 직무를 집행할 때 조선어와 한어를 동시에 사용한다. 실제상황에 근거하여 그 중의 한 가지 언어를 사용할 수 있다. 자치현 내의 기업, 사업단위에서 직원을 채용할 때 현 내의 조선족공민을 우선적으로 채용하여야 한다. 실제수요에 근거하여, 성급 인민정부의 인가를 받아, 농촌 조선족과 기타 소수민족 가운데서 채용할 수 있다. 자치현 자치기관은 현지 민족 특히 조선족과 기타 소수민족 각급간부, 각종 전문인력과 기술인력을 적극적으로 배양해야 하며, 소수민족여성가운데서 각급 간부와 전문기술인력을 배양하는데 주력하여야 한다. 자치현 인민법원과 인민검찰원의 지도간부와 사업인원 중 응당 조선족 인원이 있어야 한다. 자치현 인민법원, 인민검찰원은 응당 조선어와 중국어 두 가지 언어문자로 안건을 처리하여 각 민족 공민들의 본 민족언어문자를 사용하여 소송할 권리를 보장하여야 한다. 현지의 통용문자를 모르는 소송참여인에 대해서는 번역해주어야 한다. 법률문서는 동시에 또는 각각 조선어와 중국어 두 가지 문자를 사용할 수 있다.

국가의 민족정책을 집행하기 위해, 중국은 국무원에 민족사무위원회를 설치하고 각 성, 시에 성급의 민족사무위원회를 설치하여 민족정책의 집행을 감독하고 이행하고 있다. 현재 국가민족사무위원회의 당조직 서기 겸 주임은 이덕수인데 조선족이다. 천진시 민족사무위원회에도 한 명의 조선족 간부가 있다. `

3) 중국의 법률서비스시장현황

중국의 법률서비스시장은 1979년 변호사제도를 회복하면서부터 형성되기 시작하였다. 26년이란 짧은 역사를 가지고 있다. 1986년에 제1차 변호사자격시험이 이루어졌고 2002년에 제1차 사법시험이 진행되었다. 게다가 장기간의 계획경제체제하에서 중국의 변호사는 줄곧 국가의 법률사업자(法律工作者)로 간주되었고 현대적 의미에서의 변호사제도는 1996년 변호사법이 제정되면서부터 본격적으로 실행되기 시작했다.

2004년 말까지 중국에서 변호사업에 종사하는 변호사는 10.2만여 명이고 법률사무소는 1.1만여 개이다.[15] 중국의 90% 이상의 법률사무소는 10명 이내의 변호사를 가진 소형 사무소이며 10%가 못되는 법률사무소가 30~50명의 규모를 이루고 있으며, 100명 이상의 변호사를 가진 법률사무소는 매우 적다.[16] 변호사 수는 중국 총 인구의 만분의 0.8을 차지한다. 미국이 만분의 30이고 영국이 만분의 15이며 뉴질랜드가 만분의 15, 브라질이 만분의 20, 아르헨티나가 만분의 12, 중국의 홍콩이 만분의 8.5, 대만이 만분의 2, 마카오가 만분의 1.5임을 감안할 때 중국의 변호사비례는 매우 적다.[17] 게다가 역사적인 원인으로 하여 중국변호사들의 문화수준은 상대적으로 낮다. 입수한 정보들을 종합해 보면 현재 중국의 변호사 중 대학 이상의 학력을 소지한 자는 50% 좌우이다. 그 중 석사 이상의 학력 소지자는 10% 미만이며, 박사학위소지자는 1%도 못된다.[18] 외국어수준이 비교적 높고 섭외법률업무를 담당할 수 있는 변호사는 4,000명밖에 안 되며 게다가 대부분은 40세 이하의 젊은 이들이다. 만약 섭외법률서비스가 업무량의 50%를 차지하는 법률사무소를 섭외법률사무소라고 한다면 현재 이런 법률사무소는 100개를 초과하지 못한다.[19] 현재 중국의 변호사 중 70~80%의 변호사가 형·민사소송업무에 종사하고 있다.[20] 중국의 법률서비스시장은 현재 여전히

---

15) 李仁眞, "中國律師法律服務業的現狀及未來發展", http://www.legalinfor. gov.cn, 2004年 12月 2日

16) 趙小魯, "WTO与律師聯合體的組建", http://www.dadilaw.com, 2005年 10月 20日

17) 未知, "中國律師業面臨十大難題", http://www.xblaw.com, 2004年 12月 1日

18) 이 숫자는 저자가 간행물과 인터넷 등에서 검색한 통계수치들을 종합 분석하여 어림잡은 것이다. 중국정부는 아직 공식적인 발표가 없고 간행물과 인터넷 등에 있는 자료들은 그 출처와 통계연도가 기재되지 않아 중국 변호사의 확실한 학력수준과 지식구조를 정확하게 파악하기에는 어려움이 있다. 그리고 지금까지 발표된 통계수자에는 모순되는 부분도 적지 않다.

19) 賈午光·何敏, "國際法律服務業的發展趨勢与中國法律服務業的進一步開放"「環球法律評論」2004年 冬季号, 第487頁

20) 楊家學·崇緯洁, "加入WTO對中國律師業的挑戰及對策研究", http://www.xblaw.co

소송업무를 위주로 하고 비소송업무가 차지하는 비율이 낮다. 소송업무가 전체 법률업무의 80% 좌우를 차지하며, 비소송업무 중에서 부동산업무, 증권업무, 지적재산권업무, 중재업무와 기업합병업무가 상대적으로 성숙되어 있다.[21]

중국의 법률서비스시장개방은 1992년부터 시작되었다. 1992년 5월 26일, 중국의 사법부와 국가공상행정관리국은 연합으로 "외국의 법률사무소가 중국에 연락사무소를 설립하는데 관한 잠정시행규정"을 반포 및 시행하였다. 동 규정 제25조는 홍콩과 마카오지역의 법률사무소가 중국내륙에 연락사무소 또는 常駐代表를 두는 경우 잠정적으로 동 잠정시행규정을 집행한다고 규정하고 있다.

1992년 7월, 중국은 외국의 법률사무소가 국내에 연락사무소를 설립하고 법에 규정된 범위 내에서 법률서비스를 제공하는 것을 시범적으로 허용하였다. 시범성시는 북경, 상해, 광주, 심천, 해구 등 5개 도시로 정했다.

중국은 2001년 11월 10일 WTO에 가입하였다. 중국은 가입의정서의 부속문서 9 "서비스무역 구체적인 약속 양허표"에서 법률시장개방과 관련된 약속을 하였다. 동 약속에 의하면 외국 법률사무소는 중국의 19개 지역에서 대표처의 형식으로 법률서비스를 제공할 수 있다. 외국 법률사무소 주중대표처는 營利性 活動에 종사할 수 있다. 주중대표처의 숫자는 중국이 WTO 가입일자까지 이미 설립된 숫자보다 적어서는 아니 된다. 하나의 외국 법률사무소는 하나의 주중대표처만 설립할 수 있다. 상술한 지역제한과 수량제한은 중국이 WTO에 가입 후 1년 내에 취소된다.

2001년 중국은 "외국법률사무소주중대표기구관리조례"를 제정하였으며 2002년에는 "사법부 '외국법률사무소주중대표기구관리조례'를 집

---

m, 2004年 11月 16日

21) 張慶, "北京律師業發展研究報告", http://www.acla.org.cn, 2002年 12月 7日

행하는데 관한 규정"을 제정하였다. 2002년에는 "홍콩과마카오특별행정구법률사무소주내륙대표기구관리방법"을 제정하였다. '홍콩과마카오특별행정구법률사무소주내륙대표기구관리방법'의 내용은 '외국법률사무소주중대표기구관리조례'와 동일하다.

2003년 6월 29일, 중국 중앙인민정부는 홍콩특별행정구정부와 홍콩에서 "내륙과홍콩사이에더욱긴밀한경협관계를건립하는데관한조치"를 체결하였다. 여기에서는 홍콩에 한해 중국의 법률서비스시장개방의 범위를 확대하거나 앞당기고 있다.

2005년 9월 중국 사법부가 발표한 공고에 의하면, 현재 139개의 외국 로펌 주중대표처와 43개의 홍콩 로펌 주중대표처가 중국에 설립되어 있다.

2. 조선족변호사의 현황

작년 9월부터 우리 법률인권팀은 중국의 북경, 천진, 심양, 연길 등 4개 지역을 중심으로 조선족변호사들에 대한 발굴과 네트워크조사에 착수하였다. 북경과 연길은 전임연구원이 직접 현지조사에 들어갔고, 천진과 심양은 현지인에게 위탁하여 조사를 대행하였다. 조사결과 약 110명의 조선족변호사들이 51개 변호사사무소에서 활동하고 있는 것으로 나타났다. 북경지역에 57명의 변호사가 36개의 변호사사무소에서 근무하고 있었으며, 천진지역에는 4명의 변호사가 3개의 변호사사무소에서, 심양지역에 2명의 변호사가 2개의 변호사사무소, 연길지역에는 약 47명의 변호사가 10개의 변호사사무소에서 근무하고 있었다.[22]

---

22) 북경지역과 연길지역의 통계수치는 북경시변호사협회와 연변변호사협회에서 입수한 정보 그리고 실제 조사한 자료들을 취합한 것으로, 북경지역과 연길지역의 조선족변호사상황에 대한 전체적인 파악이 기본적으로 이루어졌다고 볼 수 있을 것이다. 그러나 천진지역과 심양지역은 실제 조선족변호사 수가 이보다 많을 가능성이 많다. 그리고 연

조선족변호사들의 현황 및 네트워크 실태를 파악하기 위해, 우리는 110명의 조선족변호사 중 52명에 대한 조사를 진행하였다. 여기에는 북경소재의 19명의 변호사와 천진소재의 4명의 변호사, 심양소재의 2명의 변호사와 연길소재의 27명의 변호사가 포함된다.

조사결과, 조선족변호사들의 현황은 다음과 같다.

1) 조선족변호사의 지역적 분포[23)

〈표 Ⅳ-1〉 조선족변호사의 지역적 분포

지역	변호사 유형						합계
	전직	겸직	퇴임	전직실습	겸직실습	변호사조리	
북경	38명	4명	5명	5명	1명	4명	57명
천진	4명	-	-	-	-	-	4명
심양	2명	-	-	-	-	-	2명
연길	43명	4명	-	-	—	-	47명
합계	87명	8명	8명	5명	1명	4명	110명

조선족변호사들은 북경과 연길지역에 집중되어 있다. 북경은 모두 57명으로 조선족변호사 수의 52%를 차지하며, 연길은 모두 47명으로 조선족변호사 수의 43%를 차지한다. 북경과 연길은 조선족변호사 수의 90%를 차지한다. 비록 천진과 심양지역은 현지인에 의한 간접조사에 의해 통계수치가 불확실한 점은 있지만 크게 차이는 나지 않을 것으로 판단된다. 연길은 연변조선족자치주의 수도로서, 중국에서 조선족이 가장 많이 집결되어 있는 곳이다. 따라서 조선족변호사의 배출이 상대적

길의 38명의 변호사 수에는 일정한 오차가 있을 수 있다. 연길에는 모두 10개의 변호사사무소가 있는데, 길림연대변호사사무소와 길림아리랑변호사사무소에 조사당시 각각 17명, 10명 있었다. 기타 8개 변호사사무소에는 모두 49명의 변호사가 있었는데, 그 중 40%가 조선족변호사라고 한다. 따라서 20명으로 잠정 통계한다.

23) 여기에는 연길지역의 10개 변호사사무소에 근무하는 조선족변호사들이 포함되어 있지 않다.

으로 많을 수밖에 없다. 북경은 상해, 광주와 더불어 중국에서 국제법무가 가장 발달한 지역이다. 1990년대 후반부터 한국기업의 중국진출이 가속화되면서 한국어와 중국어를 유창하게 구사할 줄 아는 조선족변호사에 대한 수요가 급증하였는데, 조선족변호사 수의 급증은 이러한 시대적 수요에 부응한 것이다.

2) 조선족변호사의 성별[24]

〈표 Ⅳ-2〉 조선족변호사의 성별

지역	성 별		합계
	남	여	
북경	23명	34명	57명
천진	3명	1명	4명
심양	2명	0명	2명
연길	22명	5명	27명
합계	50명	40명	90명
비율 ·	56%	44%	100%

총체적으로 조선족변호사 중에서 남성이 차지하는 비율이 여성이 차지하는 비율보다 높다. 그러나 지역별로 살펴보면, 북경은 남성이 40%를 차지하는 대신, 여성이 60%를 차지하고 있다. 연길지역은 남성이 81%를 차지하는 대신, 여성이 19%를 차지하고 있다. 천진과 심양지역에서도 비록 인원수는 적지만 남성이 여성보다 많은 것으로 나타나고 있다. 이러한 현상의 발생원인은 기타 지역과는 달리, 북경지역의 조선족변호사들은 태반이 고향이 동북3성이기 때문이라고 한다. 지역사회에 기반이 마련되어 있지 않는 조선족변호사들이 업계에서 자리를 잡으려면 몇 년간의 시간이 걸린다. 가정의 생계를 이어나갈 책임이 있는

---

24) 여기에는 연길지역의 10개 변호사사무소에 근무하는 조선족변호사들이 포함되어 있지 않다.

남변호사들은 여변호사들에 비해 보통 초창기의 경제적 어려움과 현실적 불안감을 이겨나갈 수 있는 의지력이 약하다고 한다. 따라서 중도하차하는 경우가 많다고 한다.

3) 조선족변호사의 사무소 분포[25]

<표 Ⅳ-3> 조선족변호사의 사무소 분포

지역	변 호 사 사 무 소							합계
	17명	10명	6명	4명	3명	2명	1명	
북경			1개	1개	2개	4개	28개	36개
천진						1개	2개	3개
심양							2개	2개
연길	1개	1개						2개
합계	1개	1개	1개	1개	2개	5개	32개	43개

조선족변호사들의 특징은 분산성이다. 약 90명의 조선족변호사가 43개의 변호사사무소에 분산되어 있다. 평균 1개의 변호사사무소에 2명의 조선족변호사가 근무하고 있는 셈이다. 연길에 위치한 두 개의 변호사사무소를 제외한 기타 변호사사무소에는 일반적으로 조선족변호사가 1명씩 근무하고 있다. 이러한 구조는 현재 중국 조선족변호사들이 취급하는 업무와 밀접한 관련이 있다. 연길지역을 제외한 기타 지역에서 조선족변호사들은 대체로 한국업무를 위주로 하고 있다. 북경의 대형변호사사무소에서는 한국관련 국제업무를 주로 하고 있고, 북경과 천진지역의 조선족변호사들은 중국에 진출한 한국기업을 주요고객으로 법률서비스를 제공하고 있다. 아직 변호사들의 전문성이 이루어지지 않았고 주요하게 언어상의 우세와 민족의 동질성에 의한 고객유치이기에 조선족변호사들 간에는 치열한 고객유치전이 벌어지고 있다. 이것은 현재

---

25) 여기에는 연길지역의 10개 변호사사무소가 포함되어 있지 않다.

조선족변호사들의 발전을 저해하는 요소로도 작용하고 있다. 이러한 문제의 심각성을 인식하고 현재 북경의 금성동달변호사사무소의 조선족변호사들은 연합의 길을 걷고 있다. 현재 금성동달변호사사무소에는 6명의 조선족변호사가 있는데 이것은 북경지역에서 조선족변호사가 가장 많이 집결된 변호사사무소이다.

4) 조선족변호사의 정치적 성향

<표 Ⅳ-4> 조선족변호사의 정치적 성향

지역	정치적 성향		합계
	중국공산당 당원	기타 정당 당원	
북경	2명	1명(민건당원)	3명
천진	-	-	-
심양	-	-	-
연길	16명		16명
합계	18명	1명	19명

문화대혁명기간에 폐지되었던 중국의 변호사제도는 1978년에 회복되었다. 1980년대 중반까지만 해도 중국에서 변호사사무소는 "법률고문처"라는 이름으로, 국가기관인 사법국의 한 부서로 존재하였다. 따라서 변호사들은 국가대변인의 역할을 담당했고, 정치성이 강조되었다. 1986년부터 중국은 변호사제도에 대한 개혁을 진행하여 이러한 국면을 개변시켰다. 그러나 현재까지도 중국에서는 변호사에 대한 관리를 주요하게 사법국에 의거하고 있고, 변호사협회의 작용은 외국에 비해 매우 미비한 편이다. 그리고 중국의 정치체제하에서 정치적 진보는 변호사업에 여러모로 도움을 많이 준다.

5) 조선족변호사의 변호사사무소에서의 지위

〈표 Ⅳ-5〉 조선족변호사의 지위

지역	대표변호사	파트너변호사
북경	2명	8명
천진	-	2명
심양	1명	1명
연길	2명	14명
합계	5명	25명

지금까지 조사된 결과에 의하면, 대표변호사를 담임하고 있는 조선족 변호사는 모두 5명이다. 그리고 파트너변호사는 모두 25명이다. 이것은 아직 나약한 조선족변호사들의 현실을 그대로 반영해 주고 있다.

6) 조선족변호사의 연령

〈표 Ⅳ-6〉 조선족변호사의 연령

지역	연 령 대					합계
	20대	30대	40대	50대	60대	
북경	5명	3명	4명	-	-	12명
천진	1명	1명	-	1명	-	3명
심양	-	-	2명	-	-	2명
연길	-	8명	13명	6명	1명	28명
합계	6명	12명	19명	7명	1명	45명
비율	13%	27%	42%	16%	2%	

이 표는 조사된 45명을 대상으로 통계한 것이다. 총체적으로 40대가 42%로 가장 높은 비율을 차지하며, 그 다음으로 30대가 27%로 두 번째로 높은 비율을 차지하고 있다. 그 다음으로 50대와 20대이다. 심양과 연길도 40대가 가장 높은 비율을 보이고 있다. 그러나 지역별로 비교적 큰 차이를 보이고 있다. 북경지역은 20대와 30대, 40대 사이에 큰 차이가

보이지 않으며, 20대가 가장 많다. 천진도 20대와 30대가 각각 1명씩 있다. 이것은 중국에서도 변호사직업은 젊은이들이 선호하는 직업으로 부상하고 있다는 점을 의미하는 한편, 시대의 급격한 변화에 빠르게 반응해야 하는 변호사의 지식구조에 대한 요구도 반영해 주고 있다.

7) 조선족변호사의 학력

〈표 Ⅳ-7〉 조선족변호사의 학력

지 역	학 력						합 계
	박사	박사과정수료	석사	석사과정수료	학사	전문대	
북경	3명	-	6명	-	10명	-	19명
천진	-	-	-	1명	2명	1명	4명
심양	-	-	2명	-	-	-	2명
연길	-	1명	2명	-	18명	6명	27명
합계	3명	1명	10명	1명	30명	7명	52명
비율	6%	2%	19%	2%	58%	13%	100%

52명의 조선족변호사 중, 학사이상 학력소지자는 87%에 달한다. 그 중 박사과정이상 학력 소지자는 8%, 석사과정이상 학력 소지자는 21%를 차지하고 있다. 전문대 출신은 13%에 지나지 않는다. 이것은 중국변호사들의 보편적인 학력수준과 비교해 볼 때 매우 높은 것이다. 중국의 최신자료 통계에 의하면, 현유의 변호사 중에서 박사학위 소지자는 463명으로 0.3%이며, 석사학위 소지자는 6,329명으로 4.8%를 차지하며, 대학학력 소지자는 43,691명으로 34.8%를 차지하며, 전문대 학력 소지자는 55,693명으로 48.1%를 차지한다. 이외에 일부 변호사들은 중등전문학교, 고등학교 문화수준밖에 안 된다. 이러한 현실에 입각하여 중국 사법부에서는 2006년 말까지 개별적인 지역을 제외하고 45세 이하의 변호사는 전부 대학학력이상의 수준에 도달하게 하며 여러 가지 경로를 통해 우수한 변호사들을 외국에 파견하여 훈련받고 외국변호사들의

선진적인 경험을 배우며 섭외법률업무능력을 갖춘 법률인재를 양성하고자 하고 있다.

8) 조선족변호사의 외국유학경력

〈표 Ⅳ-8〉 조선족변호사의 유학경력

지역	한국 유학				기타 국가 유학			
	박사	박사과정 수료	석사	석사과정 수료	박사	박사과정 수료	석사	석사과정 수료
북경	2명	-	2명	-	1명 (일본)			
천진	-	-	-	1명	-	-	-	-
심양	-	-	2명	-	-	-	-	-
연길	-	1명	1명	-	-	-	-	-
합계	2명	1명	5명	1명	1명	-	-	-

현재 52명의 조선족변호사 중, 외국유학경험이 있는 변호사는 모두 10명으로 19%를 차지하고 있다. 그 중 9명은 한국에서 석, 박사과정을 완료하였다. 이들 중 일부는 한국 로펌에서 취직한 경험도 있다. 이런 교류는 조선족변호사와 한국변호사간의 협력에 많은 도움을 주고 있다.

9) 조선족변호사의 국내 출신대학 소재지

〈표 Ⅳ-9〉 조선족변호사의 출신대학 소재지

지역	국내 출신대학 소재지			합계
	북경시	길림성	흑룡강성	
북경	13명	3명	2명	18명
천진	-	2명	-	2명
심양	1명	-	-	1명
연길	1명	11명	-	12명
합계	15명	16명	2명	33명

조사된 33명의 조선족변호사들은 한명도 예외가 없이 북경과 길림성, 흑룡강성에 있는 대학에서 학사학위를 마쳤다. 그 중 길림성 소재 대학에서 학사학위를 취득한 변호사가 가장 많고, 그 다음으로 북경시 소재 대학이다. 그러나 지역별로 큰 차이를 보이고 있다. 북경의 조선족변호사들은 대부분 북경에 위치한 대학출신이다. 반면 연길의 조선족변호사들은 대부분 길림성에 소재한 대학 특히 연변대학 출신이다. 이것은 조선족변호사들 간의 연대를 위한 토대를 마련해 주고 있다.

10) 조선족변호사의 자격증 취득연도

〈표 Ⅳ-10〉 조선족변호사의 자격증 취득연도

지역	자격증 취득연도(연도를 포함)				합계
	2000년 이후	1995년-1999년	1990년-1994년	1989년 이전	
북경	2명	8명	2명	1명	13명
천진	-	-	-	1명	1명
심양	-	-	1명	-	1명
연길	4명	8명	8명	7명	27명
합계	6명	16명	11명	9명	42명
비율	14%	38%	26%	21%	

조사된 42명의 변호사 중 57%를 차지하는 24명은 1995년 이후에 변호사자격증을 취득하였다. 특히 북경의 조선족변호사들을 살펴보면, 1999년 한 해에 변호사자격증을 취득한 변호사가 5명이나 된다. 이것은 중국의 WTO 가입과 밀접한 연관이 있다고 판단된다. 1986년에 중국은 GATT에 체약국지위회복신청을 하였다. 그 후 마라톤식 담판을 거쳐 1990년대 후반에는 중국의 WTO 가입은 기정사실로 되었다. 1990년대 말부터 중국은 WTO 가입을 위한 준비에 들어갔다. WTO 원칙에 위배되는 법제도들을 폐지하고 새로운 법제도들을 정비하였으며,

문호개방을 확대하였다. 한국을 비롯한 나라들에서도 적극적으로 중국 시장진출을 꾀하였다. 따라서 중국의 법률서비스시장은 새로운 시대를 맞이하게 되었고, 조선족변호사대오도 확충되기 시작했던 것이다.

11) 조선족변호사의 주요업무

〈표 Ⅳ-11〉 조선족변호사의 주요업무

지역		국제업무		국내업무	
		비송업무	송무업무	비송업무	송무업무
북경	대형로펌	비송업무 위주	중재 위주	매우 적음	매우 적음
	중소형로펌	적음	적음	비송업무 위주	일부
	천진	적음	적음	비송업무 위주	적음
	심양	적음	매우 적음	비송업무 위주	송무도 진행
	연길	매우 적음	매우 적음	비송업무와 송무업무 모두 취급	

국제업무는 주로 북경의 대형변호사사무소에 근무하는 조선족변호사들이 취급하고 있다. 이들은 소속된 변호사사무소의 사회적 인지도와 명망을 빌어 중소형변호사사무소에 취직하는 조선족변호사들보다 국제고객유치에서 유리한 위치를 점하고 있다. 주로 대중투자컨설팅이 차지하는 비중이 높다. 국제송무업무는 주로 중재에 국한되는 것으로 조사됐다.

천진과 심양에 위치한 조선족변호사들은 주로 현지에 진출한 외자기업 특히 한국기업을 주요고객으로 법률서비스를 제공하고 있다. 이들도 송무업무보다는 비송업무에 주력하고 있다.

연길에 위치한 조선족변호사들은 국내업무를 주로 취급하고 있다. 여기에는 소송업무와 비송업무가 포함된다.

북경, 천진, 심양에 위치한 조선족변호사들과 연길에 위치한 조선족변호사들은 취급하는 업무에서 많은 차이점을 보이고 있다. 북경, 천진, 심양에 위치한 조선족변호사들은 현지에 기반이 없는 경우가 태반이다.

따라서 그들은 현지 한족들과의 경쟁을 피하여 조선족특유의 우세를 이용하여 한국관련 업무를 위주로 취급하며, 복잡한 사회관계가 얽히게 되는 송무사건을 피하는 경향이 있다. 반면, 연길에 위치한 조선족변호사들은 현지에서 주류를 형성하고 있고, 사회적 기반이 형성되어 있기에 중국인이든 한국인이든 관계없이 고객이 될 수 있으며, 송무사건도 많이 취급하고 있다.

12) 조선족변호사의 주요고객

〈표 Ⅳ-12〉 조선족변호사의 주요고객

지 역	주 요 고 객
북경	외국의 대형기업, 국내외 기업
천진	중국진출 한국기업, 중국기업, 개인 등
심양	중국진출 외국기업과 외국정부기관, 단체 등
연길	중국기업과 중국인

북경의 대형변호사사무소에 근무하는 조선족변호사들의 주요고객은 한국 굴지의 기업이다. 중소형변호사사무소에 근무하는 조선족변호사들의 주요고객은 국내외 기업 및 개인이다. 천진과 심양에 위치한 조선족변호사들은 현지에 진출한 한국기업, 외국기업을 주요고객으로 하고 있다. 연길에 위치한 조선족변호사들은 중국기업과 중국인들을 주요고객으로 하고 있다.

3. 조선족변호사의 네트워크

조사결과, 조선족변호사들 간의 공식적인 네트워크는 거의 존재하지 않는 것으로 나타났다. 작년에 북경의 조선족변호사들이 처음으로 조선족변호사친목회를 가졌는데 모두 18명이 참석하였다. 여기에는 16명의 전직변호사와 1명의 겸직변호사 그리고 1명의 변호사보조인원이 포함된다.[26] 이것은 지금까지의 조사에서 나타난 조선족변호사들 간의 유일한 모임이다. 조선족변호사들은 민족의 한계를 벗어나 중국변호사들이 구축한 방대한 네트워크 속에서 활동하고 있다. 조선족변호사들은 직·간접적으로 세 개 차원의 네트워크를 소유하고 있다. 첫째, 변호사개인이 직접 구축한 네트워크이다. 조선족변호사들은 법률업무수행과 사회생활과정에서 고객 및 사회의 기타 계층과 네트워크를 구축하고 있다. 둘째, 소속된 변호사사무소가 구축한 네트워크이다. 중국에서 개인변호사사무소는 아직 허용되지 않고 있다. 조선족변호사들은 소속된 변호사사무소의 네트워크를 활용할 수 있다. 셋째, 변호사협회가 구축한 네트워크이다. 중국의 모든 변호사와 변호사사무소들은 변호사협회의 개인회원과 단체회원이다. 조선족변호사들과 조선족변호사들이 개업한 변호사사무소들은 변호사협회가 구축한 네트워크를 활용할 수 있다. 조선족변호사들이 직·간접적으로 구축한 네트워크는 또 지역 내 네트워크와 지역 간 네트워크, 한국과의 네트워크와 국제적 네트워크로 세분화할 수 있다.

1) 조선족변호사 개인의 네트워크

조선족변호사 개개인이 직접 구축한 네트워크는 또 지연, 학연에 기초하여 형성된 네트워크와 사회적 활동에 기초하여 형성된 네트워크, 업무관계에 기초하여 형성된 네트워크 3가지 형태로 나눌 수 있다. 그 중 가장 중요한 것은 업무관계에 기초하여 형성된 네트워크이다.

---

26) 중국에서는 변호사를 전직(專職)변호사와 겸직(兼職)변호사로 구분한다. 전직변호사는 변호사사무소에서 풀타임으로 변호사업에 종사하는 변호사를 가리키고, 겸직변호사는 기타 직에 종사하면서 변호사업을 겸하는 변호사를 가리킨다.

⑴ 지연, 학연에 기초한 네트워크

인간이 존재하는 한, 지연, 학연에 기초한 교류는 언제나 존재하기 마련이다. 재중 조선족변호사들의 경우도 마찬가지이다. 19명의 북경에서 활동하고 있는 조선족변호사들의 출신대학은 대부분 북경에 있다. 그들은 각각 북경대학 출신 3명, 중국인민대학 출신 3명, 중국정법대학 출신 6명, 북경북방공업대학 출신 1명, 길림대학 출신 2명, 흑룡강대학 출신 2명, 동북재경대학 출신 1명, 연변대학 출신 1명이다. 천진과 연길지역에서 활동하는 조선족변호사들의 출신대학은 거의 대부분 연변대학이다. 중국에서 조선족에 대한 민족교육은 주로 동북3성에서 이루어진다. 52명의 조선족변호사들은 대부분 고향이 동북3성이다. 따라서 북경, 천진, 심양, 연길 어느 지역에서나 지연, 학연 등에 의한 조선족변호사들 간의 비공식적이며 사적인 만남은 이루어지고 있었다.

1992년 한·중수교 이후 한국의 대학교에서 법률을 전공했거나 한국 로펌에서 취직한 경력이 있는 조선족들이 늘어나고 있다. 이들은 이러한 경력을 바탕으로 중국의 변호사사무소에 취직하여 한국관련 업무를 주로 취급하고 있다. 52명의 변호사 중 한국유학을 했거나 한국로펌에 취직한 경력이 있는 변호사는 모두 9명이다. 김선화 변호사는 한국 한양대학교에서 법학석사학위를 취득했고, 한국 법무법인 세종과 지평에서 근무한 경력이 있다. 현재 북경의 중윤문덕변호사사무소에서 한국과 관련된 국제법률업무를 취급하고 있다. 중윤문덕변호사사무소에서 김선화 변호사와 업무파트너로 공동작업을 하고 있는 장봉학 변호사도 한국 한양대학교의 법학석사출신이다. 북경의 중윤금통변호사사무소에 근무하는 이미선변호사는 일본 早稲田대학에서 법학박사학위를 수여받았고, 일본의 長島로펌과 大野로펌에서 근무한 경력이 있으며, 한국 법무법인 김&장에서 근무한 경력이 있다. 북경의 중윤금통변호사사무소에서 근무하다가 금평변호사사무소로 이직한 김호 변호사는 한국 고려대학교에서 법학박사학위를 수여받았다. 북경의 중개변호사사무소에서 겸직변호사로 근무하는 김추 변호사는 한국 해양대학교에서 박사학위를 수여받았다. 천진의 신정강변호사는 한국 서울대학교에서 법학석사과정을 수료하였고, 한국의 국제종합법률컨설팅과 법무법인 광장에서 근무한 경력이 있다. 심양시 요녕중달변호사사무소의 권상운 변호사와 요녕개우변호사사무소의 정청 변호사는 모두 한국 고려대학교에서 석사학위를 취득하였다. 연길시 길림연대변호사사무소의 지호 변호사는 한국 전북대학교에서 석사학위를 취득하였고, 허귀철 변호사는 한국 연세대학교에서 법학박사과정을 수료하였다. 이들은 중국의 변호사업계와 한국 변호사업계간의 네트워크 구축에서 다리의 역할을 하고 있다.

지연, 학연에 기초한 조선족변호사들 간의 네트워크는 타 업종에 비해 훨씬 폐쇄적이고 활성화되지 못한 특징을 가지고 있다. 이 특징은 북경지역에서 가장 뚜렷하게 나타나고 있다. 이것은 중국법률서비스시장의 발전 및 조선족변호사들의 업무와 밀접한 관련이 있다. 법률업무는 국내업무와 국제업무로 나뉜다. 중국에서 국제법률업무는 WTO가입을 앞둔 1990년대 후반부터 폭발적인 인기를 얻기 시작했다. 북경지역 조선족변호사들의 변호사자격증 취득연도를 살펴보면 1990년대 후반 이후가 태반이다. 조선족변호사들은 변호사사무소의 국제부 또는 한국부에 소속되어 한국관련 법률업무를 주로 취급하고 있다. 변호사들의 전문화와 분업화가 아직 이루어지지 않았고, 취급하는 업무 또한 동일하며, 공정한 시장경쟁을 위한 법적 장치가 완비되지 않은 상황에서 조선족변호사들 간에는 수단방법을 가리지 않는 치열한 고객유치경쟁이 벌어지고 있다. 이것은 조선족변호사들의 발전을 저해하는 요소로 작용하고 있다.

⑵ 사회활동에 기초한 네트워크

일부 조선족변호사들은 활발한 사회활동을 통해 사회적 네트워크를 구축하고 있다. 가장 대표적인 변호사는 북경의 김연숙 변호사와 지영화 변호사, 연길의 장뢰 변호사와 최창림 변호사이다.

김연숙 변호사는 1994년 북경시금평변호사사무소를 설립한 후 사회활동에 적극 참여하고 있다. 지난 10년간 여러 차례 희망소학교에 기부했고, 독거노인돕기운동에 앞장섰으며, 법률원조기금 기탁 등 사회공익사업에 적극 동참하였다. 2004년 11월 30일, 김연숙 변호사는 금평변호사사무소 설립 10주년 기념행사로 "금평변호사장학기금"을 설립하여 인민대학 법학원의 빈곤한 학생들을 돕도록 하였다. 중국공산당 당원인 그는 중화전국변호사협회 이사 겸 전국여변호사협회 부회장이다. 김연숙 변호사는 북경지역의 변호사세계에서도 막강한 영향력을 과시하고 있다. 2005년 7월 31일 개최된 제7기 북경변호사대표대회에서 김연숙 변호사는 북경변호사협회의 부회장 겸 이사회 이사로 선출되었다. 그는 회원사무를 담당하고 복지 및 문화체육활동, 대내외교류활동과 여변호사친목활동 등 사업을 주관한다. 김연숙 변호사는 동시에 북경시중재위원회 중재원, 북경시민상법연구회 이사, 한국(중국)상회 자문위원, 한국 주중 대사관과 영사관의 법률고문직을 담당하고 있다.

지영화 변호사는 북경 역화변호사사무소의 대표변호사이다. 그 또한 중국공산당 당원이다. 9년의 판사경력과 16년의 전직변호사 경력을 갖고 있다. 북경시 여변호사사업위원회 위원이며, 북경시변호사협회 혼인가정전문위원회 위원이다. 북경시 우수변호사이며, "중국청년신문"에서 전국범위에서 실시한 민의조사결과 선정된 8명의 "전국유명변호사" 중의 한 사람이다.

장뢰 변호사는 길림아리랑변호사사무소의 대표 변호사이다. 현재 길림성 변호사협회 상무이사이다. 동시에 연변변호사협회 회장 겸 상무이

사이다. 연변청년기업가연합회 부주석, 연변조선족자치주정부 법률고
문단 단장, 연변문학예술학계 권익보장위원회 위원, 중국 국제무역추진
회 연변지회 및 중국국제상회 연변상회 상무이사를 겸하고 있다. 2005
년에 연변조선족자치주 "十佳변호사", 연변조선족자치주 "十大우수청
년"으로 평선되었다.

최창림 변호사는 길림연대변호사사무소의 대표 변호사이다. 중화전
국변호사협회 제5기 이사회 이사이다. 현재 연변변호사협회 부회장 겸
상무이사이다. 동시에 연변상회 상무이사를 겸하고 있다.

중국사회에서 사회적 지위는 곧 막강한 인맥을 의미한다. 김연숙 변
호사는 지난 10여 년간 활발한 사회활동을 거쳐 북경지역과 중국 전 지
역에서 막강한 인맥을 형성하였다. 지영화 변호사는 주로 북경지역에
서, 장뢰 변호사와 최창림 변호사는 연변지역과 길림성 지역에서 인맥
을 키워나가고 있다. 이들에 대한 지속적인 관심과 육성이 필요하다.

⑶ 업무관계에 기초한 네트워크

대부분의 조선족변호사들은 주로 업무관계에 기초하여 네트워크를
형성하고 있다. 업무관계에 기초하여 형성된 네트워크는 변호사가 활동
하는 지역, 변호사가 소속된 변호사사무소, 변호사의 연령, 지식구조 등
에 의해 비교적 큰 차이를 보이고 있다. 그에 대한 설명은 북경의 5명의
변호사와 천진의 1명의 변호사, 심양의 1명의 변호사, 연길의 1명의 변
호사에 대한 소개를 통해 살펴보기로 한다.

황선옥 변호사는 북경시 금성동달변호사사무소의 파트너변호사이다.
여성으로, 1964년생이다. 중국인민대학출신으로 법학석사학위를 소지
하고 있다. 1996년에 변호사자격증을 취득하였다. 주요업무는 외국자본
투자관련 컨설팅, 국제무역중재, M&A, 판결집행업무 등이다. 주요고객
은 세계 500위 안에 속하는 한국의 대형기업, 한국의 對중국투자자, 중

국내 한국기업이 설립한 외자기업이다. 주요실적으로는 ① SK 텔레콤과 중국연통이 합작하여 신강에서 모바일 단말기 합자회사를 설립하는 프로젝트, ② 주식회사 팬택과 대련 대현그룹이 합작하여 대련에서 모바일 단말기 합자회사를 설립하는 프로젝트, ③ 대우 중국지주회사의 常年법률고문, ④ SK 넥트웍스 중국진출관련 컨설팅, ⑤ Mr.피자 재 중국 투자 방안 설계, ⑥ 케마 국제무역중재, ⑦ 청도 대명피혁유한회사 행정소송 대리, ⑧ NC Soft 재 중국 외자기업 설립, ⑨ SK 네트웍스 재 중국 M&A 프로젝트 실사 및 계약서 체결 등이다. 2006년 4월, 중국광산유한공사(MINMETAL의 자회사)의 선임으로 대형 투자에 동반되어 북한 평양에 출장 다녀왔는데, 중국 변호사로는 처음이다. 지평, 광장 등 한국의 유명 로펌과 장기적인 합작관계를 유지하고 있으며 프로젝트 진행으로 몇 명의 한국 변호사들과 업무협력의 경력이 있다.

강철 변호사는 북경시의 금성동달변호사사무소의 파트너변호사이다. 남성이며, 1972년생이다. 중국 동북재경대학 법학학사이다. 1997년에 변호사자격증을 취득하였다. 주요업무는 반덤핑, 국제무역, 외국자본투자 및 인수와 합병, 중재이다. 주요고객은 한국 기업 및 한국무역위원회, 한국무역협회 등이다. 통상마찰과 관련하여 포스코, 삼성, SK, LG, CG 등 한국업체의 대리인으로 선임됐고, 중국의 對한국수출업체를 대리하여 한국무역위 반덤핑조사에 응소했다. 대중국투자와 관련하여, 포스코, CJ, SK건설 등 대형 한국기업과 기타 중소업체에 대한 대중국투자 및 투자법인 경영 관련 컨설팅을 하였다. 한국무역협회 고문변호사, MBC, 서태지컴퍼니, 안재욱 등 엔터테인먼트사 중국진출 대리로 일했다. 주요실적은 ① 한국의 중국 반덤핑 피소사건 케이스 20여 건 수임했다. 특히 중국 최대 반덤핑사건인 포스코의 냉연강판 반덤핑에서 0세율 부과판정을 받았다. ② HUVIS 중국 자공 1억불 규모 단섬유 프로젝트 고문변호사, ③ CJ와 중국 모 그룹 간 중재 대리사건, ④ MBC의 중국내 첫 드라마 진출 고문변호사, ⑤ 중국과 한국 간 제1기 e-sports 국가팀간 시합 고문변호사이다. 한국의 여러 대형 로펌 및 회계법인과 협력관계를 유지하고 있다.

김선화 변호사는 북경시의 중윤문덕변호사사무소의 파트너변호사이다. 여성이며, 1965년생이다. 중국 정법대학에서 법학학사학위를 취득했고, 한국 한양대학교에서 법학석사학위를 취득했다. 1998년에 변호사자격증을 취득하였다. 세계 한인변호사회(IAKL)의 회원이다. 주요업무는 외국자본투자, 국제융자, 국제무역 등 국제업무이다. 주요고객은 한국의 자동차 협력 업체, 조선업체 통신업체 등이다. 주요실적은 ① 액토즈소프트와 상해 산다간의 분쟁 관련 법률의견 제출, ② 기외 온라인 게임업체 對중국 진출 자문, ③ 한국 농협의 중국내 무역분쟁 대리(종심 승소), ④ 현대자동차소속 다수 협력업체의 對중국 투자 및 법률고문, ⑤ KT의 對중국 사업 컨설팅 등이다.

지영화 변호사는 북경 역화변호사사무소의 발기인 중의 한 사람이며, 대표변호사이다. 여성이며, 연령은 50대이다. 중국공산당 당원이며, 중국정법대학 출신으로, 법학석사학위를 소지하고 있다. 주요업무는 형사사건, 민사사건, 경제사건의 소송대리 및 변호이다. 주요고객은 국내 대·중형기업, 국내의 금융기관 및 개인이다. 주요실적은 대흥안령 화재사건, 추녀高彬명예침해사건, 유명인사인 陳凱歌와 左舒拉명예권분쟁 등 전국적으로 유명한 사건이다. 지금까지 수십 개 대·중형 기업의 법률고문을 담당하였다.

허운학 변호사는 북경시의 중윤금통변호사사무소의 파트너변호사이다. 남성이다. 중국 정법대학의 법학학사학위를 소지하고 있다. 1999년에 변호사자격증을 취득하였다. 주요업무는 국내외 투자, 무역, 회사, 계약, 반덤핑, 소송, 중재 등이다. 주요고객은 일본기업과 한국기업이다. 외국자본투자 및 반덤핑에 능숙하다.

강산혁 변호사는 북경시의 명태변호사사무소의 파트너변호사이다. 남성이며, 50대 중반이다. 중국 흑룡강대학 학사학위를 소지하고 있다.

1991년에 변호사자격증을 취득하였다. 주요업무는 증권, 금융, 기업의 인수합병, 자산구조조정, 지적재산권 등 소송과 비송사건 법률업무이다. 주요고객은 국내의 대·중형기업 및 개인이다. 10여 개의 대·중형 기업을 위해 법률서비스를 제공하고 있으며, 현재 흑룡강黑化주식유한회사의 법률고문을 담임하고 있다. 연변자치주 208명의 노무수출인원 대리로 중국사달국제경제기술합작회사 노무수출분쟁사건을 성공적으로 해결하였다.

김명철 변호사는 중국 중윤변호사사무소의 변호사이다. 남성이며, 1976년생이다. 민건당원이다. 중국 흑룡강대학의 경제법학사학위를 소지하고 있다. 1999년에 변호사자격증을 취득하였다. 주요업무는 소송업무, 회사법률업무, 증권법률업무이다. 주요고객으로는 ① 중국의 대형회사(중국약재그룹, 중국의 華潤총회사, 북경시 博泰隆광고유한회사, 상하이 靈獅광고유한회사, 중국석유화북판매분회사, 중국焙烤儀器와설탕제품협회, 중국경매협회, 산서석탄가스그룹, ② 중국의 상장회사(산성성쯉西주식유한회사, 하남성通元주식유한회사 등)이다. 주요 소송업무실적으로는 ① 중국약재그룹회사의 대리인으로 북경의약약품회사와 진행한 매매계약안건, 관련된 금액은 근 RMB 50,000,000엔이다. ② 중국 華潤총회사의 대리인의 신분으로 진행한 동 그룹내부의 노사분쟁해결, ③ 북경시 博泰隆광고유한회사의 대리인으로 상하이 靈獅광고유한회사의 광고발행대리계약분쟁해결이다.

허림호 변호사는 북경시의 중윤변호사사무소의 변호사이다. 남성이며, 1973년생이다. 중국 정법대학의 국제경제법 학사이다. 1999년에 변호사자격증을 취득하였다. 中信國華국제공정청부회사, 華盛홍콩유한회사에 근무한 경력이 있다. 주요업무는 국제, 국내 상사 중재와 소송이다.

신정강 변호사는 중국 천진시의 장영변호사사무소의 변호사이다. 남성으로, 1969년생이다. 중국 연변대학의 물리학사이며, 한국 서울대학교에서 법학석사과정을 수료하였다. 주요업무는 민사, 형사 등 송무와 회사관련 컨설팅이다. 주요고객은 천진삼성복장유한회사 및 천진현대 전자유한회사를 비롯한 재중 한국기업이다.

양칠성 변호사는 천진시가위변호사사무소의 변호사이다. 남성이며, 1954년생이다. 중국 연변대학 법학학사이며, 1984년에 변호사자격증을 취득하였다. 주요업무는 한국인의 형사안건, 국제무역, 기업과 기업 간의 계약분쟁, 기업내부의 주주간의 분쟁, 법률고문, 노동쟁의 등이다.

전상운 변호사는 중국 요녕성의 요녕중달변호사사무소의 대표변호사이다. 남성이며 1965년생이다. 중국 중앙민족대학의 학사학위와 한국 고려대의 법학석사학위를 소지하고 있다. 1990년에 변호사자격증을 취득하였다. 주요업무는 송무와 비송무인데, 현재 업무범위가 섭외경제사건, 부동산업무 등 비송법률업무로 전환하고 있다. 주요고객은 중국의 내국기업과 외국투자기업이다. 지금까지 몇 개의 중국기업의 법률고문을 담당하였다. 한국투자자협회와 한인회(한국상회), 심양泰溫기계유한 공사(미국독자기업), 심양태평양체육헬스클럽유한공사(미국독자기업), 심양東方방직유한공사(한국독자기업), 심양博曼부동산개발유한공사(미국독자기업), 심양每家瑪슈퍼마켓유한공사(중한합작기업), 한국통일중공업(주) 심양사무소 등 외자기업의 법률고문을 맡고 있다.

정청 변호사는 중국 요녕성의 요녕개우변호사사무소의 변호사이다. 남성이며, 1965년생이다. 한국에서 법학석사학위를 수여받았다. 1986년부터 변호사업에 종사했고, 1995년 한국에 유학 나갔다. 정청변호사는 국제무역, 해상분쟁, 국제노동분쟁, 국제소송, 국내소송, 국내중재 등 여러 분야의 안건들을 많이 취급했고, 많은 민영기업, 사영기업, 주식회사와 유한책임회사의 법률고문을 담임하였다. 근년에는 한국의 중국투자관련 안건을 많이 취급하고 있다.

장뢰 변호사는 길림아리랑변호사사무소의 대표변호사이다. 남성이며, 1968년생이다. 중국 길림사법학교와 연변대학출신으로, 법학학사학위를 소지하고 있다. 1992년에 변호사자격증을 취득하였다. 주요업무는 형사사건, 민사사건, 경제사건, 행정사건이다. 주요고객은 국내의 기업, 개인 그리고 정부기관, 단체 등이다. 형사, 민사, 경제, 행정 등 소송사건을 620여 건 처리했고, 10여 개의 국내 대형기업과 정부기관의 법률고문을 담임하였다.

신현성 변호사는 길림성연대변호사무소의 파트너변호사이다. 남성이며, 1961년생이다. 중국 동북사법대학 학사학위를 소지하고 있다. 2000년에 변호사자격을 취득하였다. 형사사건과 행정사건을 주로 취급하고 있다. 신변호사의 주요고객은 개인으로, 조선족과 한국인이 차지하는 비율이 높다고 한다. 지금까지의 주요실적으로는 ① "이성일고의살인사건"에서 제1심에서 사형에 선고받은 피고인의 변호를 담당하여 제2심에서 무죄석방을 이끌어냈으며, ② "허혼광탐오사건"에서 유기징역 10년을 판결된 사건을 2심에서 변호를 거쳐 3년 유기징역 4년 집행유예란 판결을 받도록 하였다. ③ 화룡시 "4.9" 특대살인사건에서 종심판결을 거쳐 1심판결보다 훨씬 낮은 형량을 선고받도록 하였다. 2004년에 한국대사관의 위임을 받고 한국인과 관련된 수십 건의 형사사건의 변호를 맡았었는데 외국당사자 및 그 가족들의 극찬을 받고 있다. 그리고 산동성의 연태, 청도, 위해에 거주하는 한국인들도 신현성 변호사를 민사사건의 대리인으로 위탁하여 중국에서의 한국인의 합법적인 권익을 수호해줄 것을 요구하고 있다.

이상의 설명을 종합해 보건대, 주요업무가 주요고객群을 형성하게 되고, 주요 고객군이 곧 변호사들의 네트워크의 성격과 범위를 결정한다. 북경의 황선옥 변호사, 강철 변호사, 김선화 변호사는 한국관련 국제업무를 취급하고 있다. 국제업무 중에서도 비송무가 절대적인 비중을 차지하며, 송무는 중재에 국한되고 있다. 따라서 황선옥 변호사, 강철 변호사, 김선화 변호사는 한국의 기업 및 국가기관, 단체 그리고 로펌, 회계사사무소들과 네트워크가 형성되어 있다.

북경의 지영화 변호사와 강산혁 변호사는 중국 국내업무에 주력하고 있다. 지영화 변호사는 다년간 법원판사로 지낸 경력을 활용하여 주로 송무에 집중하고 있고, 강산혁 변호사는 중국 국내업무 중 회사업무와 민사사건 등 비송업무에 주력하고 있다. 따라서 지영화 변호사, 강산혁 변호사는 중국 국내의 기업 및 개인, 사법기관들과 네트워크가 형성되어 있다.

천진의 신정강 변호사와 심양의 권상운 변호사는 중국기업을 주요서비스대상으로 하고 있으며, 중점을 중국에 투자한 외국기업에 두고 있다. 장뢰 변호사는 중국기업과 중국인을 대상으로 소송과 비송업무를 취급하고 있다. 신정강 변호사와 권상운 변호사, 장뢰 변호사는 현지의 외자기업, 중국기업과 네트워크가 형성되어 있다.

중국 조선족변호사들의 네트워크 실태는 중국 변호사업의 현실을 그대로 반영해주고 있다. 중국의 문화대혁명기간 폐지되었던 변호사제도는 1978년에 회복되었다. 1980년대에 중국 변호사들의 주요업무는 형사사건의 변호와 민사사건의 대리였다. 1990년을 전후하여 비송무가 생겨나기 시작했다. 1989년부터 부동산 개발붐이 일기 시작하면서 부동산개발과 관련된 비송무가 생겨났고, 1990년대 초반에 상해증권거래소와 심천증권거래소가 가동되면서 증권의 발행 및 상장과 관련된 증권업무가 대폭 늘어나게 되었다. 1992년부터 중국은 시장경제체제를 본격적으로 도입하면서 연해지방에 경제특구를 신설하고 외국자본유치에 박차를 가했다. 따라서 투자와 관련된 비송무가 대폭 늘어났다. 2001년 말 중국의 WTO가입을 계기로 중국경제의 세계시장합류가 시작되면서 국제업무가 대폭 늘어났다. 반덤핑업무와 투자업무는 현재 재중 조선족변호사들이 가장 많이 취급하는 업무이다. 중국은 1997년 12월 10일 처음으로 미국, 한국, 캐나다산 수입 신문용지에 대한 반덤핑조사를 개시하였다. 그때로부터 현재까지 모두 44건의 반덤핑조사를 개시하였고, 대량의 반덤핑조사는 중국이 WTO에 가입한 이후인 2001

년 이후에 개시되고 있다. 한국을 포함한 외국의 對中투자는 중국이 WTO가입양허표에서 개방업종을 확대함에 따라 확대되고 있다. 현재 중국의 법률서비스시장은 2:8의 역비례현상을 보이고 있다. 즉, 중국 국토면적의 20%밖에 안 되는 동부 연해지방의 법률서비스 수입규모가 전국 총 수임료규모의 80%를 차지하는 것이다. 이 80%의 수입은 또 북경, 상해와 광주 이 세 개 도시에 고도로 집중되어 있다.[27] 이 80%의 수입은 대부분 국제법률업무에서 오고 있다.

중국의 법률서비스시장개방은 1992년부터 시작되었다. 1992년 7월, 중국은 외국로펌이 중국에 연락사무소를 설립하고 법에 규정된 범위 내에서 법률서비스를 제공하는 것을 시범적으로 허용하였다. 시범성시는 북경, 상해 등 5개 도시로 정했다. 후에 시범도시는 19개 지역으로 확장되었다. 2001년 말, 중국은 WTO에 가입하면서, 외국로펌의 중국 진출에 설정한 지역제한과 수량제한을 철폐할 것을 약속하였다. 2005년 9월 29일 중국 사법부가 발표한 공고에 의하면, 현재 중국에는 43개의 홍콩 법률사무소 대표처와 139개의 외국 법률사무소 대표처가 설립되어 있다. 그러나 아직까지 중국에서는 외국로펌의 중국에서의 법률업무에 대한 엄격한 규제를 하고 있다. 즉 외국로펌이 중국에 설립한 대표처의 변호사는 중국의 법률업무를 취급할 수 없다.[28] 따라서 현재 한

---

27) 高雲, "入世,再造中國律師業", http://lawsky.org, 2003. 09. 16
   2000년을 예로 든다면, 그 해 중국 변호사들의 법률업무총수입은 약 83억위안이였고 중등 省의 변호사업무총수입은 약 2-3억위안이였다. 20%의 국토면적을 차지하고 있는 華東, 華南지역의 업무수입은 전국 총수입의 80%를 차지했으며 이 80%는 또 북경, 상해와 광주 이 3대 도시에 고도로 집중되어 있었다. 그 중 북경은 약 20억 위안이였고 경영이 제일 좋은 법률사무소의 수입은 1억위안을 초과하였다. 상해는 약 13-14억위안이였고 경영이 가장 좋은 법률사무소의 수입은 2,000만 위안을 초과했다. 광주는 10억 위안이였다.

28) 중국은 홍콩과 마카오에 대해 외국과 다른 정책을 펼치고 있다. 2003년 6월 29일, 중국 중앙인민정부는 홍콩특별행정구정부와 홍콩에서 "내륙과홍콩사이에더욱긴밀한경협관계를건립하는데관한조치(Lloser Economic Partnership Arrangement)"(CEPA라고 약칭함)를 체결하였다. 그 후 1년을 주기로 CEPA 보충협정을 체결하여 개방범위를 넓히고

국의 로펌들은 중국 변호사사무소들과 협력하여 중국관련 법률업무를 처리하고 있다. 이것은 또한 중국 조선족변호사들이 한국관련 업무에 집결되는 이유 중의 하나이다.

중국에서 대학입시제도는 1979년부터 회복되었고, 변호사자격고시는 1986년부터 시작되었다. 따라서 현재 중국 법률서비스시장의 주력은 명문대에서 정규적인 법학교육을 받았고, 일정한 사회경험이 있는 30대 중반부터 40대 중반 사이의 변호사들이다. 따라서 북경지역의 조선족변호사들도 연령과 지식구조에 의해 업무범위와 고객이 갈리는 현상이 발생하고 있다.

2) 변호사사무소의 네트워크

현재 110명의 조선족변호사가 51개의 변호사사무소에서 근무하고 있다. 조사에 의하면, 4개 지역의 약 100명의 조선족변호사들이 51개의 변호사사무소에서 근무하고 있다. 그 분포는 다음과 같다.

〈표 Ⅳ-13〉 51개 변호사사무소 리스트

순번	지역	명칭	성격	조선족변호사
1	북경시	금두(金杜)변호사사무소	합동	4명
2		군합(君合)변호사사무소	합동	1명
3		중윤금통(中倫金通)변호사사무소	합동	4명
4		중윤문덕(中倫文德)변호사사무소	합동	2명
5		금성동달(金誠同達)변호사사무소	합동	6명
6		금평(金平)변호사사무소	합동	2명
7		역화(易和)변호사사무소	합동	2명
8		만사항(萬思恒)변호사사무소	합동	1명
9		가윤(嘉潤)변호사사무소	합동	1명

있다. CEPA에 의해, 홍콩과 마카오의 법률사무소들은 중국의 로펌들과 연합경영을 할 수 있으며, 중국의 사법고시에 합격된 홍콩, 마카오의 주민들은 중국의 법률사무소에 취직할 수 있다.

순번	지역	명칭	성격	조선족변호사
10	북경시	중개(中凱)변호사사무소	합동	1명
11		중윤(中潤)변호사사무소	합동	1명
12		천원(天元)변호사사무소	합동	4명
13		육통연합(陸通聯合)변호사사무소	합동	1명
14		명태(銘泰)변호사사무소	합동	1명
15		해위(海緯)변호사사무소	합동	1명
16		한곤(漢坤)변호사사무소	합동	1명
17		순합(順合)변호사사무소	합동	1명
18		국도(國度)변호사사무소	합동	2명
19		가혜(嘉惠)변호사사무소	합동	1명
20		이덕(利德)변호사사무소	합동	1명
21		명수택용(滅水澤龍)변호사사무소	합동	1명
22		미명(未名)변호사사무소	합동	1명
23		마림회(馬林匯)변호사사무소	합동	1명
24		경천공성(競天公誠)변호사사무소	합동	1명
25		상태(商泰)변호사사무소	합동	1명
26		위탁(偉拓)변호사사무소	합동	1명
27	북경시	정평(正平)변호사사무소	합동	1명
28		만기(萬企)변호사사무소	합동	1명
29		신걸(信傑)변호사사무소	합동	1명
30		중은(中銀)변호사사무소	합동	1명
31		덕정(德政)변호사사무소	합동	1명
32		육합금회(六合金匯)변호사사무소	합동	1명
33		화박(華搏)변호사사무소	합동	1명
34		홍관(洪寬)변호사사무소	합동	1명
35		융안(隆安)변호사사무소	합동	1명
36		산동덕형(德衡)변호사사무소 북경분소	합동	1명
37	천진	장영(張盈)변호사사무소	합작	1명
38		가위(可維)변호사사무소	합작	1명
39		고려(高麗)변호사사무소	합동	2명
40	심양	요녕개우(開宇)변호사사무소	합동	1명
41		요녕중달(仲達)변호사사무소	합동	1명

순번	지역	명칭	성격	조선족변호사
42	연길	길림아리랑(阿里郞)변호사사무소	합동	10명
43		길림연대(延大)변호사사무소	합동	18명
44		길림연천(延川)변호사사무소	합동	
45		길림혜천(惠川)변호사사무소	합동	
46		길림유정(由正)변호사사무소	합동	
47		길림달공위업(達公偉業)변호사사무소	합동	20명으로 잠정 집계함
48		길림남원(南圓)변호사사무소	합동	
49		길림화엽(華燁)변호사사무소	합동	
50		길림오련(敖聯)변호사사무소	합동	
51		길림형풍(衡丰)변호사사무소 연변분소	합동	

조선족변호사들의 네트워크 분석을 진행하기 위해, 우리는 51개 변호사사무소 중 비교적 대표적인 21개 변호사사무소를 선정하여 집중 조사하였다.

〈표 Ⅳ-14〉 조사대상 변호사사무소 리스트

	지역	명칭	설립연도	법적 성격	변호사	조선족 변호사
1	북경	김두(金杜)변호사사무소	1993년	합동	400여 명	3명
2		군합(君合)변호사사무소	1989년	합동	200여 명	1명
3		금평(金平)변호사사무소	1994년	합동	15명	2명
4		역화(易和)변호사사무소	-	합동	15명	1명
5		명태(銘泰)변호사사무소	-	합동	10명	1명
6		가윤(嘉潤)변호사사무소	-	합동	14명	1명
7		중윤금통(中倫金通)변호사사무소	1993년	합동	300명	3명
8		중윤문덕(中倫文德)변호사사무소	2003년	합동	60명	2명
9		중개(中凱)변호사사무소	1995년	합동	60명	1명
10		중윤(中潤)변호사사무소	1996년	합동	33명	1명
11		금성동달(金誠同達)변호사사무소	2004년	합동	110명	6명
12		천원(天元)변호사사무소	1992년	합동	60명	4명
13		만사형(万思恒)변호사사무소	1999년	합동	40명	1명

14	북경	육통연합(陸通聯合)변호사사무소	1992년	합동	-	1명
15		장영(張盈)변호사사무소	1994년	합작	50명	1명
16	천진	가위(可維)변호사사무소	-	합작	-	1명
17		고려(高麗)변호사사무소	1995년	합동	3명	2명
18	심양	요녕개우(開宇)변호사사무소	1999年	합동	73명	1명
19		요녕중달(仲達)변호사사무소	1989년	합동	24명	1명
20	연길	길림아리랑(阿里郎)변호사사무소	2000년	합동	27명	10명
21		길림연대(延大)변호사사무소	-	합동	19명	17명

중국 변호사법의 규정에 의하면, 변호사사무소는 국가가 출자하여 설립한 국유변호사사무소, 합동변호사사무소, 합작변호사사무소 3가지 형태를 띤다. 1980년대의 변호사사무소는 대부분이 국가가 출자하여 설립한 사무소로, 국가기관의 성격을 띠고 있었다. 1986년부터 중국은 체제개혁을 실시하여 합작제 변호사사무소로의 전환을 시작하였고, 1993년부터는 합동제 변호사사무소로의 전환을 시작하였다. 현재 중국에는 국가가 출자하여 설립한 변호사사무소는 거의 존재하지 않는다. 대부분이 합동제 변호사사무소이다. 조사에 의하면, 조선족변호사가 소속되어 있는 변호사사무소들은 천진의 장영변호사사무소와 가위변호사사무소를 제외하고 모두 합동제 변호사사무소이다. 장영변호사사무소와 가위변호사사무소는 합작제변호사사무소이다.

중국의 법률서비스시장은 20여 년이란 짧은 역사를 가지고 있다. 변호사법은 1996년에 제정되었다. 인치사회에서 법치사회로 전환하는 과정에 처해 있는 중국은 변호사사무소와 변호사들의 분업화와 전문화가 제대로 이루어지지 못하고 있다. 따라서 변호사사무소는 모두 사무소의 대규모화를 목표로 정하고 있으며, 전문화한 변호사사무소보다는 종합적인 변호사사무소가 선호되고 있다. 조사에 의하면, 천진의 가위변호사사무소를 제외한 변호사사무소들은 모두 종합성 변호사사무소이다.

북경의 명태변호사사무소는 국제비소송업무를 위주로 하는 謝朝華변호사사무소를 근간으로 만들어진 변호사사무소인데 후에 국내업무와 소송업무를 발전시켜 종합적인 변호사사무소로 발전하였다.

중국에서 개인변호사사무소 개설은 허용되지 않는다. 따라서 조선족변호사들은 모두 변호사사무소에 소속되어 있다. 조선족변호사들의 분포특징은 분산성과 균일성이다. 52명의 변호사가 21개 변호사사무소에 소속되어 있다. 길림연대변호사사무소의 조선족변호사수는 18명으로 가장 많은 수이다. 그 다음은 길림아리랑변호사사무소로 10명이며, 북경 금성동달변호사사무소는 6명으로 세 번째로 많다. 그리고 북경의 김두변호사사무소와 중윤금통변호사사무소, 천원변호사사무소에 각각 4명씩 있다. 북경의 중윤문덕변호사사무소, 금평변호사사무소, 역화변호사사무소 그리고 천진의 고려변호사사무소에 각각 2명씩 소속되어 있다. 기타 변호사사무소에는 조선족변호사가 1명씩 소속되어 있다. 조선족변호사들은 흩어져 있지만 각 지역의 대형로펌으로부터 소형로펌에 이르기까지 그 분포가 매우 균일하다. 이것은 북경과 연길에서 매우 뚜렷하게 나타나고 있다. 중국의 변호사사무소는 규모에 따라 소형, 중형, 대형, 초대형으로 나눌 수 있다. 기준은 시대에 따라 다르고, 지역에 따라 다르지만, 대체적으로 소형은 10명 이하, 중형은 10명부터 50명 이내, 대형은 50명부터 100명 이내로 볼 수 있으며, 초대형은 100명 이상으로 볼 수 있다. 북경의 김두변호사사무소의 변호사와 기타 인력을 포함한 인원수는 400명을 초과하며, 중윤문덕변호사사무소, 중개변호사사무소는 60명이다. 중원변호사사무소와 만사형변호사사무소는 30-40명이다. 금평변호사사무소와 역화변호사사무소, 가윤변호사사무소는 15명 내외이며, 명태변호사사무소는 10명이다. 연길도 마찬가지이다. 연길에는 크고 작은 변호사사무소가 10개 있는데 매 변호사사무소마다 조선족변호사가 소속되어 있다. 이러한 지리적 분포는 조선족변호사들이 적은 숫자지만 광대한 네트워크를 구축할 수 있는 가능성을 제시하

며 또한 재중한인들의 다양한 수요를 만족시킬 수 있음을 의미한다.[29]

조선족변호사들이 소속된 변호사사무소의 네트워크 활용은 또한 소속된 변호사사무소에서의 조선족변호사의 지위에 의해 영향을 받게 된다. 조사된 52명의 변호사 중, 변호사사무소의 대표변호사는 5명뿐이다. 이들은 북경시 금평변호사사무소의 김연숙 변호사, 북경시 역화변호사사무소의 지영화 변호사, 심양시의 요녕중달변호사사무소의 권상운 변호사, 연길시의 길림아리랑변호사사무소의 장뢰 변호사와 길림연대변호사사무소의 최창림 변호사이다.

조사된 57명의 변호사 중, 변호사사무소의 파트너변호사는 모두 25명이다. 이들은 북경시 금성동달변호사사무소의 황선옥 변호사와 강철 변호사, 북경시 중윤문덕변호사사무소의 김선화 변호사, 북경시 금평변호사사무소의 김연숙 변호사, 북경시 명태변호사사무소의 강산혁 변호사, 북경시 중윤금통변호사사무소의 이미선 변호사와 허운학 변호사, 북경시 역화변호사사무소의 지영화 변호사, 심양시 요녕중달변호사사무소의 권상운 변호사, 천진시 고려변호사사무소의 전창윤 변호사와 유해영 변호사, 연길시 길림아리랑변호사사무소의 장뢰 변호사, 황근 변호사, 이명선 변호사, 김창용 변호사, 황창림 변호사, 최연화 변호사, 이강화 변호사이다. 그리고 연길시 길림연대변호사사무소의 최창림 변호사, 지영철 변호사, 태청학 변호사, 안충택 변호사, 신현성 변호사, 이일광 변호사, 허귀철 변호사이다.

변호사사무소의 네트워크에는 지역확장에 기초하여 형성된 네트워크와 사회적 활동에 기초하여 형성된 네트워크, 업무관계를 기초로 형성된 네트워크 그리고 대외교류에 기초하여 형성된 네트워크가 있다.

---

29) 조선족변호사들의 분포특징은 이번 조사대상에 포함되지 않은 50여 명의 변호사에게서는 더욱 뚜렷하게 나타나고 있다. 연길지역을 제외한 기타 지역의 조선족변호사들은 대부분이 하나의 변호사사무소에 1명씩 소속되어 있다.

(1) 지역확장에 기초한 네트워크

조사에 의하면, 현재 8개의 변호사사무소가 국내외에 분소를 설치하고 있다. 북경시 김두변호사사무소는 본부는 북경에 있고 상해, 심천, 성도, 광주에 4개의 분소가 설치되어 있으며, 일본의 동경, 미국의 LA와 실리콘벨리, 홍콩에 4개의 분소가 설치되어 있다. 북경시 군합변호사사무소는 본부는 북경에 있고, 상해, 뉴욕, 심천, 대련과 해구에 분소가 있다. 그리고 홍콩현지의 王小軍로펌과 밀접한 연합관계를 형성하였다. 북경시 중윤금통변호사사무소는 북경에 본부가 있고 상해, 심천에 자사가 있다. 북경시 금성동달변호사사무소는 북경에 본부를 두고, 상해, 심천, 심양, 서안, 성도에 분소를 두고 있다. 미국 LA에 분소를 두고 있다. 북경시 천원변호사사무소는 상해에 분소를 설치하고 있다. 북경시 만사형변호사사무소는 장춘에 분소를 설치하고 있다. 천진시 장영변호사사무소는 대련시에 전문적으로 해사해상, 금융보험업무를 취급하는 분소를 설치하고 있다. 연길시의 길림아리랑변호사사무소는 2003년 장춘에 분소를 설치했다. 이 8개 변호사사무소는 국내외에 설립한 분소를 통해 지역 간, 국제간 네트워크가 형성되고 있다.

(2) 사회활동에 기초한 네트워크

현재 북경, 천진, 심양, 연길의 조선족변호사들은 지역의 최고수준을 자랑하는 변호사사무소에 대거 영입되어 있다. 북경의 최고수준은 또한 중국의 최고수준을 의미하기도 한다. 북경에서 가장 대표적인 변호사사무소는 김두변호사사무소, 군합변호사사무소, 중윤금통변호사사무소, 중윤문덕변호사사무소, 금성동달변호사사무소이며 천진에서 가장 대표적인 것은 장영변호사사무소이다. 연길에서 가장 대표적인 것은 길림아리랑변호사사무소과 길림연대변호사사무소이다. 이들은 북경, 천진, 연변에서 규모가 가장 크고 가장 실력 있는 로펌으로 지역사회의 최고권

력층 네트워크 속에 깊숙이 개입되어 있다.

북경시 김두변호사사무소는 최고급인력을 보유하고 있으며, 사회활동을 활발하게 진행하고 있다. 2008년 올림픽주최위원회의 법률고문으로 중국의 각종 법률업무를 전담한다. 동시에 중국의 관련된 정부기관, 입법기관들과 밀접한 업무협력관계를 유지하고 있다.

북경시 군합변호사사무소는 ① 입법, 행정, 사법 기관 및 기구들과 밀접하고도 친밀한 관계를 유지하고 있다. 현행 법률, 법규, 정책의 실천에서의 운용, 새로운 입법동향 등 문제를 적시에 관련된 부서, 기구와 연구하고 의견을 청취할 수 있다. 군합은 늘 정부와 정부의 감독관리기관, 부서들의 입법, 집행, 사법사업에 초청되어 건설적인 의견을 제기한다. ② 군합의 변호사들은 상시적으로 특강 또는 논문, 저서를 발표하며, 국가의 중요한 상사입법활동에 적극적으로 참여하고 있다. ③ 중국의 변호사업계에서 처음으로 장학금을 설립하여 중국 각 지역의 희망소학교, 재해지역과 빈곤한 지역에 지원하였고, 국가와 관련된 부서의 입법연구와 법률원조제공 등 공익활동에 적극 참여하고 있다.

북경시 중윤문덕변호사사무소의 변호사들은 활발하게 전국인민대표대회, 국무원 및 각 부서의 금융입법에 참여한다. "인민일보", "법제일보", "금융시보", "중국변호사" 등 신문잡지에 100편에 가까운 전문학술논문들을 실었고, "금융법률실무", "어음소송" 등 전문학술저서를 집필하였다.

북경시 금성동달변호사사무소의 변호사들은 정부기관, 전문협회, 민간단체에서 주최하는 각종 회의에 자주 초청되어 발언하며, 전국인민대표대회와 정치협상회의 의결안에 대한 초안 작성에 참여하며, 중앙과 지방의 입법 및 법 개정에 참여한다. 동시에 사법해석에 대한 토론에 관여한다. 많은 국제조약과 공약의 초안 작성과 교섭에 참석하며, 법률시행에 관한 조사연구를 진행한다.

북경시 명태변호사사무소의 변호사들은 변호사협회의 활동에 적극

참여하며 전국변호사협회경제전문위원회 위원, 교육위원회위원을 담임하고 있으며 2000년 "중국변호사발전보고"의 초안 작성에 가담한 적이 있다.

천진시 장영변호사사무소의 일부 변호사는 전국의 여러 중재위원회에서 위원을 담임하고 있으며, 전국변호사협회의 형사, 민사, 해사해상 등 업무위원회의 위원을 맡고 있다.

(3) 업무관계에 기초한 네트워크

업무는 변호사사무소가 네트워크를 구축하는 가장 중요한 방식이다. 변호사사무소들은 업무관계에 기초하여 고객이 형성되고 협력업체가 형성되게 된다.

조사에 의하면, 북경, 천진, 심양, 연길에 위치한 변호사사무소들의 주요업무와 고객 그리고 협력업체에는 비교적 큰 차이를 보이고 있다. 북경에 위치한 변호사사무소들은 대중국투자자문, 반덤핑, 국제무역, 증권관련 국제업무와 비송무가 차지하는 비율이 매우 높다. 따라서 고객들은 타 지역의 고객과 외국고객이 많으며, 타 지역 및 외국의 로펌 및 회계사사무소 등과의 협력이 많이 이루어진다. 반면 천진과 심양에 위치한 변호사사무소들은 중국에 투자한 외국계 기업과 국내기업에 대한 컨설팅을 주로 하고 있다. 연길에 위치한 변호사사무소들은 전통적인 형사사건, 민사사건, 경제사건의 대리를 주로 하고 있다. 따라서 고객은 주로 연변지역에 한정된다. 아래에 북경의 5개 변호사사무소와 천진의 2개의 변호사사무소, 심양의 1개의 변호사사무소, 연길의 1개의 변호사사무소의 주요업무, 주요고객, 주요실적에 대한 소개를 하고자 한다.

북경시 김두변호사사무소는 1993년 4월에 설립된 종합적인 합동제 변호사사무소이다. 현재 중국의 변호사업계에서 규모가 가장 크며 주도적인 지위에 있는 종합변호사사무소이다. 주요업무영역은 ① 은행업무, 프로젝트융자, 융자임대, ② 기업 및 회사의 구조조정, 조직의 지배구조 개혁, 주식과 채권의 발행, ③ 회사의 인수합병, ④ 소송과 중재, ⑤ 국제무역과 반덤핑, ⑥ 첨단기술과 벤처투자, ⑦ 지적재산권 보호, ⑧ 외국자본투자기업의 설립 및 관련된 법률업무, ⑨ 부동산과 환경보호, ⑩ 세무, ⑪ 컨설팅업무이다. 주요고객은 국제기구, 국가기관, 다국적 기업, 국내외의 대형·초대형 기업이다.

북경시 군합변호사사무소는 1989년 4월 15일에 설립된, 중국에서 가장 먼저 설립된 합동제 사무소중의 하나이다. 설립초기부터 일류의 상업과 소송법률서비스를 제공하기 위해 최선을 다했다. 중국변호사업의 재건과 발전과정에서 선봉역할을 해왔다. 십여 년의 발전을 거쳐 전방위적인 법률서비스를 제공하며 많은 법률서비스 전문영역에서 선두적인 지위에 있다. 주요업무영역에는 ① 외국자본투자, ② 기업의 인수와 합병, ③ 증권과 자본시장, ④ 금융과 은행, ⑤ 기초시설개발과 프로젝트융자, ⑥ 부동산과 건축공정, 지적재산권, ⑦ 첨단기술, ⑧ 국제무역, ⑨ 광산과 자연자원, ⑩ 노동관계, 오락과 매체, ⑪ 분쟁해결이 포함된다. 군합변호사사무소는 특히 섭외투자, 금융, 회사, 증권 및 M&A, 노무관계, 부동산, 세무, 지적재산권과 첨단기술, 국제무역과 소송중재에서 특출한 업적을 쌓았다. 각 영역에서 국제조직, 국내외정부기구, 다국적 그룹, 국내외의 대형기업, 성장형의 중소형기업, 은행, 비은행금융기구, 보험회사 등 고객들에게 법률서비스를 제공하였다.

중윤금통변호사사무소는 1993년에 설립된 대형 종합성 합동제 변호사사무소이다. 업무는 ① 부동산과 공정건설, ② 국제직접투자, ③ 국제무역 및 분쟁해결, ④ 은행 및 국제금융, ⑤ 회사 및 증권업무, ⑥ 인수합병, ⑦ 과학기술과 지적재산권, ⑧ 에너지 및 기초시설, ⑨ 전신, 매체와 오락, ⑩ 해상, 운수 및 물류 등 10개 영역으로 나누고 있다. 상무중재와 회사의 소송업무 및 증권업무는 중윤금통의 핵심업무이다. 중윤금통은 중국에서 가장 먼저 증권업무를 개시한 변호사사무소중의 하나이다. 이미 100여 개의 중국기업을 도와 국내외에서 주식을 발행하고 증권거래소에 상장하였다. 부동산 및 공정건설분야에서의 법률서비스수준은 업계의 선도자의 역할을 하고 있다.

북경시 중윤문덕변호사사무소는 2003년에 설립된 중국의 대형, 종합성 합동제 법률사무소이다. 주요업무영역에는 ① 금융법률업무(금융기관의 설립 및 관련된 금융업무), ② 회사와증권법률업무(회사의 설립, 구조조정, 투자 및 증권의 발행, 상장 등), ③ 종합적인 법률업무(상년법률고문방식과 프로젝트법률고문), ④ 서부대개발법률업무(국가의 서부개발법률, 법규, 정책의 제정과 실행에 적극참여, 국가의 서부개발, 투자 및 국가중점건설프로젝트에 전문적인 법률서비스제공), ⑤ 부동산과 건설공정법률업무(부동산개발, 판매 및 건설공정), ⑥ 국제투자와국제무역법률업무(국제융자, 국제화물매매, 국제기술무역, 반덤핑 위주), ⑦ IT산업과정보기술법률업무(소프트, 전자상거래, 전신 등), ⑧ 환경보호법률업무(고객을 협조하여 환경오염으로 인한 법적분쟁을 피면), ⑨ 소송과중재업무(민상소송 및 중재), ⑩ 대만과의법률업무(대륙과 대만의 기업간의 투자, 무역), ⑪ 에너지법률업무 등이 포함된다. 부동산, 금융, 지적재산권, 국제무역, 일반 민사, 경제 분쟁 등 소송업무가 전체 업무 중 30%정도를 차지한다. 비소송업무에는 주로 부동산개발, 금융기관의 제반업무, 회사(국내외 기업상장 업무 위주)관련 업무, 외국기업의 대중국 투자 관련 포괄적인 자문, 지적재산권(상표, 상법비밀, 특허 등)관련 출원, 보호 업무 등이 포함된다. 국제법률업무에는 주로 위 소송업무의 일부분인 국제무역, 투자관련 분쟁이 포함되며, 비소송업무 중의 대중국 투자 및 중국기업의 해외 투자 관련 업무가 포함된다. 국내업무와 국제업무의 비율은 대략 3:7이다. 2006년부터 국제법무의 비중이 대폭 증가될 것으로 예상된다. 서부개발법률서비스업무에서 풍부한 경험을 쌓고 있다. 2명의 파트너변호사가 국무원 서부개발지도팀사무실의 법률고문을 담당하고 있다. 주로 국내의 100여 개 부동산 회사, 대형 금융기관의 프로젝트 수행, 남수북조(南水北調)와 관련한 인디케이트론, baidu 지적재산권 관련 분쟁 대행, 현대모비스를 비롯한 다수 현대자동차 협력업체들의 대중국투자 전반 법무 수행을 한다. 증권법률서비스제공과정에서 중국증권주관부서, 상하이와 심천의 증권거래소, 각 대 증권회사, 회계감사형가기관, 주식상장회사, 홍콩증권감독위원회, 홍콩증권연합교역소, 해외투자은행과 기타 중개기구들과 밀접한 업무연계를 가지고 있다. 부동산업무에서 몇백 개의 부동산관련 대출법률서비스를 제공하였다. 정부주관부서의 토지권속, 부동산개발, 건설, 판매, 관리 등 방면의 입법에 관여하였다. 국제투자와 국제무역 법률서비스에서 유럽의 많은 나라, 미국, 호주, 일본, 홍콩과 마타오 특별행정구의 몇십 개의 유명회사들에게 상년법률고문 및 전문서비스를 제공했다. IT산업과 정보기술에 풍부한 경험이 있다. 수십 개의 전신, 전자상무회사의 법률고문을 담당하였다. 소송과 중재업무에서 민상사소송 및 중재를 주요서비스영역으로 하고 있다. 1,000개에 가까운 회사에 소송 및 중재서비스를 제공하였다. 대만과의 법률업무를 담당한 파트너변호사, 고문 및 변호사들은 다년간 풍부한 경험을 쌓았다. 에너지법률업무에서는 국가電网회사, 중국華能그룹, 魯能그룹, 大港석유관리국, 中原석유관리국, 中油長城鉆井유한책임회사, 중경碩潤무역유한책임회사, 프랑스道達爾석유회사, 埃漠석유설비회사, ABB전기회사, 南水北調법률업무, 장강삼협공정관련 법률업무, 중국석탄연구원, 국무원안전생산사무실, 석탄관리국소속인 북경金泰恒業주식유한회사에게 법률서비스를 제공했다. 금융업무에서는 국가개발은행, 국가4대국유은행, 국가4대자산관리회사, 신탁투자회사, 주식제상업은행 그리고 수십 개의 증권회사, 기금회사와 보험회사에 상년법률고문 또는 전문적인 법률서비스를 제공하고 있다. 회사와 증권 법률업무에서는 백 개가 되는 중국기업의 구조조정과 국내외 주식의 발행과 상장(A주식, B주식, H주식, N주식, S주식)을 위해 법률서비스를 제공하였다. 업무범위는 전국에 확장되고 있다.

북경시 금성동달변호사사무소는 2004년 금성변호사사무소(1993년 3월에 설립됐고 2000년에 力格변호사사무소가 합병됨)와 동달변호사사무소(1992年12월 설립)가 합병하여 만들어진, 중국경내의 대형·종합성 변호사사무소이다. 회사 증권, 금융, 세무, 부동산, 지적재산권, 창업투자, 반덤핑, 국제법률업무, 소송과 중재 등 영역에서 명성이 높다. 회사증권부, 금융세무부, 부동산부, 지적재산권부, 국제업무부, 소송과 중재부, 연구발전부 등 7개 업무부서가 있다. 처리한 소송, 중재건에는 중국華聯회사 VS 싱가포르 모회사 신요장 사기안, 중국야금회사 산서분회사 VS 독일 RAG회사 신용장 분쟁안, 中信북경분은행 VS 해남남광 신용장 분쟁안 그리고 스페인, 홍콩, 체코 등 국가 기업과의 무역분쟁안이다. 처리한 투자건 중 대표적인 것은 SK Telecom 재 중국 투자 모방일 단말기 프로젝트, Pantech 재 중국 투자 모바일 단말기 투자회사 설립, LAX CDMA 모바일 투자 프로젝트, 북경万通실업회사와 한국 대우그룹 합자 프로젝트, 독일Benz우주항공회사 재 북경 합자 태양에너지 프로젝트, 미국 CE그룹 중국세관 EDI프로젝트 입찰, www.3721.net 중문검색엔징 투자, www.8848.net B2C와 B2B 플랫홈, www.jrj.com 금융가 사이트 투자관리 등이다.

외국의 저명한 변호사사무소 및 회계사사무소들과 합작하여 수십 건의 미국, 캐나다, 유럽의 중국을 대상으로 한 무역구제조치의 응소를 맡아 훌륭한 성과를 거두었다. 동시에 미국, 한국 그리고 홍콩, 마카오 지역의 제조상과 수출상의 위탁으로 20건의 중국반덤핑에 대한 응소를 담당하였다. 중국의 주요 은행 및 금융기구들의 법률고문을 담당하고 있다.

북경시 역화변호사사무소는 북경시 사법국의 비준을 거쳐 설립된 합동제 종합변호사사무소이다. 주요 업무영역은 송무(형사소송, 민상사소송, 노동쟁의, 행정소송, 집행)와 비송무(법률고문, 부동산, 회사증권, 노동관계, 지적재산권, 금융)이다. 주요고객은 정부기관, 각종 단체, 다국적 기업, 국내외 대·중형기업, 금융기관, 대학, 언론기관 등이다.

북경시 명태변호사사무소는 국내의 소송과 비송업무 그리고 국제 비송업무를 위주로 한다. 여기에는 회사와 증권, 섭외업무(외자투자, 국제무역, 국제금융, 해사와 국제운수), 부동산, 금융과 세무, 지적재산권, 소송과 중재가 포함된다. 지금까지 300여 개의 국내 기업과 개인 그리고 100여 개의 외국회사, 대사관, 영사관을 위해 법률서비스를 제공하였다. 주요고객은 중국 및 외국의 기업, 정부기관, 개인이다. 프랑스 파리국민은행, 유럽연합본부 주중사절단, 한국농업협동조합, 일본佐竹제작소, 강소蘇天데이터회사, 장강삼협공정 등은 특히 중요한 고객이다.

북경시 중윤변호사사무소는 1996년 12월에 설립된 대형 합동제 종합변호사사무소이다. 주요 업무영역에는 회사업무, 금융법률업무, 증권법률업무, 부동산법률업무, 지적재산권법률업무, 특허(체인)경영법률업무, 신탁, 보험, 세무 법률업무, 해상·해사법률업무, 국제투자와 국제무역, 소송과 중재가 포함된다. 국내고객은 중국의 28개 성, 자치구, 직할시 및 홍콩, 대만지역의 고객이다. 국제고객은 미국, 호주, 뉴질랜드, 일본, 한국, 싱가포르, 독일 등의 고객이다.

북경시 만사형변호사사무소는 1999년 4월 북경시 사법국의 비준을 거쳐 정식으로 설립된 합동변호사사무소이다. 주요 업무영역으로는 국제 국내 상사중재, 외국자본투자, 해외투자, 국내증권의 국내외 시장 발행 및 상장, 기업의 인수합병, 상품품질책임, 벤처투자, 지적재산권, 프로젝트융자, 국제금융 및 은행업무, 공정프로젝트, 세무, 부동산개발 및 관련 업무와 소송이다. 특히 중재의 방식으로 국제경제무역과 국내경제 활동영역에서의 분쟁해결능력은 중국내 일류수준이다. 이미 중재의 방식으로 몇백 건의 안건을 처리했다. 주요고객은 국내외의 대·중형회사, 기업, 은행, 신탁투자회사, 재무회사, 투자은행, 투자기금, 해외투자자, 증권회사, 보험회사, 상업회사 그리고 외국의 변호사사무소, 회계사사무소, 회계감사사무소, 세무대리사무소 등이다.

천진시 장영변호사사무소는 1994년에 설립된 합작제 변호사사무소이다. 천진지역에서 규모 및 업무능력에서 제1위를 차지하고 있다. 주요 업무영역에는 회사(기업)업무, 공정건축부동산업무, 금융·증권·보험업무, 투자무역, 지적재산권, 해사해상, 소송중재 등이 있다. 특히 금융, 투자, 지적재산권, 해사해상, 부동산, 기업소유권 관련 소송 및 비소송 법무를 위주로 한다. 비소송업무의 주요실적으로는 力神건전지주식유한회사설립(천진시중점프로젝트), 천진시진흥시멘트유한회사설립(국가중점프로젝트), 扎努西 (天津) 압축기회사제2기확건공정토지양도프로젝트, 천진화학시제4공장주식제개조프로젝트, 德利得그룹의 천진중형기중설비공장에 대한 M&A프로젝트(천진에서 최초로 민영기업이 대형국영기업을 매입함), 화기회사구조조정, 동방석유회사설립, 恒安생명보험주식유한회사설립(천진에서 최초로 설립되는 전국성적인 보험회사), 恒安생명보험주식유한회사와 영국표준생명회사합작프로젝트(진행 중), 천진광순부동산회사개조프로젝트(진행 중) 등이 포함된다. 소송업무의 주요실적으로는 싱가포르 凱京발전유한회사 부동산안, 천진 발해석유衆鑫실업총회사의 채무분쟁안, 섬서성 粮油식품수출입회사 수입대리안, 스웨덴 신세계국제유한회사 재산반환안, 중국건축 제8공정국 천진회사 공정체금안, 산서성 경공업수출입회사 특허침해안, 남방증권천진분회사 합작분쟁안, 중국농업은행 천진분행 대출금분쟁안, 천진의 10대백화점 불공정경쟁안, 中化천진수출입호사국제무역분쟁안, 절강성 증권유한회사 국채위탁보관 분쟁사건, 해양어업유한회사배상안건, 광동성 생명보험분공사 채무분쟁안건, 미국 태양무역회사채무분쟁안건, 미국 殼牌석유(천진)회사채무분쟁안건, 프랑스 梅蘭日蘭 (천진)회사침권안건, 泰達글로벌석유회사 연합경영분쟁사건, 대련 원양무역회사 채무분쟁사건, 천진인민방송국 명예훼손사건, 천진권업장(그룹)합작분쟁사건, 중국원양운송요녕컨테이너회사계약분쟁사건, 천진민족문화CD유한회사 저작권분쟁사건 등이 포함된다. 주요고객은 천진시 정부기관, 사회단체, 중·대형기업이다. 구체적으로 ① 천진시녕하개발구관리위원회, 천진시화교사무반공실, 천진시보세구, 천진시문화국, 천진인민방송국, 천진시배수관리처, ② 천진시기업연합회, 천진시기업가협회, 천진시대만동포투자기업협회, ③ 천진경제건설투자그룹총회사, 恒安생명보험주식회사, 천진시재정국, 천진해관, 발해석유회사, 雅瑪哈 (천진) 회사, 天芝一敏迪회사, 永丰余제지 (천진) 유한회사, 光寶 (천진)유한회사, 匯英 (천진) 실업유한회사, 천진大平부동산회사, 천진광순부동산회사, 북방넷주식유한회사, 凱鎌그룹회사, 천진시액압그룹회사, 천진시통풍기공장, 하북성해운총회사 등이 포함된다.

천진시 가위변호사사무소는 천진시 사법국의 비준을 거쳐 설립된 합작제 변호사사무소로, 회사와 기업의 법률업무 및 해상해사법률업무에 종사하는 전문성이 강한 법률사무소이다. 주요업무는 회사, 기업의 법률서비스 및 海事, 海上법률서비스이다. 주요고객은 세계 500위권 내 기업, 천진시의 대형 설계연구원, 국유연구소 및 다수 중외합자기업, 외상독자기업, 민영기업이다.

심양의 요녕개우변호사사무소는 요녕성 사법청의 비준을 거쳐 설립된 종합성 변호사사무소로, 요녕성 사법청에서 지정한 변호사실습사무소이다. 기업의 투자가능성논증, 기업의 인수합병, 상무상담, 각종 법률문서의 작성, 계약체결, 중재와 소송에서 많은 중대한 영향이 있는 경제, 민사, 형사 사건을 취급한다. 심양시의 수십 개 기업의 법률고문을 담당하고 있다.

연길시의 길림아리랑변호사사무소는 연변에서 가장 먼저 설립된 변호사사무소이다. 2000년 하반기에 국가소유의 변호사사무소로부터 합동제사무소로의 전환을 마쳤다. 주요업무는 국내의 형사, 민사 및 경제사건이다. 2000년부터 2005년 상반기까지, 각종 사건 총 2,204건을 처리했다. 그 중 소송사건은 440건, 비송사건은 1,764건이다. 연변조선족자치주정부, 연변대외경제무역국, 연변인민보험회사, 태평양보험회사연변분사, 평안보험회사연변분사, 연변건설은행, 연변신용연합사, 오동제약그룹 등 정부기관과 대형기업의 법률고문을 담당하고 있다. 동시에 국내의 기업과 개인들에게 서비스를 제공하고 있다.

길림延大변호사사무소 원 연변영창변호사사무소, 연변동호변호사사무소, 연변오주변호사사무소가 합병하여 만든 규모가 비교적 큰 합동제 변호사사무소이다. 주요고객은 연변지역의 고객이다. 특히 대외무역, 부동산개발, 증권교역, 금융, 중재, 의료, 민상, 지적재산권, 형사변호, 법률고문담임, 집단소송 등 법률서비스영역에서 이름이 있다.

현재 한국의 대형로펌과 중국의 대형로펌사이의 업무협력이 활발하게 진행되고 있다. 북경시 중윤금통변호사사무소는 2003년 7월부터 한국의 법무법인 한결과 협력하여 중국시장에 진출하는 한국기업에게 전문적인 법률서비스를 제공해 주고 있다. 중윤금통변호사사무소는 법무법인 한결에게 업무장소를 제공해주고 여러 면에서 사업상의 편의를 도모해 주고 있다. 금성동달변호사사무소는 미국, 유럽, 일본, 캐나다, 호주, 싱가포르, 인도 등 국가 및 대만, 홍콩, 마카오 등 지역의 법조인들과 광범위한 업무협력관계를 구축하고 있다. 금성동달변호사사무소는 한국의 대형 로펌들과도 협력관계를 구축하고 있다. 주로 한국의 법무법인 지평, 법무법인 광장, 삼정회계법인과 협력하여 투자, 반덤핑, 무역분쟁(중재) 등에 관하여 일을 추진하거나 고객관리 차원에서 일하고 있다. 중윤문덕변호사사무소도 한국의 다수의 대형로펌들과 지속적인 업무연락을 유지하고 있다.

⑷ 대외교류에 기초한 네트워크

중국변호사사무소들은 장기적 안목에서 대외교류를 활발하게 진행하고 있다.

2005년 10월 8일, 북경시 김두변호사사무소가 주최하는 중·일 경제 고급심포지엄이 인민대회당에서 열렸다.

북경시 군합변호사사무소는 대외교류를 활발하게 진행하고 있다. ① 체계적인 연수프로그램을 마련하고 있다. 정기적으로 변호사들을 외국의 유명로펌에 파견하여 연수 또는 업무교류를 하도록 한다. ② 상시적으로 국내 각 분야의 전문가와 관련된 정부관원들을 초청하여 특강하거나 대형 업무심포지엄을 개최한다. ③ 매년 많은 외국변호사와 법학원의 학생들이 군합에서 실습 또는 업무교류를 한다. ④ 많은 나라와 지역의 변호사사무소와 밀접한 업무협력관계를 구축하고 있다. 여러 차례 중국변호사들을 대표하여 국제학술대회에 참석하였으며, 여러 차례 외국의 저명한 법률저널에서 중국에서 순위가 가장 높은 변호사무소중의 하나로 선정되었다.

북경시 중윤금통변호사사무소도 대외교류를 활발하게 진행하고 있다. ① 2006년 4월 13일, 중윤금통이 미국, 홍콩 등 여러 나라의 저명한 금융기관, 중국의 일부 금융기관과 함께 발기 설립한 중국자산증권화포럼이 북경에서 설립되었다. 포럼의 사무실은 중윤금통에 설치하였다. ② 2006년 4월 18일, 일본 동경에서 중윤금통은 일본의 長島大野常松 로펌과 중국회사법업무심포지엄을 개최하였다. 일본의 저명한 기업가 100여 명이 심포지엄에 참석하였다. ③ 2006년 4월 20일, 동경대학 법학원의 요청에 의해, 중윤금통의 吳鵬변호사가 2005년 중국회사법개정에 관한 특강을 하였다.

북경시 중윤문덕변호사사무소는 정기적으로 변호사들을 미국, 영국, 한국, 일본, 홍콩 등지의 로펌에 보내 연수 또는 교류를 하도록 한다.

"전문화·규모화·브랜드화·국제화"를 목표로 하고 있는 북경시 역화변호사사무소는 미국, 일본, 한국, 홍콩, 대만 등 국가와 지역의 공상업계, 변호사업계와 지속적인 업무협력관계를 구축하고 있다. 상해, 천진, 심천, 광주, 중경 등 지역과도 양호한 협력관계를 구축하고 있다.

북경시 명태변호사사무소는 국내외 사법기관, 중개기관, 유명 인사들과 광범하고 밀접한 연계가 있다. 북경 通州에 있는 天正변호사사무소, 상해의 理和理변호사사무소, 홍콩의 黎錦文변호사사무소, 미국의 ABC 변호사사무소와 밀접한 관계를 유지하고 있다.

천진시 장영변호사사무소는 많은 나라 및 홍콩지역의 변호사사무소와 장기적인 업무협력관계를 유지하고 있다.

심양시 요녕개우변호사사무소는 미국, 한국, 스페인, 일본, 한국 등 나라와 대만, 홍콩지역의 변호사들과 밀접한 관계를 유지하고 있다.

연길시 길림아리랑변호사사무소는 한국 삼정컨설팅그룹과 협력관계를 구축하고 있다.

연길시 길림연대변호사사무소는 한국과 4차례에 걸쳐 학술교류를 진행했고, 한국과 연합하여 법률상담소를 설치하였다. ① 2001년 12월 11일, 길림연대변호사사무소는 대한민국 우리민족서로돕기운동 동북아평화연대, 한·중법학회와 연합으로 한국 국회의원회관에서 한·중법률국제세미나를 개최하였다. 한중법률세미나는 1996년 이래 한국과 중국 동포사회에서 사회문제로 부각되고 있는 초청사기, 노무송출비리, 출입국문제 및 한국과 중국내 범죄문제 등 사건들에 대한 분석과 법률지원에 대한 연구 그리고 한국체류중국동포와 중국체류한국동포들의 권익보호와 법률공조체계확립을 목적으로 하고 있었다. 세미나에서 길림연대변호사사무소 대표변호사 최창림이 "재중 한국인의 생활, 법률문제 및 중국 조선족 한국관련 법률문제"라는 제목으로 논문을 발표했다. ② 2002년 8월 29일부터 9월 1일까지, 길림연대변호사사무소는 동북아평화연대, 한중법학회와 연합으로 연길시 성보호텔에서 제2회 동북아경제법률국제세미나를 개최하였다. 세미나를 통해 동북아 법률정보 교류의 활성화와 법률인 네트워크 형성에 기여하며 중국, 러시아에 진출하는 한국인과 한국에 체류하는 동포들을 위한 공익적 법률 지원을 모색함으로써, 21세기 동북아 경제문화권의 공동 번영에 이바지하는 것이 그 목적이다. 세미나에서 길림연대변호사사무소의 허귀철 변호사가 "동북아 지역 국제통상과 법률인 협력문제"라는 제목으로 논문을 발표했고, 태청학 변호사가 "외상투자기업의 연변진출 시 주의해야 할 법률문제"라는 제목으로 논문을 발표했다. ③ 2003년 8월 15일, 연세대학교 의료법윤리학연구소와 아주남북한보건의료연구소가 주최하고, 길림연대변호사사무소가 주관하는 "한·중 의료법학 심포지엄"이 연길 성보호텔에서 진행되었다. 심포지엄에서 길림연대변호사사무소의 허귀철 변호사가 "의료사고 배상에 관하여"라는 제목으로 논문을 발표했다. ④ 2004년에는 서울의 국제무역센터에서 "한·중 의료법학 심포지엄"이 열렸다. ⑤ 길림연대변호사사무소는 한국의 동북아 평화연대와 연합으로 중·한법률상담소를 설립하였다. 법률상담소는 연대변호사사무소에 설치되어 있다. 법률상담소는 중·한 양국 간에 발생하는 법률민원문제 및 중국이 WTO가입 후 발생되는 문제들의 원만한 해결을 위해 설립되었다. 취급하는 업무로는 ① 중·한 사기피해접수 및 대리신고, ② 중국인이 한국인에게 당한 사기피해(초청사기, 취업사기, 결혼사기, 임금체불, 위탁금횡령 등), ③ 한국인이 중국인에게 당한 사기피해(각종 사기피해에 대한 자문, 조사, 대리신고, 변호담당), ④ 재중 한국인을 위한 법률자문, ⑤ 중국인을 위한 한국관련 법률자문, ⑥ 법률강좌(새로운 법규에 관한 순회강연 및 신문, PC통신 강좌), ⑦ 동북아 경제교류합작자문(경제교류를 위한 자료제공, 고찰, 연수 및 관련 구직구인 등), ⑧ 인터넷 법률상담(인터넷 상담 및 관련자료 제공) 등이다.

3) 변호사협회의 네트워크

중화전국변호사협회는 1986년 7월에 설립된 사단법인으로, 중국의 전국적인 변호사자율조직이다. 중국의 변호사법과 중화전국변호사협회 정관의 규정에 따라, 중국의 변호사는 모두 중화전국변호사협회의 회원이다. 중화전국변호사협회는 각 성, 자치구, 직할시에 지방변호사협회를 설립한다. 지방변호사협회는 중화전국변호사협회의 단체회원이다. 중화전국변호사협회에는 현재 단체회원 31개(각 성, 자치구, 직할시 변호사협회)와 개인회원 근 11만 명이 있다. 각 성, 자치구, 직할시 변호사협회는 또 수요에 따라 구가 설치된 시와 자치주, 盟에 시, 자치주, 盟 변호사협회를 설립할 수 있다. 중국의 변호사법과 중화전국변호사협회 정관의 규정에 따르면, 변호사협회의 주요 직책의 하나가 바로 회원들을 조직하여 국내외 교류활동을 전개하는 것이다. 따라서 재중 조선족 변호사들은 변호사협회의 회원의 신분으로 변호사협회가 조직하는 여러 가지 활동을 통하여 변호사협회의 네트워크를 활용할 수 있게 된다.

⑴ 전국변호사협회의 네트워크

전국변호사협회의 활동을 통해, 중국내 변호사들 간의 네트워크와 국제간의 네트워크 구축이 가능하다.

중국이 WTO에 가입한 후, 중화전국변호사협회는 국제변호사조직과 기타 국가 변호사협회와의 교류를 추진시키고 있다. 현재 전국변호사협회는 국제변호사협회, 국제변호사연맹의 단체회원이다. 2004년에 중국변호사협회는 국제변호사연맹과 공동으로 WTO국제심포지엄을 개최했다. 중화전국변호사협회는 아시아변호사협회장회의(POLA)의 적극적인 참가자이다. 2004년에 북경에서 POLA회의를 주최하였다. 중국은 2002년부터 태평양지역변호사협회(IPBA)의 회원이다. 현재 중화전국변호사협회는 한국, 영국, 캐나다, 이스라엘의 변호사협회와 비망록을 체결한 상태이다. 미국, 프랑스, 일본, 인도 등 나라의 변호사협회와도 밀접한 교류관계를 건립하였다. 이스라엘변호사협회, 터키변호사협회, 칠칠레변호사협회, 호주변호사협회와의 교류 및 상호방문도 실행하고 있다. 북경시 중윤문덕변호사사무소에 있는 김선화 변호사는 세계한인변호사회(IAKL, International Association of Korean Lawyers)[30]의 회원이고, 북경시 금성동달변호사사무소의 강철변호사는 아시아태평양지역변호사협회(LAWASIA)[31]의 회원이다.

전국변호사협회가 주최하는 국내교류도 활발하게 진행되고 있다. 매년 진행되는 연회 외에도 국내교류에는 전국변호사심포지엄, 전국청년변호사심포지엄, 전국여성변호사협회모임 등이 있다.

2001년에 시작된 중국변호사심포지엄은 이미 성공적으로 4차례 개최되었는바, 최초 200여 명이 참석하던 것이 2005년에는 1,000명이 넘는 숫자를 기록하면서 국내외에 일정한 영향을 미치는 변호사들의 축제로 되었다. ① 제1기 중국변호사심포지엄이 2001년 12월 운남성 곤명에서 개최되었다. 주제는 "WTO 하에서의 변호사업 관리와 발전(WTO背景下律師業管理與發展)"이다. 전국 27개 성, 자치구, 직할시의 114개 중국변호사사무소의 변호사들이 한자리에 모여 '곤명선언'을 발표했다. ② 2002년 10월 18일부터 20일까지, 중화전국변호사협회, 상해변호사협회, "중국변호사"저널이 공동으로 주최하는 제2기 전국변호사심포지엄이 상해에서 열렸다. "전업지위와 전업브랜드(專業定位與專業品牌)"라는 주제 하에 개최되었고, 대회에서는 "상해선언"을 발표하였다. 국내외의 80여 개 변호사사무소의 210여 명의 변호사대표, 전문가

---

30) 세계한인변호사회는 전 세계에서 활동하고 있는 한인 변호사들을 중심으로 한 법조인들의 임의 친목단체이다. 세계한인변호사회는 1988년 미국 뉴욕에서 창립총회를 가졌다. 그 후 로스앤젤레스, 샌프란시스코, 시카고, 시애틀, 뉴욕, 하와이, 서울 등지에서 매년 총회나 세미나를 개최하였다. 세계한인변호사회의 주된 활동은 총회와 세미나의 개최이다. 그간 이를 통하여 전 세계에 있는 한인 법조인들을 결속시키고 실무에서의 상호 경험의 교환, 새로운 법률문제에 대한 각국의 비교법적인 분석, 연구 등에서 많은 성과를 올린 바 있다.

31) 아시아태평양지역변호사협회(LAWASIA)는 아시아태평양지역에 있는 변호사협회, 법률단체, 개인 변호사 및 법률사무소 대표들로 구성된 전문적 단체이다. LAWASIA의 주된 설립목적은 변호사, 사업가 및 정부대표 사이에 전문적인 업무관계를 촉진시키는 데 있다. LAWASIA는 지역 내의 정치적, 문화적, 사회적 그리고 경제적인 법안의 추진 또한 담당하고 있다.

들이 참여했다. ③ 2003년 12월 5일부터 2003년 12월 7일까지, 제3기 중국변호사심포지엄이 광주에서 개최되었다. 주제는 "법률서비스와 규범화(法律服務與規範)"이다. 심포지엄에서는 "광주선언"을 발표했다. 제3기 중국변호사심포지엄에 참가한 인원수는 천 명을 넘으며, 홍콩, 마카오, 대만 변호사와 전국각지의 변호사들이 광주에 모였다. ④ 2004년 10월 23일부터 24일까지, 제4기 중국변호사심포지엄이 安徽省 合肥市에서 개최되었다. 국내외의 700여 명의 법조인들이 모여 "항업건설과 사업발전(行業建設與事業發展)"이라는 주제로 열띤 토론을 벌였다. 홍콩특별행정구 律政司 司長 梁愛詩와 중국정법대학의 江平교수 등이 발언을 했다. ⑤ 2005년 11월 4일부터 5일까지, 매년마다 열리는 변호사들의 축제인 제5기 중국변호사심포지엄이 천진에서 막을 열었다. 국내의 천여 명의 변호사들과 미국, 독일, 한국, 싱가포르 등 나라 그리고 홍콩, 마카오의 변호사들이 한자리에 모였다. 심포지엄은 천진시 인민정부와 중화전국변호사협회에서 공동으로 주최했다. 천진시위부서기, 시장 戴相龍、 사법부 부부장 段正坤 등이 참가하여 축사를 하였다. 홍콩특별행정구 律政司 司長 黃仁龍과 마카오특별행정구 行政法務司 司長 陳麗敏 그리고 국제변호사연맹주석, 국제변호사협회 후임회장도 참석하여 축사를 하였다. 주제는 "조화로운 사회와 변호사업의 발전 구축(構建和諧社會與律師業發展)"이다. 외국의 일부 변호사협회의 책임자 및 국내의 16개 성, 직할시, 자치구 사법청(국)장과 31개 성, 자치구, 직할시 변호사협회회장 등이 참석했다. ⑥ 중화전국변호사협회는 2006년 9월 15일부터 17일까지, 산서성 인민정부와 공동으로 " '十一五'법치건설과법률서비스업: 기획·규범·규칙('十一五'法治建設與法律服務業: 規劃·規範·規則)"을 주제로 제6기 중국변호사심포지엄을 개최하게 된다.

중국청년변호사심포지엄이 지금까지 3차 거행되었다. 제1기 중국청년변호사심포지엄은 2004년 10월 안휘성 합비시에서 성공적으로 개최되었다. 제2기 중국청년변호사심포지엄이 2005년 5월 14일과 15일 북경대학에서 개최되었다. 제3기 중국청년변호사심포지엄이 2006년 5월 12일부터 13일까지 서남정법대학에서 개최된다. 주제는 "변호사법 10년과 중국변호사 100년"이다.

2001년 12월 29일, 중화전국여변호사협회가 북경에서 설립되었다. 중화전국여변호사협회의 부회장은 조선족인 김연숙 변호사이다. 중화전국여변호사협회는 2003년 1월 16일 상해에서 2002년 연차총회를 열었고, 2003년 12월 6일에는 광주에서 2003년 연차총회를 열었으며, 2006년 3월 5일에는 북경大觀圓酒店에서 2006년 연차총회를 열렸다. 전국각지에서 온 여변호사협회의 위원들이 회의에 참석하였다. 2006년 연차총회에서 북경의 조선족변호사들이 무용 "대장금"을 선보였다.

(2) 지방변호사협회의 네트워크

지역변호사협회 간의 교류가 활발하게 진행되고 있다. 2004년에 천진시변호사협회에서는 변호사들을 조직하여 변호사업이 비교적 발달한 상해, 절강, 광주, 심천, 산동성 청도와 북경 등 지역의 변호사협회 및 변호사사무소와의 교류를 진행해 좋은 반응을 얻었다. 그 후 천진시변호사협회는 매년 변호사들을 조직하여 변호사업이 발달한 지역에 가서 고찰하고 견학하고 있다. 2006년 4월 10일부터 14일까지, 천진시 변호사협회 부회장 張富剛을 단장으로 하는 변호사협회대표단 일행 18명은 사천성의 성도, 중경에 가서 현지 변호사협회 및 변호사사무소들과 교류를 하였다. 2006년 4월 11일부터 15일까지, 천진시 변호사협회 부회장 李淸을 단장으로 하는 변호사협회대표단 일행 21명은 상해, 남경에서 고찰과 교류를 하였다.

북경시 변호사협회는 "북경시변호사협회정관"을 작성하면서 2006년 4월 24일과 25일에 북경시변호사협회 규장제도위원회의 위원들은 두

개 팀으로 나뉘어 타 지역에 대한 고찰과 견학을 하였다. 첫 번째 팀은 규장위원회 부주임인 李海彦이 거느리고 심천과 복건성 변호사협회에 가서 고찰·교류하였으며, 두 번째 팀은 규장위원회 비서장 岳運生이 거느리고 상하이와 합비성 변호사협회에 가서 고찰·교류를 하였다. 이러한 형식의 교류는 전국적 범위 내에서 광범위하게 진행되고 있다.

지방변호사협회의 국제교류도 진행되고 있다. 가장 대표적인 것은 북경변호사협회와 서울지방변호사협회사이의 교류이다. 북경시변호사협회와 서울변호사협회는 1992년 12월 4일 북경에서 두 변호사협회사이의 결연관계를 체결하였다. 그 후 매년 정기적으로 심포지엄을 개최하고 있다. 그 교류회의 일시 및 주제는 다음과 같다.32)

<표 Ⅳ-15> 서울변호사협회와 북경시율사협회와의 교류회의 일시 및 주제

회차	개최 연월일	장소	심포지엄 주제	발표자
1	1992. 12. 4	북경	결연체결	
2	1993. 8. 19	서울	우리나라의 외국인투자제도	이정훈 변호사
			외국인투자기업에 관한 중국 법률체계	張秀文 율사
3	1994. 5. 23	북경	국제경제거래활동에 관련된 변호사의 역할	조경근 변호사
			중국의 개방확대와 대외협조 증진	金伊燕 율사
4	1995. 9. 14	서울	한국의 변호사사무소 운영실태	임동진 변호사
			한국에 있어서 외국인투자자의 보호	최연택 변호사
			중국율사의 관리와 연혁	崔玉麒 율사
			외국투자자에 대한 중국의 법률보호	張湧濤 율사
5	1996. 5. 3	북경	변호사에 대한 제반규율	배진수 총무이사
			북경시율사협회의 주요직책 및 업무	武曉驥 율사
6	1997. 9. 23	서울 (LA와 공동교류 회의)	외국금전이행판결의 승인 및 집행	석광현 변호사
			금융방면 외국판결의 승인 및 집행	王家本 율사
			중국사법협조의 법률규정	季麗枝 경시 사법국 부처장

---

32) 여기에서의 율사(律師)는 중국변호사를 의미한다.

회차	개최 연월일	장소	심포지엄 주제	발표자
7	1998. 4. 30	북경	외국인의 한국 법인 인수와 관련한 법률규정	안원모 섭외이사
			중국기업산권교양의 법률규정과 존재하는 법률장애	黃應 율사
8	1999. 6. 7	서울	한중간 무역분쟁사례 검토	김종길 변호사
			외자도입에 관한 한국, 중국의 법률문제	이만수 회원이사
			투자자가 중국에서 자주 부딪치는 주요 법률분쟁 및 해결책	戰寧 율사
9	2000. 4. 17	북경	정보화사회에 있어서의 변호사의 역할	이우승 법제이사
			전자통신증치서비스분야에서의 중국 변호사의 역할	楊育紅 율사
			WTO 가입 후 중국 변호사의 금융업무 개척방식	鄭斌 율사
10	2001. 7. 9	서울	한국의 자산유동화에 관한 이론과 실제	황호동 변호사
			중국외상투자관련법률의 개정과 그 입법추세	黃應 율사
11	2002. 4. 22	북경	불공정무역행위조사 및 산업피해구제제도	정연호 변호사
			변호사의 반덤핑사건 처리방향	王雪華 율사
12	2004. 2. 17	서울	한국에서의 로펌의 관리와 운영	김종길 변호사
			외국자본 對중국투자모델 및 자본운영관련 법제도	강철 율사
13	2004. 5. 24	북경	증권거래법 소고	김정태 재무이사
			출자전환	정영진 변호사
			한국의 증권거래법상의 주식유통시장제도	임통일 변호사
			중국 국제 세무업무 및 변호사업무에 관하여	戴昌久 율사
			중국 상업 세무체계 및 세무실무에 관하여	王朝暉 율사
14	2005. 9. 6	서울	변호사배상책임 보험제도 개관	이찬희 재무이사
			한국의 변호사업무 관리제도에 관하여	김선욱 기획이사
			현행 중국법체제하에서의 외자인수에 대하여	關景欣 율사

(출처: 서울지방변호사회 http://www.seoulbar.or.kr)

2004년 2월 17일, 서울에서 개최된 제12기 한·중변호사협회 교류대회에서 금성동달의 강철변호사는 "외국자본의 對중국투자모델 및 자본운영관련 법제도"라는 제목으로 논문을 발표하였다.

4) 조선족변호사의 네트워크 특징

⑴ 네트워크의 영역

조선족변호사들이 구축한 네트워크 중 변호사 간에 구축한 네트워크와 고객과 구축한 네트워크가 가장 큰 비중을 차지한다.

⑵ 네트워크의 민족성

① 변호사간 네트워크의 민족성

조사결과, 조선족변호사들 간의 공식적인 네트워크는 거의 존재하지 않는 것으로 나타났다. 그러나 비공식적이고 사적인 네트워크는 형성되어 있는데 주로 지연, 학연, 업연에 기초하여 형성된 네트워크이다.

조선족변호사들의 네트워크는 주로 중국의 타민족 특히 중국인의 대다수를 차지하는 한족과 결성되어 있으며, 한족과 네트워크를 결성하는 방식은 소속된 변호사사무소에서의 동료관계 그리고 소속된 변호사협회의 활동을 통해 진행되고 있다.

현재 중국의 조선족변호사와 한국인변호사 간에는 비교적 밀접한 네트워크가 형성되어 있다. 이것은 특히 북경소재 조선족변호사들에게서 집중적으로 나타났다.

조선족변호사와 한국인변호사들 간의 네트워크 결성에는 세 가지 방식이 있다. 첫째로 한국유학 또는 한국로펌에서의 취직경험을 바탕으로 하고 있다. 둘째 방식은 한국로펌의 주중대표처에 취직함으로써 한국인변호사들과의 네트워크가 형성되는 것이다. 세 번째 방식은 한국인변호사들과 공동으로 업무를 추진함으로써 형성된 네트워크이다.

중국의 법률서비스시장은 1992년부터 개방되기 시작했다. 현재 북경에는 법무법인 태평양과 광장이 있으며, 상해에는 법무법인 대륙이 있다. 그리고 천진지역에서는 인천의 법무법인 경인이 활동하고 있으며,

심양에서는 법무사사무소인 동보가 활동하고 있다. 현재 중국의 법률규정에 따라 외국로펌은 중국에 대표처를 설립할 수 있지만 중국관련 업무를 취급할 수 없다. 따라서 현재 외국로펌 주중대표처는 중국관련 업무를 취급함에 있어서, 중국변호사사무소와 협력관계를 결성하고 중국변호사에게 위탁하는 방식을 택하고 있다.

업무 공동추진에 기초하여 형성된 조선족변호사와 한국인변호사들 간의 네트워크는 특히 북경의 변호사들에게서 많이 나타나고 있다. 현재 북경의 대형로펌에 근무하고 있는 조선족변호사들은 대부분 한국관련 업무를 추진하고 있다. 한국업무는 보통 한국의 변호사가 수임하여 중국에서 중국변호사를 찾아 함께 추진하게 되는데, 조선족변호사는 언어상의 우세로 한국변호사의 파트너로 일하게 된다.

② 고객과 구축한 네트워크의 민족성

조선족변호사와 고객 간에 구축한 네트워크는 업무의 성격에 따라 민족성이 결정된다.

북경, 천진, 심양지역의 조선족변호사의 업무가운데서 한국기업(한국인)을 고객으로 하는 경우가 많다. 특히 북경지역의 대형로펌에 취직한 조선족변호사들은 한국업무를 주로 취급하기에 고객은 거의 대부분 한국기업(한국인)에 국한되고 있다.

북경지역의 중소형 변호사사무소에 취직하고 있는 조선족변호사들은 한국기업(한국인)외에도 중국인도 고객으로 하고 있다.

연길지역의 조선족변호사들은 주로 조선족기업(조선족)과 타민족기업(타민족)을 고객으로 하고 있다.

⑶ 네트워크의 지역성

① 변호사간 네트워크의 지역성

조선족변호사들이 직·간접적으로 구축한 네트워크는 또 지역 내 네트워크와 지역 간 네트워크, 한국과의 네트워크와 국제적 네트워크로 세분화할 수 있다.

조선족변호사들 간, 조선족변호사와 타 민족변호사 간에 구축한 네트워크에는 지역 내 네트워크와 지역 간 네트워크가 모두 존재한다. 조선족변호사들 간에 형성된 네트워크는 보통 학연, 지연에 의해 이루어진 것으로, 지역 내 네트워크가 가장 많다.

조선족변호사와 타 민족변호사 간에 구축한 네트워크에는 변호사사무소의 기타 동료변호사들과의 네트워크와 변호사협회의 회원으로 활동하면서 구축된 타 변호사사무소의 변호사들과의 네트워크가 존재한다. 타 변호사사무소의 변호사들과의 네트워크에는 보통 지역 간 네트워크의 형식으로 많이 존재한다.

② 고객과 구축한 네트워크의 지역성

고객과 구축한 네트워크에는 보통 지역 내 네트워크와 모국인 한국과의 네트워크가 포함된다. 지역 간 네트워크와 국제적 네트워크는 매우 적다.

현재 중국의 조선족변호사의 주요 고객은 중국기업(중국인)과 한국기업(한국인)이다. 조선족기업(조선족)을 망라한 중국기업(중국인)은 변호사사무소 선정에서 보통 지역 내의 변호사사무소를 선택하는 경향이 강하다. 따라서 중국기업(중국인)을 고객으로 하는 경우, 고객과 형성한 네트워크는 대부분 지역 내 네트워크를 형성하게 된다.

한국기업(한국인)의 경우에는 두 가지 가능성이 존재한다. 중국에 있는 한국기업(한국인)을 고객으로 하는 경우, 조선족변호사와 고객 간에 형성한 네트워크는 지역 간 네트워크가 대부분이다. 그러나 한국에 있는 한국기업(한국인)을 고객으로 하는 경우, 형성하는 네트워크는 모국인 한국과의 네트워크이다.

⑷ 네트워크의 조직성

① 변호사간 네트워크의 조직성

현재 조선족변호사들이 구축한 네트워크 중 대부분은 불안정적인 네트워크이다. 그러나 소속된 변호사사무소에서 동료변호사들과 구축한 네트워크는 상대적으로 비교적 온정적이며, 변호사협회를 통해 구축한 네트워크는 조직체의 형식을 띠고 있다.

② 고객과 구축한 네트워크의 조직성

중국에서 변호사제도는 1979년에 회복되었고, 변호사들이 본격적으로 변호사업에 종사한 것은 1990년대 중반부터이다. 연길지역을 제외한 기타 지역의 조선족변호사들은 변호사업에 종사한 연륜이 짧다. 따라서 고정적인 고객을 보유한다는 것은 어려운 일이다. 현재 조선족변호사들은 일부 기업들과 常年법률고문계약을 체결한다. 이 계약에 의해 1년을 단위로 법률고문을 맡게 되는데, 법률고문계약에 의해 고객과 형성한 네트워크는 상대적으로 안정적이며 지속적이다. 그 외에 고객과의 관계는 법률서비스의 만족도에 따라 지속적인 만남이 계속되는 경우도 있지만, 1회성에 그치는 경우도 많다.

V
재러한인의 권익보호 네트워크 실태

1. 재러한인의 권익보호현황

1860년대 조국의 정치, 경제, 사회 구조의 모순과 불안, 혹독한 기근으로 인해 삶의 터전을 떠나 러시아 연해주 지역에 정착하였던 고려인 동포들은 1937년 구소련의 강제이주정책에 의해 우즈베키스탄, 카자흐스탄 등 중앙아시아에 거주하게 되었다. 1991년 구소련 해체 이후에는 경제, 사회 및 정치적 이유 등으로 러시아로 재이주하게 되었고 앞으로도 이러한 이주의 가능성이 높다. 중앙아시아에 거주하는 동포들은 거주지 국가들의 독립 이후 민족주의적 정책으로 인하여 사회·경제적 지위가 하락하였으며 상대적으로 경제적 여건이 양호하다고 생각되는 러시아로 이주하고 있는 것이다. 특히 경제적으로 낙후된 우즈베키스탄 등에서 농업여건이 유리한 우크라이나, 북카프카즈나 러시아 남부 또는 연고가 있는 극동지역으로 많이 이주하고 있다.

구소련 붕괴 후 1991년부터 1995년 기간 중 이주한 고려인들은 러시아 국적을 비교적 쉽게 취득할 수 있었으나,[33] 러시아의 법과 제도가 정비된 1990년대 말부터 체류자격 등 문제로 인한 불이익이 발생하였다.

고려인 동포의 러시아 재정착관련 국적 취득 문제는 기본적으로 러시아 국적법 관련 사항이지만 러시아의 이민, 노동, 지방개발과 소수민

---

33) 이때는 독립국가연합(CIS)의 국민들이면 누구나 러시아 국적취득이 가능하였다.

족 정책과 관련된 복합적인 문제이다.

거주허가, 국적취득 등 체류자격 획득 문제는 기본적으로 개인의 문제라고 볼 수 있지만 러시아로 이주하는 동포수가 급증하여 이들의 재정착을 위한 법적지위 확보가 고려인 동포 사회의 절실한 문제로 되었다. 러시아 내에서 적법한 체류자격을 갖지 못한 경우, 의료·교육·연금 등 사회보장 혜택을 받을 수 없을 뿐만 아니라 일자리를 구하기도 힘들기 때문에 정상적으로 일상생활을 영위하는 것이 곤란하다. 현재 적법한 체류자격을 보유하지 못한 동포의 수가 수만 명에 이르는 것으로 예상되어 이 문제에 대한 해결이 시급하다.

공식적인 자료는 없으나 CIS 지역 거주 전체 고려인 동포 증감을 근거로 추산할 경우, 러시아 국적을 보유하지 못한 동포는 4만 명 이상으로 추정되며, 대다수는 우즈베키스탄 국적의 동포로 예상된다. 러시아 거주 전체 고려인 동포는 약 19만 명으로 예상하고 있으며 2002년 러시아 인구조사에 의한 러시아국적 고려인 동포는 약 15만 명으로 집계하고 있다.34)

볼고그라드에서 실시한 설문조사 결과를 근거로 할 경우, 적법한 체류자격을 보유하지 못한 동포 수는 3만 명 이상일 것으로 추산하고 있다.35)

이주 동포의 대부분은 빈곤하여 거주등록에 문제가 있는 경우이며, 구소련 여권만을 소지하고 있는 무국적자도 있다. 러시아와 다른 CIS 국가(그루지아 제외)간 단기(90일) 비자면제 협정이 체결되어 있어, 러시아 입국에는 어려움이 없는 상황이다. 거주등록을 위해서는 법적으로 거주할 권리가 있는 거주지에 거주해야 하며, 거주등록은 여타 체류자

---

34) 국회사무처 러시아주재관 작성, 러시아의 국적법개정과 고려인동포의 러시아재정착 지원문제, 2006년 1월 13일; http://nas.na.go.kr/index.jsp의 해외입법정보 참조.

35) 볼고그라드고려인협회가 2005년 12월 실시한 설문조사 결과에 의하면, 러시아 국적을 보유하지 않은 동포 중 90%이상이 우즈베키스탄 국적자이며, 이들 중 80%이상이 불법 체류자이다.

격취득을 위한 기본조건이다.

2. 재러한인 권익보호단체의 현황

1) 동북아 평화연대[36)]의 현황

⑴ 개 관

동북아평화연대는 1996년 우리민족서로돕기운동 내 재외동포사업국에서 출발하여 러시아 연해주 고려인 동포돕기, 중국조선족동포 사기피해 문제해결 등 어려움에 처한 재외동포들을 돕기 위해 노력해 왔다. 또한 동북아의 오랜 냉전과 전쟁의 상흔으로 인한 반목과 대립을 극복하고 새로운 동북아 시대를 구현하고자 문화교류 활동을 전개해 오고 있다. 특히, 동북아 지역에 이주해 있는 300만 우리 민족 성원이 거주국 여러 인종 문화와 함께 협력하고 공존할 수 있도록 민간 협력과 교류 사업을 펼치고 있다. 2001년 10월 27일에 순수 민간시민단체로 창립하였고, 2003년 6월 외교통상부 사단법인으로 등록되었다.

서울·중국 연길·러시아 우수리스크에 사무국이 개설되어 있으며, 광주에 광주전남 동북아평화연대 지부[37)]가 결성되어 지역을 기반으로 활동하고 있다. 회원 수는 한국(700여 명)·중국(1,500여 명)·연해주(300여 명)에 다수 회원들이 참여하고 있고 각자의 전문성과 관심영역별로 경제, 문화, 법률, 청년, 연구, 농업, 의료 네트워크 등에 편성되어 자발적으로 활동하고 있다.

---

36) http://www.wekorean.or.kr/ 참조.

37) http://www.gjunipia.org/ 참조.

⑵ 주요활동

연해주 재이주 고려인들의 재이주 과정에서 나타나는 법률적 문제점의 해결과 국내 경제인의 연해주 진출에 필요한 법률적 지원을 실시하고 있다. 중앙아시아의 여러 나라가 독립하면서 각 공화국 국민이 된 중앙아시아 고려인들은 러시아 시민권을 취득하여야 취업, 의료보험, 연금, 재산권 행사 등의 기본권리를 누릴 수 있으므로 국적취득은 이들에서 최우선의 시급한 과제이다.

연해주에 이주한 고려인들은 시간이 경과할수록 러시아의 국적취득이 어려워지기 때문에 '연해주 한인 재생기금 국제문제 상담지원'이라 하여 변호사 1명을 고용하고 상근 부회장 1명, 사무직원 1명, 사무보조 1명을 두고 법률지원 사업을 추진하고 있다. 업무는 주로 중앙아시아에서 이주해 온 사람들의 거주 허가증 또는 주민증 신청서류와 여권신청, 세무관련 법률 문의 등에 대한 상담과 해결책 마련이다. 매월 첫째 주와 셋째 주 토요일에 동북아평화연대 연해주 지부 사무실에서 자원봉사로 법률서비스를 지원하고 있다.[38]

구체적인 내용은 다음과 같다.[39]

① 앙케트 작성 : 고려인들의 국적취득과 관련하여 실태를 파악하고, 구체적 상황을 이해하기 위해 2004년에 1,000명을 대상으로 설문조사를 실시하려고 계획했으나 실제로 대상자를 만나 앙케트를 작성하고, 서명을 받은 사람은 350명 정도이다. 더 진행 할 수 없었던 원인은 FSB(과거 KGB)가 부정적인 태도로 이 설문조사에 대해 문제제기를 해왔기 때문이다.

② 작성된 앙케트는 고려인 국적회복을 위한 서명운동에 사용할 예정이었다.

---

38) 최이윤, 중앙아시아 고려인의 재이주와 민족NGO의 활동, 이화여자대학교 석사학위논문, 2005, 37면.

39) 동북아평화기금 강 니꼴라이 세르게이비치 작성 자료.

앙케트에는 국적취득을 위한 본인의 노력과정에서 장애가 되고 있는 문제들을 기록하도록 하였다.

③ 작성한 앙케트를 러시아 두마 위원 장 류보미르에게 발송하였다.

④ 이 내용과 관련하여 고려인 민족신문에 러시아 연방 푸틴 대통령에게 보내는 공개서한을 실었다. 이 공개서한은 고려 신문(12호, 2004.08.25)에 고려인 재생기금 회장 뗀 알렉산드르와 우스리스크 고려인 문화자치회 회장 김 니꼴라이의 명의로 발표되었고 원동 신문에도 푸틴 대통령에게 올리는 공개서한을 실었다.

⑤ 후속조치로 동북아평화기금 내에 "법률상담소"를 설치하였다. 현재 동북아평화 기금은 1명의 전담 법률상담직원을 두고, 1명의 변호사를 시간제로 고용하여 국적관련 법률상담을 무료로 진행하고 있다

⑥ 국적취득이 자신의 힘으로 전혀 불가능한 이주민 20명을 선택하여 이들에게 처음부터 끝까지 즉 국적을 받을 때까지 지원을 약속하고 수속 실무를 도와주고 있다. 이 과정에 소요되는 재정의 대부분은 동북아평화기금에서 부담하고 있다. 개개인의 상황이 너무 달라서 일괄적으로 소요시간이나 비용을 산출하기는 현실적으로 쉽지 않다.

2) 고려인돕기운동본부[40]의 현황

(1) 개 관

1999년 3월에 발족하여 2000년 9월 7일 외교통상부에 비영리민간단체로 등록하여 활동한 '고려인돕기운동회'가 2005년 2월 22일 외교통

---

[40] http://koreis.com/ 참조.

상부로부터 사단법인 승격허가(제466호)를 받으면서 사단법인 '고려인 돕기운동본부'란 이름으로 명칭을 변경하였다.

고려인돕기운동본부는 중국, 러시아, 중앙아시아 등 해외동포들의 안정적 정착을 위한 지원협력 및 문화 교류 사업을 펼치고 있다. 외교통상부 등록 제16호 비영리 민간단체이다

(2) 주요활동

① 기초 생활안정 지원사업

    ○ 구호품 지원으로 의류 및 의약품 지원 사업 : 온누리건강가족 복지회, 이랜드복지재단, 국제보건의료발전재단, CJ그룹, 제약협회, 한중제약 등.

    ○ 의료봉사활동 : 미르치과, 이연안과, 그린치과, 조선대 치과대, 원광대, 대전대, 경북대, 한양대의대 사회봉사단 참여.

    ○ 극빈자 최저생계비 지원사업(사랑의 열매, 우리민족서로돕기) 러시아 고려인 정착촌과 중앙아시아 독거노인 및 청소년 지원.

② 현지 자립정착 지원사업

    ○ 러시아와 중앙아시아에 한민족 협력 농장 설립 및 운영지원(2000년부터 연해주, 2001년부터 우즈베키스탄 및 키르기즈스탄)

    ○ 국제로타리클럽, 흥농종묘, 농우종묘 등이 참여하여 농기계 및 농자재와 종자 등 지원

    ○ 키르기즈스탄 우스타 국립대 부설 기술전문학교와 협력 및 후원

③ 민족교육 및 문화교류 등을 통한 민족정체성과 일체감 회복지원사업

    ○ 우즈베키스탄 고려인집성촌 및 연해주 고려인 정착촌 지원사업

    ○ 한글학교와 문화센터 설립 및 운영지원협력

○ 2001년 고려인 문화의 날 행사, 전통문화예절교육 자원봉사자 양
성 및 파견, 한글교재 및 한국어 사전 보급, 교육시설 기자재지원,
한국달력보급

④ 민간외교 및 자원봉사 활동 지원사업

○ 2002년부터 2004년까지 대학생 해외봉사단 250명 파견(교육인적
자원부와 중앙일보 후원 한국대학교육 협의회 주최)
○ 해외 각 지역에 자원봉사자 파견 및 활동 지원, 대구대, 미르치과,
이연안과, JCI KOREA 봉사단, 국제로터리, 각종 기업사회봉사단
등

3) 우리민족서로돕기운동41)의 현황

(1) 개 관

우리민족서로돕기운동은 북한의 극심한 식량난이 외부세계에 알려지
고 북한 이 긴급지원을 호소하던 1996년 6월 21일에 창립되었다. 창립
당시 우리민족서로돕기운동은 한국의 천주교, 기독교, 불교계 등 6대종단
과 주요 시민사회단체가 함께 참여하는 국민운동조직으로 시작하였다.
우리민족서로돕기운동은 인도적 대북지원과 남북 간 교류사업을 통
해 남북 간의 반목과 대립을 깨고 한반도의 평화정착과 민족의 화해와
공존을 이루어가는 데 기여하는 것을 목적으로 하였다.
우리민족서로돕기운동은 초기 긴급구호방식의 지원에서 한걸음 나아
가 북한의 인도적 상황을 구조적으로 개선할 수 있도록 농업과 보건의
료 분야의 개발복구 지원사업을 중점적으로 추진하고 있다. 또한 인도
적 지원분야 이외에도 다양한 남북 간 교류협력사업을 병행 추진하고

---

41) http://www.ksm.or.kr/ 참조.

있으며 특히 대북지원과 남북교류 활성화, 국내외 지원단체간 네트워크 형성을 위한 각종 정책활동과 캠페인 활동도 중점적으로 추진하고 있다. 재러한인과 관련하여서는 주로 볼고그라드 지역을 중심으로 고려인들에 대한 지원사업을 펼치고 있다.

(2) 주요활동

구소련의 붕괴 후 중앙아시아에 살고 있는 많은 고려인들이 민족차별과 경제적 어려움으로 남부러시아 볼고그라드로 이주하였다. 약 4~5만 명으로 추산되는 볼고그라드의 이주 고려인들 대부분은 농토를 임대해서 농사를 짓고 있으나 비싼 토지 임대료와 농산물 가격 하락으로 어려운 생활을 하고 있다. 우리민족서로돕기운동은 이들에 대한 정착지원과 함께 한민족으로서의 정체성을 회복하고 민족적 자긍심을 찾을 수 있도록 지원하고 있다.

① 고려인 민족축제 지원

우리민족서로돕기운동은 2001년부터 매년 고려인 민족축제를 후원하고 있는데, 이 축제는 볼고그라드 유일의 소수민족축제로 고려인들의 민족적 자긍심을 높이고 한민족의 정체성을 확인하는데 기여하고 있다. 또한, 고려인축제는 고려인 청년들이 한민족 문화를 배우는 계기가 되었고 고려인들의 화합과 연대 그리고 협력의 장이 되고 있다. 2005년 제4회 볼고그라드 고려인 민족축제는 8월15일 볼고그라드 시민문화회관에서 2,000여 명의 고려인과 현지 러시아인, 한국 대표단 등이 참가한 가운데 열렸다. 축제는 현지 고려인 조직이 주관하고 한국의 농협, 재외동포재단, 삼릉건설, 대한적십자사 등이 후원단체로 참여하였다.

② 고려인 법적 지위 획득을 위한 법률 지원 사업

볼고그라드에 거주하고 있는 고려인 중 약 40%는 불법체류자나 무국적자로 추정된다. 이주해오는 고려인들에게 러시아 국적은 쉽게 주어지지 않고 국적 신청이 매우 복잡하기 때문이다. 고려인들은 체류권이나 국적이 없어 전화, 운전면허, 영업허가, 사업등록 취득이 힘들뿐 아니라 교육비, 의료비에 대한 부담이 매우 크다. 더구나 수시로 경찰의 검문을 받고 이의 해결을 위해 돈을 낭비하는 등 경제적으로나 심적으로 어려움을 겪고 있다. 따라서 생활전반의 불이익을 해소하기 위한 법률지원 활동은 고려인 동포들에게 가장 필요한 사업이다. 이를 위해 우리민족서로돕기운동은 일차적으로 8개 라이온(군)의 12개 마을을 대상으로 고려인들의 체류상태를 조사하고 있으며 각 마을별로 체류허가와 관련한 설명회를 개최하고 체류신청에 필요한 각종절차와 방식 등을 안내하는 홍보물을 제작하여 배포하고 있다. 그리고 현지 고려인조직과 함께 거리, 시간, 절차, 비용 등의 문제로 체류신청이 어려운 고려인들을 위해 합법적으로 체류허가를 대행할 법률지원센터를 만들어 자문변호사와 현지 실무자를 고용하여 체류허가 신청 대행과 고려인에게 체류허가가 많이 나도록 주 정부에 대한 로비 활동을 전개하고 있다.

③ 농업지원 및 생활지원사업

대부분의 고려인들은 농업에 종사하고 있으며 한 농가당 2~3ha의 농사를 지어서 연간 2,000~4,000달러 정도의 수입을 올리는 것으로 파악되고 있다. 그러나 농사를 지어도 수익보다는 빚이 늘어가는 형편이다. 따라서 이들에게 절실한 것은 법적인 권리 외에도 농업기술과 농기계, 농업자재이며 특히, 생산된 농산물에 대한 판매와 고수확을 위해 한국의 선진농업기술과 농기자재들을 절실히 원하고 있다. 이를 위해 우리민족서로돕기운동은 한국과의 교류추진, 농업정보제공, 농업인연수 등을 준비하고 있다. 또한, 어려운 동포들을 위해 한국과의 자매결연을 추진하고 있으며 긴급히 생계비가 요구되거나 생활능력이 없는 노인과 아이들에게 생활비와 교육비 일부를 지원하고 있다.

④ 의료지원 및 문화사업

많은 고려인들이 법적인 의료혜택을 받지 못하고 있으며 대부분의 경우 병원이 먼 거리에 위치하고 있어 의료혜택을 받기가 어렵다. 이러한 문제의 해결을 위해 현지의 고려의학 의사를 섭외하여 정기적으로 마을을 순회하면서 진료활동을 펼치고 있으며 한방의료기구인 부황과 침, 쑥뜸을 지원하고 사용방법을 가르쳐주는 등 민간치료방법을 전수하고 있다. 또한, 문화적 혜택을 받을 수 없는 고려인들을 위해 볼고그라드 시내에 사무실을 마련하여 한글교실을 개설하였고 고려인부채춤공연단과 고려인 청년 풍물팀을 결성하여 사물놀이를 가르치고 있다.

3. 재러한인 권익보호단체의 네트워크

1) 동북아평화연대의 네트워크

(1) 고려인 재생기금

연해주에서 고려인 재이주 사업을 먼저 시작한 동북아 평화연대는 정부와 기타기관, NGO들과 연대하여 그 활동범위를 넓히고 있다. 예를 들면 경제포럼과 여러 공연회를 외교통상부, 재외동포재단, 현지 총영사관, 기업, 지방자치단체 등의 지원을 받아 함께 후원하며 보다 전문적인 현지 지식을 활용하여 이들을 조율해 나아가면서 언론과 여론 등에 고려인들의 문제를 알리고 기금조성 등의 활동을 하고 있다.[42]

2002년 이래 지원하고 있는 고려인 법률 지원 사업은 고려인재생기금 및 고려인 변호사를 통해 재이주 정착 고려인의 국적 취득, 명예 회복 관련 업무 형태로 진행하고 있으며, 주요활동으로는 연해주 각 지역 고려인의 재이주 및 정착 사례와 법률문제 사례 조사, 고려인 단체의 국적 취득 청원 등을 후원하고 있다. 2004년 11월에는 "다민족 다문화 공생 연해주를 위한 국제 학술회의"를 블라디보스토크에서 개최하여, 고려인을 포함한 중앙아시아 이주자 전반에 대한 문제와 외국적 출입국 체류 문제 등을 공론화했다.

연해주 고려인 재생기금은 1993년 설립된 자선지원 단체로서, 중앙아시아에서 돌아오는 한인 이주민들의 정착지원을 주요 사업으로 벌여 왔다. 특히, 2002년 7월에는 동북아평화연대와 공동으로 재이주 고려인 법적 지위 획득을 통한 정주 지원을 실시하는 등 고려인들의 복지를 위해 힘쓰고 있다. 강 예브게이니 고려인 재생기금 회장 및 4명의 법률 지원팀이 일하고 있으며, 연해주 우수리스크 교육문화센터에 사무실을 운영하고 있다.

⑵ 동북아평화기금

동북아평화기금은 2003년 6월에 러시아 정부로부터 비영리 단체로 인가를 받았다. 1999년부터 연해주 고려인 정착지원활동을 중심으로 자매결연, 문화센터 운영, 경제교류, 고려인 문화의 날 후원 주관, 아리랑 가무단 후원 등의 활동을 펼치고 있다. 이곳에는 김승력 부장과 강 니꼴라이 선생이 일하고 있다. 동북아평화기금은 동북아평화연대 러시아 지부의 역할을 하고 있다.

---

42) 최이윤, 중앙아시아 고려인의 재이주와 민족NGO의 활동, 이화여자대학교 석사학위 논문, 2005, 72면.

2) 고려인돕기운동본부의 네트워크

⑴ 미주지역 고려인 돕기 운동센터

미주 고려인돕기운동은 미주 지역에 거주하는 한인들이 뜻을 모아 2004년 9월 연방정부에 고려인농업정착과 국적취득문제를 지원할 수 있는 미국 내 독자적인 NGO 단체로 출범하였다. 21세기 대륙으로 뻗어가는 한민족 시대를 준비하고 글로벌 시대에 무기화될 수 있는 식량 위기를 대처하기 위하여 고려인 동포들의 역할을 기대하고 있다.

- 단체명: AID THE KORYO PEOPLE MOVEMENT
- 대표자: 이광길(한국고려인돕기운동 창립발기인 명예대표 역임)
- 대표전화: (Tel) 1-916-543-5380 (Cell) 1-847-877-7430
- 주소: 5130 Road, Lincoln, CA 95648 USA
- 후원계좌 Bank of America : Check Acc. # 05814-44267 Tax ID # 990205811
- 대표메일: usakoreis@yahoo.com

⑵ 고려인 돕기 러시아 연해주 지원센터

고려인들의 안정적인 정착과 지속적인 후원 사업을 위하여 블라디보스토크시 교외지역에 지원센터를 설립하였다. 현지에 한국인 사무국장 겸 자원봉사자팀장과 연해주 각 지역에 수 명의 자원봉사자들이 한국 각 계 각 층에서의 지원을 현지에 조정, 배분하며 가장 효율적이고 합리적인 지원책을 마련하고자 노력하고 있다. 아울러 연해주로 진출하고자 하는 한국의 기업들이나 단체들 그리고 봉사활동을 하고자 하는 많은 단체들이 고려인 돕기 운동회 연해주 지원센터를 통하여 도움을 받고 있다.

- 주소: РОССИЯ ПРИМОРСКИЙ КРАЙ г.ВЛАДИВОСТОК СО

Д. ГОРОД ул. ГЛАВНАЯ 10-37
(러시아 연해주 블라디보스토크시 산 고러드 그라브나야거리 10-37번지)
- 전화: 7-4232-38-5103

⑶ 중앙아시아 고려인 돕기 지원센터

1937년 강제이주를 당하여 중앙아시아에 남아있는 동포는 40만 명에 이른다. 이들은 러시아의 까다로운 국적법이나 경제적인 이유 등으로 연해주나 기타 지역으로 이주할 수 없는 사람들이다. 이들 중앙아시아권에 대한 지원의 필요성을 느끼면서 이곳에 더 큰 비중을 두고 중앙아시아권의 동포를 돕는 사업을 2001년 이래 지속적으로 추진해 오고 있다.

우즈베키스탄 타쉬겐트, 카자흐스탄 알마아타 등 몇 개 지역에 고려인 돕기 자원봉사자 및 현지 통신원등의 활동을 통하여 한글학교 및 유치원 운영, 고려인농장지원, 한국문화 보급사업, 교육기자재 및 컴퓨터 지원사업, 고려인협회와 노인회 지원 등 여러 사업을 해오고 있다. 최근 키르기즈스탄 지역은 개방적이고 한국과의 교류도 활발하여 중앙아시아의 허브 역할을 하기에 충분하다고 판단하고, 이곳을 중심으로 다른 중앙아시아 국가에서 활동하고 있는 고려인 돕기 자원봉사자를 지원하고 관리하는 '중앙아시아 고려인 돕기 지원센터'를 운영하게 되었다.

이 기구를 토대로 2002년과 2003년 그리고 2004년 세 차례에 걸쳐 교육인적자원부가 후원하는 '한국대학생자원봉사단'을 포함한 여러 봉사단체 및 기구들과 협력하여 의료 및 노력봉사, 문화교류 및 지원 등의 사업을 성공적으로 펼쳐왔으며, 현지 고려인사회뿐 아니라 현지인에게도 아주 인상 깊은 봉사활동을 주도하여 국영 TV방송 및 신문 언론 등에 찬사를 받았다.

-주소: 중앙아시아 키르기즈스탄 비쉬켁시 Улица Московская до

м 183, квартира 50.

－전화: 996-312-21-8436

3) 우리민족서로돕기운동의 네트워크

⑴ 러시아본부

1999년 3월부터 "우리민족서로돕기운동" 러시아본부가 중앙아시아 재이주 고려인 난민의 문제가 심각함을 인지하고 볼고그라드에 타지키 스탄난민이 정착하는 것을 돕기 위해 6차례 이 지역을 방문하여 실정을 파악하고 이들과 대책을 협의하였다.

⑵ 동북아평화연대

우리민족서로돕기운동 재외동포사업국이 중국과 러시아 동포를 아우르는 동북아 우리 동포에 대한 지원사업 및 교류·협력사업을 더욱 활발히 하기 위하여 2001년 10월 27일 창립총회를 갖고 동북아평화연대라는 독립된 사단법인을 설립하였다. 추진위원은 강 니꼴라이 세르게예비치(러시아 연해주 원동신문 부주필), 강홍구(일동여행사 사장), 강영석(의사), 김기종(우리마당 대표), 김명혁(복음주의협의회 부회장), 민관식(전 국회부의장), 박길훈(전 주택건설협회 회장), 박영순(온누리건강가족복지회 회장), 서영훈(대한적십자사 총재), 신경록(코모도호텔 회장), 신명철(국립한경대학교 식물자원학과 교수), 서경석(우리민족서로돕기운동 집행위원장), 서철용(노량진 수산시장 대표), 윤갑구(천주교 평신도협의회 회장), 이문원(국립한경대학교 교수), 이병구(삼형제 농장 대표), 이송호(국립경찰대학교 교수), 이영숙(조선족상조회 회장), 이용선(우리민족서로돕기운동 사무총장), 이한설(성암교회 담임목사), 장치혁(전 고합그룹 회장), 천명광(DNA 대표)였다.

동북아평화연대와 우리민족서로돕기운동의 서울사무소는 같은 건물 안에 위치하고 있다.43) 또한 광주전남 우리민족서로돕기운동은 광주전남 동북아평화연대의 역할을 함께 하고 있다.

4) 재러한인 권익보호단체의 네트워크 특징

재러한인의 권익보호 문제는 다른 지역에 비해 더욱 절실한 실정이라고 하겠다. 재러 고려인들은 기본적 생계의 문제를 고민해야 하는 입장에 서있다. 재이주로 인하여 국적을 갖지 못하기 때문에 거주국 국민으로서 누릴 수 있는 최소한의 권리도 주장할 수 없는 처지에 놓여 있다. 그들 스스로의 힘으로 일어서기에는 현실적으로 어려움이 많기 때문에 현재 모국의 도움을 통해 생계의 터전을 닦아 나가고 있는 것이다. 고려인 재이주가 많은 지역은 크게 볼고그라드와 연해주 지방이다. 볼고그라드 지역은 우리민족서로돕기운동에서, 연해주 지역은 동북아평화연대에서 특히 지원활동을 활발히 전개하고 있다. 고려인돕기운동본부도 고려인의 안정적 농업정착 지원을 비롯하여 다각적 측면에서 지원활동을 펼쳐 나가고 있다. 최근 우리 정부는 무국적자의 법률 비용 지원, 고려인 동포를 대상으로 한 설명회 개최 지원 등 현지 재외동포 단체들의 활동에 소액의 재정지원을 하는 등 간접적인 방법으로 무국적 문제해결을 추진하고 있다.44) 또한 국회에서는45) "고려인동포지원을 위한 특별법안"46)을 발의하는 등 고려인동포에 관한 지원을 모색하

---

43) 서울시 마포구 마포동 236-1 덕성빌딩 지하1층.

44) 구체적 내용은 국회사무처 러시아주재관 작성, 러시아의 국적법개정과 고려인동포의 러시아재정착 지원문제, 2006년 1월 13일; http://nas.na.go.kr/index.jsp의 해외입법정보 참조.

45) 2005년 10월 24일 국회에서는 '재러 무국적 고려인의 국적회복문제와 한·러 협력 방안'이라는 주제로 한국과 러시아 국회의원들의 토론회가 개최되었다; 재외동포신문, 2005년 11월 1일.

46) 2006년 3월 17일 안상수 의원(발의자 총12인) 대표발의.

고 있다. 이러한 민간단체와 정부의 다양한 지원활동을 통하여 고려인
들의 모국에 대한 사랑을 자연스럽게 불러일으킬 수 있을 것이고 한민
족네트워크 형성에 기여할 수 있을 것으로 생각된다.

VI
맺음말

1. 조사결과

1) 국가별 권익보호수준의 차이점

재외한인들의 권익보호수준은 거주국에 따라 다르다. 미국은 세계에서 가장 자본주의가 발달한 나라이며 자유와 평등에 기초한 민주주의가 가장 발달한 나라이다. 재미한인들은 상대적으로 비교적 풍족하고 자유로운 환경에서 살고 있다. 인종차별도 법과 제도적인 영역에서는 금지되고 배척되고 있다. 그러나 이민자이면서 동시에 유색소수민족인 재미한인은 현실생활에서는 유색소수인종에 대한 백인들의 편견과 차별, 정치력 부재 등으로 인해 여전히 차별과 불이익을 당하고 있다.

단일민족신화를 고집하는 일본사회에서 재일한인은 뿌리 깊은 편견과 차별의 대상이 되었다. 지난 세월 재일한인들은 생존권을 쟁취하기 위해 피타는 노력을 해왔고, 스스로의 힘에 의해 주체적으로 자신들의 지위를 향상시켜 왔다. 그러나 아직도 많은 차별이 존재하는데 국적, 참정권, 공무담임권, 전쟁희생보상청구권, 지문날인제도, 고용차별과 입주거부 등은 가장 대표적인 차별이다.

중국의 소수민족정책은 타 국가들에 비교하여 소수민족에 대해 우호적이고 관용적이다. 민족평등정책과 민족자치제도의 실행 및 범사회적으로 형성된 민족평등의식은 중국 조선족들이 자체적인 민족커뮤니티 결성의 필요성을 자각하지 못하고 살아가도록 하고 있다. 그러나 중국 공산당의 1당 정치, 고도로 집중된 정치체제 하에서 재중한인들의 권익 보호수준은 비교적 낮다. 1978년부터 중국은 개혁개방정책을 실행하였고, 2001년 말에는 WTO에 가입하였다. 동시에 인치사회에서 법치사회로의 전환을 꾸준히 추진해 오고 있으며, 이젠 기본적인 법체계가 형성되었다고 할 수 있다. 격변기에 처해 있는 중국에서 재중한인들에게 있어서 가장 시급한 문제는 사회의 적응이다. 따라서 법률가들의 지위가 두드러지고 있다.

러시아 및 중앙아시아에 거주하는 재러한인들의 이주역사는 1세기 반에 달한다. 재러한인들의 역사는 수난의 역사이다. 모국에서의 경제적인 궁핍과 일제의 식민지 정책을 피해 이주한 재러한인들은 1937년 적성민족이라는 지목된 신분으로 그들의 터전이었던 연해주로부터 중앙아시아로의 강제이주를 당했다. 1991년 구소련이 해체되고 중앙아시아 국가들이 독립하면서 타민족들에 대해 차별과 배척을 하였다. 이러한 차별 속에서 재러한인들은 남북한 어느 쪽으로도 돌아가기가 쉽지 않아 거주국에서 새로운 환경에 적응하며 살아가고 있다. 거주국에서의 지위가 불안정적이고 경제적으로 궁핍한 그들에게 있어서 생존은 첫 번째로 중요한 문제이다.

재외한인의 권익보호를 위한 단체 및 활동가의 숫자는 거주국의 민주화정도와 밀접한 관련이 있다. 미국과 일본의 경우, 민주주의가 발달되고 공민의 단체결사자유와 언론자유가 기본적으로 보장된 상태이므로 재미한인의 권익보호를 위한 단체 및 활동가의 숫자가 비교적 많다.

그러나 중국의 경우, 기본적인 인권은 보장되지만 공민의 민주권리의 행사에는 아직도 많은 제한이 있다. 단체결사자유와 언론자유는 중국헌법에 규정된 공민의 기본 권리이다. 그러나 구체적인 실행에 있어서 아직도 많은 어려움에 봉착하게 된다. 국가에서 실행하는 민족평등정책과 민족자치제도 그리고 급변하는 사회경제적 환경 또한 재외한인의 권익보호를 위한 단체 및 활동가의 출현에 일정한 제동작용을 하고 있다. 현재 중국에는 재외한인이라는 특수한 이익집단을 위한 전문적인 단체 또는 활동가는 거의 존재하지 않는다고 봐도 과언이 아닐 것이다. 이번 조사에 의해 발굴된 심양지역의 일부 한인권익보호단체들 그리고 조선족변호사들이 진정 재중한인의 권익보호를 위한 전문적인 단체 및 활동가로 탈바꿈하기 위해서는 의도적인 노력이 필요할 것이다.

불안정적인 사회적 지위와 오갈 데 없는 처지는 재러한인들의 본래 어려운 삶을 더욱 고달프게 하고 있다. 재러한인들은 현재 주로 한국의 사회단체들에 의해 일부 지원을 받고 있다. 재러한인들이 조직되어 자체의 역량을 키우기까지는 아직 시일이 필요할 것이다.

2) 네트워크 구축 문제점

재외한인의 권익보호를 위한 단체 및 활동가의 활동과 형성한 네트워크는 거주국에 따라 각이한 양상을 보이고 있다. 미국은 한인권익보호 단체 및 활동가가 가장 활발하게 활동하고 있는 지역이다. 1992년 4·29 LA폭동을 계기로 정치력 부재의 심각성을 인식한 재미한인들은 정치력 신장을 위해 광범위한 네트워크를 구축하고 있다. 이들이 구축한 네트워크는 연대의 목적에 따라 그 대상과 범위, 지역, 형태가 다양하다.

재일한인의 권익보호 단체 및 활동가들은 국적, 참정권, 공무담당권, 전쟁희생보상청구권, 지문날인제도, 고용차별과 입부거주 등 일본사회에 존재하는 민족차별을 소멸하기 위해 광범위한 네트워크를 구축하고 활동을 전개하고 있다. 그들이 구축한 네트워크도 연대의 목적에 따라 그 대상과 범위, 지역, 형태가 다양하다.

재중조선족변호사속에는 민족과 사회를 위해 뭔가를 해야 하겠다는 의식을 가진 사람들이 적지 않으나 아직 선두에 나서서 조직하는 사람이 없다.

또 한 차례 선택의 길목에 들어선 재러한인들은 생존을 위해 처절한 싸움을 벌이고 있다. 생계유지도 어려운 상황에서 한인권익보호는 한국 및 미국의 일부 단체 및 활동가에 의해 이루어지고 있다. 그러나 그 활동은 재러한인들의 수요를 만족시키기에는 역부족이다.

이 모든 것들이 우리가 구축하고자 하는 한민족공동체의 기반을 형성하고 있다. 세계일류의 부를 자랑하는 나라에서 윤택한 삶을 살아가는 한인들이 있는가 하면, 하루 세끼 먹을 걱정을 해야 하고 사회의 밑바닥에서 허덕이는 한인들도 있다. 주류사회진출을 통해 사회적 지위를 확보한 한인이 있는가 하면, 천대받고 차별받는 한인도 있다. 한민족공동체구축은 이 모든 것들을 수용하고 어우러져 함께 가는 체제를 수립해야 할 것이다.

조사결과, 재외한인의 권익보호를 위한 단체 및 활동가의 네트워크에는 다음과 같은 문제점이 존재하고 있다.

(1) 네트워크의 민족성 문제

거주국에서 소수민족으로 존재하는 재외한인들이 평등한 권리를 행사하려면 광범위한 네트워크가 필요하다. 미국과 일본의 한인단체 및 활동가들이 구축한 네트워크의 대상은 지나치게 한민족에 집중되어 있다. 거주국에서 소수민족으로 존재하며, 주변인으로 살아가고 있는 재외한인들에게 있어서 한민족간의 연대는 가장 중요한 연대이다. 그러나 타민족 특히 주류사회와의 교류와 이해증진은 궁극적인 목표달성에 결정적인 역할을 하게 될 것이다.

⑵ 네트워크의 지역성 문제

재외한인 단체 및 활동가들이 구축한 네트워크의 지역성 문제는 주로 두 가지 면에서 나타나고 있다. 한 가지는 모국인 한국과의 네트워크 구축 부족이고, 다른 한 가지는 국제적 네트워크의 구축 부족이다.

① 모국과의 네트워크 구축 문제

모국인 한국과의 문제는 재외한인의 권익보호를 위한 네트워크 구축에서 가장 치명적인 약점이다.

재외한인의 권익보호를 위한 단체 및 활동가의 네트워크 분석에서 모국과의 연대가 매우 적으며 연대의 대상과 내용, 깊이에도 많은 문제가 있는 것으로 나타났다. 미국에서 모국과의 연대가 돼 있는 것은 LA민족학교와 남가주한인노동상담소, LA한인가정상담소이다. LA민족학교는 한국의 5.18기념재단과 연대가 되어 있는데, 인적교류 프로그램을 통하여 민족학교의 2명의 학생을 한국의 조선대와 전남대에 보내 1년간 인턴십프로그램을 수행하고 있다. 남가주한인노동상담소는 한국의 민주노총과 네트워크가 형성되어 있다고 한다. 그러나 구체적인 활동에 관한 기재는 없었다. LA한인가정상담소는 한국 가정법률상담소의 미국내 지부로 존재하고 있다. 따라서 한국의 32개 지부와 연대가 형성되어 있다고 봐야 할 것이다. 그러나 연대하여 활동한 사례가 극히 적다. 재미한국청년영합은 한국의 평화옹호단체와 연결되어 있다고 한다. 재일한인권익보호단체의 네트워크 분석에 의하면, 모국과의 네트워크가 형성된 단체는 재일한국민주인권협의회, 코리아NGO센터, 코리안인권생활협회, '재일동포노동자를 위한 노조, 재일고려노동자연맹'이다. 이들은 한국과의 교류를 추진하고 있지만 모두 구체적인 일부 단체와의 연대이며, 연대하여 활동을 추진한 사례는 비교적 적은 편이다. 배훈 변호사, 고영의 변호사, 임범부 변호사는 한국의 변호사들과 인적 네트워크가 형성되어 있다. 양영철 변호사를 제외한 변호사들은 는 한국내의 단체들과의 네트워크가 거의 형성되지 않은 것으로 나타나고 있다. 재중 단체와 조선족변호사에 대한 조사에서도 모국과의 공식적인 연대는 없었다. 현재 괄목할 만한 점은 러시아와 중앙아시아에는 한국의 인권단체들이 들어가 일부 지원작업을 진행하고 있다는 것이다.

한민족의 초기이민은 반강제적인 이민이었지만, 그 이후의 이민은 모두 자원적인 선택이었다. 재외한인 모두에게는 모국을 떠날 수밖에 없었던 구구절절한 사연들이 있을 것이고, 그 속에는 한반도에서 겪은 아픔을 간직한 사람들도 적지 않을 것이다. 그러나 한 가지 불 보듯 뻔한 것은, 원하든 원하지 않든, 모국과 아무리 멀리 떨어져 있어도, 모국과 그 소속된 민족은 운명공동체라는 엄연한 사실이다. 국경을 넘어서면 모두 애국자가 된다는 것은 바로 이것을 일컬어 하는 말일 것이다. 6월 13일, 워싱턴주 상원 부의장인 신호범 선생이 전남대를 방문하였다. 한국에서 태어난 그는 4살의 어린 나이에 어머니를 잃었고 아버지마저 행방불명이 된 상태에서 유리걸식하면서 세태의 쓴 맛을 맛볼 대로 맛봤다. 19살 되는 해에 미국인에게 입양되어 부산항을 떠나면서 다시는 이 땅을 밟지 않으리라고 다짐하고 침을 뱉고 떠났다고 한다. 그러던 그가 애국자가 된 직접적인 계기는 미국땅에서 미국인이 되려고 그렇게 노력해도 영원히 한국인으로밖에 남을 수 없는 현실을 깨달았기 때문이다. 이 세상에 민족이 존재하고 국가가 존재하는 한, 한민족과 모국인 한국은 운명공동체이다. 이것은 우리가 이 세상에 태어나면서 찍힌 낙인으로, 한평생 안고 살아야 할 운명인 것이다.

재외한인의 권익보호를 위한 네트워크 구축의 목적은 한민족공동체 결성이다. 한민족공동체 결성에서 가장 중요한 것은 해외에 거주하는 한인들의 민족정체성 유지이다. 민족정체성 유지에는 지금까지 세 가지 동력이 있었다. 첫째 동력은 언어, 문화, 풍습 등 한민족 고유의 뚜렷한 특성이다. 이 동력은 해외이주 제1세대 가운데서 가장 뚜렷하게 나타나고 있다. 한인의 해외이주의 역사는 140년이다. 제1세대 이민자들은 대부분 반강제적 이민이었다. 낯설고 물선 이국땅에서 언어도, 풍습도, 습관도 다른 타민족과의 잡거에서, 그것도 교통이 불편한 그 시대에 그들이 선택할 여지도 없이 선택한 것은 모국지향적인 삶이었고, 자발적인 민족정체성 유지였다. 이것은 어느 국가나 다 마찬가지이다. 생존을 위해서도 이것은 불가피한 선택이었다.

두 번째 동력은 거주국에서 받는 차별이다. 거주국의 제도로부터 오는 차별, 법제도적으로는 금지되어 있지만 현실적으로 존재하는 차별은 해외한인들에게 늘 "너는 우리와 다르다"는 관념을 주입시킨다. 거주국의 입장에서 볼 때 이런 차별은 또한 본국의 민족정체성을 유지하기 위한 하나의 수단이기도 하다. 이것은 객관적으로 재외한인들의 민족의식을 자극하고 민족적 정체성을 지키도록 한다. 생활의 풍요로움을 보나, 정치적 자유를 보나 중국은 미국과 비길 바가 못 된다. 그러나 4개 국가운데서 한민족의 동화가 가장 용이한 나라는 바로 중국이다. 중국은 사회적으로 민족평등의식이 뿌리 깊게 내리고 있다. 이것은 56개 민족이 있으며, 소수민족이 변방을 지키고 있는 중국이 지금까지 평화롭게 나라의 안정을 유지하고 있는 이유이기도 하다.

세 번째 동력은 모국으로부터 특별한 대우이다. 거주국의 문화에 적응해 있고, 차별 없는 사회에 살더라도 같은 혈통이라는 이유만으로 오는 특별대우는 민족의 정체성유지에 절대적인 도움을 주게 된다. 우리는 가끔 뉴스에서 미국이 한 평범한 미국공민의 이익을 위해 거액의 자금과 인력을 투자하는 경우를 보게 된다. 상식으로는 이해가 잘 안 되는 것 같지만, 따지고 보면 그 시너지 효과는 대단한 것이다. 자국의 평범한 국민을 위해 그 어떤 대가도 불사하는 것을 마다하지 않는 조국을 볼 때면 그 누군들 그 민족의 일원으로서 자랑스럽고 자호스럽지 않으랴. 일본도 마찬가지이다. 주변국들의 반대에서 불구하고 해마다 계속되는 야스쿠니신사참배, 여기서는 무엇보다도 중요한 "우리는 하나"라는 의식을 백성들에게 심어주고 있다. 재외한인의 경우, 현재 첫 번째 동력은 사라져 가고 있다. 한인의 해외이주역사는 140년 전에 시작되었다. 해외한인사회는 이미 세대교체가 진행돼 제2세대, 제3세대 시대에 들어서 있다. 거주국에서의 출생에 의해 또는 부모의 손에 이끌려 해외이주된 제2세대, 제3세대는 거주국의 환경과 문화에 적응되었으며, 주류사회의 진출을 원한다. 애틋한 향수에 젖어 추억속의 그 무엇인가를 지켜내려고 애쓰던 우리의 1세대들과는 달리 이성적이고 냉정한 판단을 하려고 한다.

두 번째 동력도 사라져 가고 있다. 미국은 1960년대 중반 이후 인종차별적인 이민법을 폐지하고 모든 국가에 평등한 이민법을 제정하였다. 그리고 백인문화로의 동화를 강요하는 대신 소수민족의 민족문화와 정체성을 인정하고 보호하는 다원주의 민족정책으로 전환하였다. 법과 제도적으로 인종차별도 금지되고 배척되고 있다. 현실생활에서 재미한인이 차별을 당하고 공평한 기회에 접근하지 못하는 데에는 ① 유색소수인종에 대한 백인들의 편견과 차별, ② 이민자들에 대한 원주민들의 우월감과 주인의식, ③ 언어장벽과 문화차이, ④ 모국에서 획득한 학력과 직업경험의 불인정, ⑤ 정치력 부재 등이 크게 작용하는 것으로 알려졌다(인권백서). 세계화의 흐름 속에서 백인들의 편견과 우월감은 점점 사라질 것이고 언어장벽과 문화차이도 작아질 것이다. 모국에서 획득한 학력과 직업경험의 불인정은 한인들의 노력으로 극복될 것이다. 정치력 부재문제는 현재 재미한인사회단체들이 극복하려고 노력하고 있다. 일본사회도 진보하고 있다. 그간 한인들의 끊임없는 노력으로 한인들의 지위는 향상되었다. 일본사회의 환경변화도 재일한인을 포함한 외국인의 권익향상에 크게 기여하였다. 일본에 거주하는 외국인들의 수가 증가하면서 외국인의 권리를 보장하는 방향으로 일본사회가 변해가고 있다. 다양한 배경의 외국인들이 늘어가고 이들이 일본사회와 경제에서 차지하는 역할이 중요해지면서 소수민족으로 살아갈 수 있는 여지가 넓어졌다. 한편 일본은 1979년에 국제인권규약에, 1982년에 난민조약에 가입하면서 외국인 거주자에 대한 평등한 대우를 보장하는 방향으로 나아갔다. 일부 지방자치체 단계에서는 재일한인을 포함한 정주외국인의 참정권을 인정하고 있으며, 앞으로 이런 추세는 확대될 전망이다. 다민족국가인 중국은 민족평등을 제창하며, 전 사회적인 민족평등분위기를 조성하였다. 러시아에서의 한인문제의 중심은 중앙아시아에 강제로 이주되었던 고려인들이다. 1991년 구소련의 해체에 따라 중앙아시아 국가들이 독립하면서 러시아로의 귀환은 많은 고려인들이 열망하는 문제이지만 국적, 출입국 관리 차원에서 많은 문제점이 제기되고 있다. 러시아연방은 고려인에 대한 명예회복과 특별대우를 약속하는 법령을 만들었다. 이제는 고려인의 이주문제가 국가 간의 문제가 되어 해결하기 쉽지 않지만 세계적인 흐름 속에서 종국적으로 풀어갈 문제이다.

맹목적인 민족의식이란 있을 수 없는 것이다. 화상네트워크가 급속히 커나갈 수 있었던 것은 화교 특유의 강한 유대감에 중국 정부의 강력하고도 꾸준한 지원이 가미됐기 때문이다. 화상네트워크가 중국경제에 미친 영향은 중국정부의 화교자본에 대한 특수정책과 밀접한 연관이 있다. 중국의 각급정부기관에서는 화교사무위원회와 대만사무위원회를 설치하고 그들에 대한 국가의 특수정책을 실행했으며 지금도 실행하고 있다. 중국투자 2/3라는 수치 뒤에는 중국정부의 끊임없는 노력이 숨어 있다.

재외한인들의 이민사는 모두 피눈물 없이는 들을 수 없는 고난사이다. 재외한인들이 거주국에서 생존을 위해 처절한 노력을 하는 동안, 한국은 한국대로 국가의 독립과 민주화, 현대화를 위해 노력해 왔다.

현재 한민족은 역사의 관건적인 시기에 들어섰다. 한인사회의 세대교체는 이미 끝났고 제1세대들은 역사의 무대에서 사라졌거나 사라져 가고 있다. 어려서부터 거주국문화에 젖어 있던 제2세, 제3세들이 한국사회를 주도하고 있는 현재, 한국이 일방적으로 모국의 지위를 강조하고 모국지향적인 삶을 강조한다면 한민족네트워크 구축에 방해가 될 것이다.

현재 가장 중요한 것은 한국과 재외한인들 사이의 心적인 네트워크를 구축하는 것이다. 이것은 한민족공동체구축에 있어서 반드시 전제되어야 하는 것이다. 심적인 네트워크가 구축되지 못한다면 한민족공동체는 빈 말에 지나지 않는다. 화상네트워크와 유태인네트워크도 따지고 보면 단순한 경제적 이익에서의 상호의존의 관계가 아니다.

② 국제적 네트워크 구축 문제

조사결과, 국제적 네트워크 구축에는 두 가지 문제가 존재한다. 첫째, 국가 간에 구축한 네트워크가 적으며, 둘째, 국제단체 및 국제기구와의 네트워크가 적은 것이다.

한국은 중국, 이스라엘, 이탈리아 다음으로 재외한인이 많은 국가이다. 또한 전체 인구 중 재외한인이 차지하는 비율을 기준으로 할 때 한국은 12%로 세계 제1위이다. 따라서 한민족의 번영과 발전을 위해서는 전 세계에 분산되어 있는 해외한인들의 힘을 하나로 집결시키는 작업이 그 어느 나라보다도 절실한 상황이다. 현재 재외한인들의 네트워크 구축은 주로 거주국 내에서 진행되고 있는데, 이런 상황은 개변되어야 할 것이다.

국제단체 및 국제기구가 각 나라에 미치는 영향은 자못 크다. 국제단체 및 국제기구와의 네트워크 형성은 앞으로 재외한인의 네트워크 구축에서 중요한 내용으로 자리매김하여야 할 것이다.

조사결과, 국제적 네트워크가 가장 잘 구축된 단체는 재미한국청년연합이다. 재미한국청년연합은 "세계식량계획의 친구"들과 함께 세계적 범위에서의 평화운동을 벌리고 있다. 동시에 호주, 캐나다, 한국 등 나라의 청년연합과 연합으로 반전평화운동을 벌리고 있다.

⑶ 네트워크의 조직형태 문제

네트워크 구축의 목적은 분산된 힘을 응집시키기 위함이다. 재외한인의 권익보호를 위한 단체 및 활동가들의 구체적인 활동에서 네트워크의 조직형태는 활동의 결과에 직접적인 영향을 미치게 된다.

현재 네트워크 구축에서 연맹, 협의체 등 비교적 고정적이고 안정적인 조직체를 구성하는 것은 미국에서 나타나고 있다. 그러나 일본, 중국, 러시아에는 아직 조사되지 않았다.

네트워크의 효력을 최대한 발휘하려면, 임시적인 네트워크 구축보다는 일정한 조직형태를 갖춘 네트워크가 효율적일 것이다.

2. 재외한인의 권익보호를 위한 네트워크 구축방안

1) 네트워크 구축 모델

재외한인과 한국의 관계설정에 있어서 유태인과 이스라엘의 '아이팩'을 벤치마케팅의 대상으로 연구할 수 있다.

2000년 동안 세계를 배회하며 생존해온 유태인들은 1945년 자국의 고토를 회복하여 꿈에도 그리던 조국 이스라엘을 건설하였다. 이스라엘은 인종적으로나 종교적으로나 중동지역에 위치한 작은 나라이지만 세계를 좌지우지하는 영향력을 갖고 있다. 그러한 힘의 원천은 미국 내 유태인들의 모국을 위하는 애국심에 기초한다. 자신들의 조국인 이스라엘의 영토를 고수하기 위해서 그리고 미국 내 유태인들의 영향력을 증대시키기 위해서 이스라엘계의 미국인들은 강한 공동체의식과 사회참여의식 그리고 자발적인 기부문화를 발전시키고 있다. 조국을 수호하고 전 세계의 유태인들을 안전하게 보호하기 위한 가장 대표적인 미국 내 유태인 정치단체가 에이팩(AIPAC-American Israel Public Affairs

Committee)이다. 에이팩은 철저하게 친이스라엘 입장을 갖는 정치인을 후원하는 로비단체이다. 1949년 워싱턴에 사무실을 내고 우선 전국적으로 유태인들이 많이 사는 지역의 정치인들과 관계를 돈독히 하는 프로그램을 개발하여 시행하였다. 이 프로그램은 중동외교에 영향력을 행사할 수 있는 의원들을 목표로 하고 있다. 포춘지 등이 선정하는 워싱턴 파워로비 5위권 밖을 벗어나 본 적이 없는 에이팩의 성공요인은 첫째로 이스라엘 정부를 대표하는 외국 에이전트로 등록하는 대신 미국 시민권자로 이루어진 미국 내 로비단체로 등록했다는 것이며, 둘째는 유태인들의 자발적 참여이다. 현재 에이팩 회원은 10만을 훨씬 초과한다. 본부는 워싱턴에 있지만 전국 각 지역에 사무실을 두고 회원들이 선거에 가담해서 미국 주류정치인들에게 에이팩의 힘을 확실하게 보여주고 있다. 에이팩 회원들은 에이팩이 친이스라엘정치인으로 분류한 정치인들의 당선을 위해서 자원봉사는 물론이고 정치후원금을 모으고 유태인이 아닌 주변 사람들까지 설득하여 그 의원을 지지하도록 만든다. 에이팩에 들어오는 유태인들의 기부금은 상상을 초월한다. 로비단체로서 그 어떠한 정부기금은 물론이고 재단 등의 기금도 받을 수 없으며 전적으로 회원들의 기부금에 의존하는 에이팩이 매년 모금하는 기부금은 1천만 달러를 훨씬 초과한다. 에이팩은 이스라엘과의 꾸준한 교류를 통해 미국 내 유태인들의 정체성을 유지한다. 이러한 노력은 세대가 바뀌어도 에이팩에 계속 젊은 활동가들이 영입되고 회원들이 줄지 않고 영향력을 유지할 수 있는 비결이다. 에이팩의 활동에는 분명한 원칙이 있다. 우선 친이스라엘 현역의원을 지원한다. 심지어 에이팩활동을 했던 유태계 출신이 보수파 공화당 의원에게 도전장을 던진다 해도 이 원칙은 지켜진다. 에이팩은 유태인정치인에는 별 관심이 없다. 전체 인구의 3%에 겨우 미치는 유태인이 부통령이 된다는 것이 어쩌면 미국 주류사회 내 반유태인 정서를 확산시킬 우려가 있다는 것이었다. 미국 내의 3% 밖에 안 되는 유태인 사회가 미국을 움직인다는 이야기를 듣기까지에는 유태인 사회가 미국의 심장부인 워싱턴을 향한 끊임없는 노력이 있었으며 이것이 오늘날 유태인 사회의 진정한 힘이 되고 있다.

‘에이팩’의 성공은 우리에게 많은 계시를 주고 있다. 한국의 상황은 이스라엘과 크게 다르지 않다. 전쟁을 겪었고 아직도 전쟁의 위기에서 벗어나지 못하고 있다. 한국은 중국, 이스라엘, 이탈리아 다음으로 재외한인이 많은 국가이다. 또한 전체 인구 중 재외한인이 차지하는 비율을 기준으로 할 때 한국은 12%로 세계 1위이다. 유태인이 해낼 수 있다면 한인들도 해낼 수 있을 것이다. 재외한인들은 ‘아시안 유태인’이라고 불리운다. 재외한인들도 거주국에서 유태인 못지않은 경제적 부를 이루었고 거주국의 주류사회에 진출하여 변호사, 의사, 박사 등 전문직들을 배출하였다. 그러나 유일하게 부족한 점은 공동체의식과 사회참여의식이다.

한민족공동체구축을 통한 전 세계 한인들의 결집을 통해 자신들의 모국인 한국을 지켜내고 거주국에서의 한인들의 영향력을 높일 필요가 있다고 판단된다. 재외한인들은 거주국에서 한국의 대변인으로 일하고, 한국은 한인들의 든든한 버팀목이 돼주어야 한다. 이를 위해서는 한국과 해외한인 사이에 이스라엘과 미국 내 유태인과 같은 공생의 관계가 형성되어야 한다.

2) 한국을 주축으로 네트워크 구축

거주국의 구체적인 상황에 따라 재외한인들의 권익보호수준과 발전전망에 큰 차이가 있지만, 재외한인의 권익보호는 궁극적으로 한민족공동체의 결성에 의해서만 최종적으로 실현될 수 있다. 따라서 전 세계적 범위에서의 네트워크 구축이 요망되며, 그 네트워크의 중심에는 한국이 있어야 한다.

그러나 구체적인 실행에 있어서 한국은 신중한 접근과 기술적인 처리가 요청된다. 거주국의 주권존중주의와 거주국 국내법에 위배되지 않고 한국정부의 국제법과 국제관례에 기초한 외교역량에 부합되는 전제 하에서 진행되어야 할 것이다.

모국이며 주권국가로서의 한국은 재외한인의 권익보호를 위한 한민족네트워크 구축에서 다음과 같은 역할을 할 수 있으리라 판단된다.

⑴ DB구축과 사이트 개설

재외한인의 권익보호를 위한 단체 및 활동가들을 위한 DB구축과 사이트 개설이 시급하다.

지금까지의 조사결과에 의하면, 재외한인의 권익보호를 위한 단체 및 활동가들을 위한 DB구축과 사이트 개설이 전혀 되어 있지 않는 상황이다. 중국과 러시아 및 중앙아시아는 더 말할 것도 없고, 미국과 일본에서도 전문 사이트가 없다. 홈페이지도 있는 단체가 있지만, 없는 단체가 더욱 많다. 이것은 한민족의 힘을 합쳐 한 목소리를 내는데 큰 영향을 주게 된다. 특히 현재 거주국마다 권익보호수준이 다르다. 미국, 일본처럼 권익보호를 위한 활동이 활발하게 진행되고 있고 많은 노하우와 경험을 축적한 지역이 있는가 하면, 중국, 러시아처럼 이제 본격적으로 시작해야 할 지역도 있다. 따라서 정보의 공유와 경험의 공유가 필요한 시점이다.

DB구축과 사이트 개설은 막대한 자금과 책임의식이 뒷받침되어야 진행할 수 있는 사업이다. 구체적으로 어느 기관에서 어떻게 진행하며 차후의 관리사업은 어떻게 하면 좋은지에 대해서는 여러 가지 면을 고려하여 전략적인 대응책이 필요할 것이다. 그러나 한국정부의 주관으로 진행하는 것이 좋다고 생각된다. 그렇지 않으면 중도에 포기할 가능성이 많다. 그리고 이 사업을 꾸준히 지속적으로 진행하기 위해서는 전문인력의 배치가 필요할 것이다.

⑵ 재정적 후원

한국의 재정적인 후원에는 두 가지 방면이 포함된다고 판단된다. 첫째, 재외한인사회의 극빈층에 대한 모국 차원에서의 배려가 필요하다. 이것은 한민족공동체구축에 있어서의 밑거름이 될 것이다. 둘째, 재외한인의 권익보호를 위한 단체 및 활동가의 실질적인 운영을 위한 필요한 재정조달 시스템 구축이다.

재외한인의 권익보호를 위해 한민족공동체의 결성이 필수적이다. 한민족공동체 결성에 있어서 心적 네트워크 구축은 물적, 인적 네트워크 구축에 못지않게 중요한 부분이다. 한국도 이젠 일정한 경제력을 갖췄고, 일정한 여력을 갖춘 나라이다. 지난 세월 못했던 한민족 보듬기 운동을 펼칠 필요가 있다. 전문기금을 조성하여 해외한민족 중 극빈층에 속하는 이들을 도와준다면 그 시너지 효과는 예상을 초과할 것이다.

현재 정부로부터 자금을 지원받을 수 있는 나라는 미국뿐이다. 다인종으로 구성된 방대한 사회인 미국에서 정부의 역할이 제대로 성과를 거두기는 쉬운 일이 아니다. 특히 이민자들이 밀집 된 대도시의 소수계는 영어의 미숙과 문화와 정서의 차이 그리고 권력을 주도하는 주류 백인 정치인들의 인종편견 등 원인으로 적극적인 권리를 행사하기엔 너무나 많은 장애가 따른다. 그렇기 때문에 각 인종별 커뮤니티에서는 여러 가지 형태의 비영리단체가 노인, 청소년, 가정, 건강, 문화, 예술 등 다양한 분야에서 서비스 활동을 하고 있고, 이렇게 정부를 대신해서 커뮤니티 서비스활동을 하게 되면 정부는 소요되는 재원(돈)을 지원해 주도록 되어 있다.

일본의 권익보호단체는 회원들이 납부하는 회비나 일부 후원자들의 기금, 많지는 않지만 수익사업을 통해서 기금을 확보해 재정을 충당하고 있다. 중국과 러시아는 한인권익보호를 진행함에 있어서 자금지원을 받을 수 없다.

한국은 재외한인의 권익보호를 위한 단체 및 활동가들을 위한 재정적인 지원방안을 기획할 필요가 있다. 구체적인 실행은 경제업계와의 협력이 필요할 것이다.

⑶ 법제도적 보장

한국사회에 존재하는 민족차별과 폐쇄적인 사고방식을 근절하고 한민족의 화합과 융합을 추진하기 위한 법제도적 마련이 시급하다.

한국정부는 1999년 8월 '재외동포의 출입국과 법적 지위에 관한 법률'을 제정함으로써 재외한인을 보다 적극적으로 포용하고자 하는 의지를 표명하였다. 즉, 재외한인에게 내국인과 거의 동등한 법적 지위를 보장함으로써 그들의 국내활동에 상당한 자유를 부여한 것이다. 그러나 한편으로 재외동포법은 중국 및 구소련 지역의 동포 약 270만 명을 동포로 인정하지 않는 결과를 초래하여, 동포정책의 '부실성'을 다시 한 번 드러내고 말았다.

국토가 좁고 자원이 결핍하며 종합적인 경제력이 부족한 한국이 모든 재외한인을 포용하는 데에는 어려움이 따를 것이다. 그러나 세대교체의 과정에서 점점 더 심화되고 있는 민족정체성의 약화현상을 고려해 볼 때 여러 가지 법제도적인 개선은 필수적이다.

⑷ 교류의 장을 마련

재외한인의 권익보호에 있어서 단체 및 활동가들의 연대는 그 범위가 넓으면 넓을수록 좋다. 현재 한민족간의 교류의 장에는 한상네트워크대회 등 행사가 있는데, 주로 경제인들을 위주로 진행되는 폐단이 있다.

재외한인의 권익보호를 위해 활동하고 있는 세계 각국의 한인단체 및 활동가들이 모여 서로 경험을 교류하고 상호 협력할 수 있는 기회를 조성하여야 한다.

3) 국가별 네트워크 구축방안

⑴ 재미한인의 권익보호를 위한 네트워크 구축방안

세계 최후의 분단국가로 남아있고, 미군이 주둔하고 있으며, 정치·경제·문화·사회 각 분야에서 미국의 영향을 많이 받는 한국에게 있어서 재미한인들의 역할은 어떻게 강조해도 지나치지 않다.

우리의 부러움의 대상인 유태인의 아이팩이 미국에 있다. 미국 내의 3% 밖에 안 되는 유태인 사회가 미국을 움직인다는 소문이 날 정도로, 유태인들은 경제력뿐만 아니라 정치력에서도 뛰어난다. '아시안 유태인'이라고 불리 우고 있는 한인들은 미국사회에서 유태인에 못하지 않는 경제적 성장을 이룩하였고, 한인 특유의 자식교육열로 미국의 주류사회에 진출할 수 있는 전문가들을 배출하였다. 그러나 재미한인들에게는 유태인들의 공동체의식과 정치참여의식이 부족하다. 유태인 사회가 오늘날 발휘하고 있는 영향력은 단순한 1세대의 경제적 성장과 그 다음 세대의 고학력을 통한 전문직 진출을 통해서만 이루어진 것이 아니다. 경제적 성장의 결과를 자기 커뮤니티에 환원하는 기부금 문화와 전문직 진출을 발판삼아 유태계 사회의 전체 이익에 부합하는 각종 정치, 사회적 진출을 적극적으로 도모했기 때문에 가능했다.

현재 재미한인의 권익보호를 위한 단체들은 한인사회의 정치력 신장을 위해 노력하고 있다. 정치력 신장을 위한 운동은 길거리 캠페인 수준에서 항시적 운동으로 전문화되고 있다. 한인사회의 세대교체가 진행되고 있는 현 시점, 재미한인들에 대한 민족교육은 그 어느 시기보다도 중요하다. 재미한인단체들은 한국의 단체들과 협력하여 여러 가지 다양한 형식으로 한인들에게 민족의식을 심어주고 민족정체성을 회복 또는 유지하도록 하여야 한다.

재미한인들이 처한 환경은 기타 나라들보다 우월하다. 정부의 각종 정책을 활용하고 상대적으로 발달되어 있는 기부문화를 잘 활용한다면,

모국의 재정적인 후원이 없이도 예기한 목표에 달성할 수 있을 것이다.

모국인 한국이 해야 할 점은 국가적 차원에서 해줄 수 있는 성원과 지원을 보내는 것이라고 생각된다.

⑵ 재일한인의 권익보호를 위한 네트워크 구축방안

재일동포는 그 신분으로 인해 국적, 참정권, 공무담임권, 전쟁희생보상청구권, 지문날인제도 등에 의해서 일본국민에 비해서 차별을 받고 있고, 고용차별과 입주거부 등으로 권익의 제한을 받으면서 생활 속에서 많은 권익분쟁의 당사자가 되어 불이익을 받고 있다. 때문에 재일한인의 권익보호를 위한 단체 및 활동가들의 활동은 대부분 이러한 민족차별 폐지를 위해 진행되고 있다.

현재 재일한인의 권익보호를 위한 네트워크에는 3가지 문제점이 존재하고 있다. 첫째, 이념의 갈등으로 인한 재일한인사회의 분화이다. 재일한인사회는 민단과 조총련으로 나뉘어져 있고, 재일한인단체와 활동가들도 민단과 조총련에 각각 귀속되어 있다. 일본사회에서 소수민족으로 살아가고 있는 우리 한민족이 힘을 집결해도 어려운 판국에 이념의 갈등으로 인해 세력이 분산되고 있는 것이다.

둘째, 재일한인단체 및 개인의 네트워크는 주로 한인사회에서 이루어지고 있다. 일본뿐만 아니라, 한국, 중국, 러시아에서도 연대의 대상은 모두 한인단체 및 활동가들이다. 기타 민족 특히 일본민족들과의 연대가 필요하다.

셋째, 재정적인 문제이다. 재일한인 권익보호단체들은 회원들이 납부하는 회비나 일부 후원자들의 기금, 많지는 않지만 수익사업을 통해 자금을 확보해 재정을 충당하고 있다. 미국과는 달리, 정부의 재정적인 지원을 전혀 받지 못하고 있는 것으로 나타나고 있다.

앞으로 네트워크 구축에 있어서 연대의 대상과 범위를 최대한 넓히고 현지인들의 지지와 성원을 이끌어 내는 것이 일본에서의 한인의 권익보호에 매우 큰 도움이 될 것이다. 그리고 재정확보에서는 일본과 한국이 협력하는 방안으로 일부 해결해 나가는 것이 바람직하다고 판단된다.

⑶ 재중한인의 권익보호를 위한 네트워크 구축방안

이번에 실시한 조사결과, 중국에는 순수한 의미에서의 재중한인의 권익보호를 위한 단체와 활동가가 없다. 현 단계 중국에서 일어나는 많은 문제들은 법률분쟁의 형식을 띠고 있다. 1990년대부터 중국은 인치사회에서 법치사회로의 전환을 꾸준히 진행해 왔다. 급변하는 사회경제적 환경과 맞물리면서 매달 몇 건 심지어 몇 십 건의 법률, 법규들이 쏟아져 나오고 있다. 따라서 법 규정을 제대로 이해하고 법률이 허용하는 한도 내에서 자신의 권익을 보호하는 것이 한인을 포함한 모든 중국에 거주하는 사람들의 급선무로 되고 있다. 각 나라의 권익보호단체와 활동가들을 보면, 변호사들이 적지 않는 비중을 차지한다. 중국에서도 1989년 천안문사태에서 법대생들이 학생운동의 선두에 나서서 그 다음 해의 법대졸업생들이 취업에서 불이익을 당한 사례가 있다. 그러나 아직까지 중국 조선족변호사들 가운데는 전문적으로 한인권익보호 변호사라고 할 수 있는 사람이 없다. 모두 직업적 차원에서 접근하고 있다. 따라서 중국지역에서의 한민족공동체구축은 다른 지역보다 어려울 것으로 추측된다.

이런 상황은 중국의 소수민족정책과 밀접한 연관이 있다고 판단된다. 중국은 민족평등정책을 실행하며, 소수민족이 집결된 지역에서는 민족자치제도를 실행하고 있다. 소수민족은 인구가 아무리 적어도 일정한 비례에 따라 국가의 사무에 관여하게 된다. 현재 중국의 인민대표대회와 정치협상회의에는 모두 55개 소수민족의 대표들이 있다.

게다가 1992년 한중수교이후 중국의 조선족과 한국인 간에는 크고 작은 마찰이 생겼고, 적지 않는 상처들도 생겨났다. 중국의 조선족과 한국인들은 모두 한민족이라는 이유로 상대방에서 현실을 떠난 부풀은 기대를 하고 있었다. 그 결과, 중국과 한국땅에서 부대끼면서 상처받고 상처 주는 현상들이 일어났다. 현재 그 혼돈의 시기는 지나갔다고 할 수 있다. 그러나 민족문제는 또 하나의 과제로 남고 있다.

한국에 있어서 중국의 중요성은 어떻게 강조해도 지나치지 않다. 그렇다면 한민족공동체구축에 있어서 중국의 조선족은 빠져서는 아니 될 구성부분이다. 한 가지 괄목할 만한 점은, 1992년부터 현재까지 적지 않는 조선족엘리트들은 시종 한인사회의 밖에 있다는 점이다. 중국에서 호적제도는 1990년대 중반부터 점진적으로 개혁되었다. 그 전까지만 해도 호적은 중국인들에게 있어서 신분의 상징이요, 일체 권리의 상징이었다. 거주하는 도시에 호적이 없으면, 안정된 직장에 들어갈 수 없고, 주택도 배급받지 못하며, 심지어 상품주택도 구입할 권한이 없었다. 아이들도 그 지역의 좋은 학교에 보낼 수 없다. 외국에서 투자하여 설립한 삼자기업은 봉급은 많지만 그 대신 안정적이지 못하고 노동강도가 높고, 상하급 차이가 명확하다. 게다가 호적문제를 해결할 수 없었다. 때문에 1990년대 중반이전에 많은 우수한 조선족들은 삼자기업을 선택하지 않았다. 1990년대 중반부터 범사회적인 구조조정을 실행하면서 평생직장의 개념이 무너졌다. 이때로부터 우수한 조선족들이 한국기업에 취직하기 시작했지만 대부분 다시 몇 년 사이에 그만둔다. 지금 적지 않는 조선족엘리트들은 중국의 국가기관, 기업 등에 근무하고 있다. 중국의 지위가 부상하고 중국기업들의 임금이 높아지면서 외자기업은 더 이상 고임금의 대명사가 아니다. 최근 몇 년 간 민족교육은 전례 없던 위기를 맞고 있다. 한중관계가 단절되었던 시기에도 고수해오던 민족교육과 전통이 사라져가고 있다.

현재 중국의 조선족은 제3의 시대를 맞이하고 있다. 1992년 한중수교 전까지, 한국은 할머니, 할아버지들의 애틋한 추억 속의 고향이고 고국이었다. 한중수교 이후 한국은 또 한동안 각박한 민심의 대명사이기도 했다. 현재 비현실적인 환상들은 다 사라진 상태이다. 이젠 이성적인 접근이 시작되고 있다.

그리고 한 가지 주의할 만한 점은, 중국의 조선족들은 지금까지도 예전의 그 민심으로 북한동포들과 끈끈한 정을 나누고 있다는 점이다. 조선족들은 친척을 돕는 방식으로 북한동포들의 생계를 대부분 책임지고 있다. 통일은 결코 국토의 통일만을 의미하는 것이 아닐 것이니, 이것 또한 한국이 풀어야 할 과제이다.

피는 물보다 짙은 법이다. 그러나 또 같은 이유로 쉽게 상처받고 그 상처는 또 쉽게 치유가 되지 않는다.

우호적인 민족정책은 또한 조선족이 기타 나라에 거주하는 재외한인들보다 중국사회의 중요한 요직에 들어갈 수 있는 기회도 여타 나라들보다 많음을 의미한다. 중국의 민족정책과 한민족 특유의 근면과 총명으로, 현재 중국의 거의 모든 분야, 모든 계층에 조선족들이 포진해 있다. 이들은 어떻게 찾아내고 이들을 어느 정도 활용하는가 하는 것은 한국의 몫으로 남아 있다.

조선족들과 한국인들 사이에 존재하는 벽을 허물 필요가 있다. 지금까지 조선족과 한국과의 교류는 실익을 목적으로 진행되는 비즈니스가 주로 이루어지고 있다. 한민족운명공동체의 개념을 주입시킬 필요성이 제기된다. 이 작업은 중국의 각 지역에 널려 있는 한인회를 중심으로 진행할 수 있을 것이다.

⑷ 재러한인의 권익보호를 위한 네트워크 구축방안

재러한인들은 현재 모국의 도움을 통해 생계의 터전을 닦아 나가고 있는 과정에 처해 있다. 볼고그라드 지역은 우리민족서로돕기운동에서,

연해주 지역은 동북아평화연대에서 특히 지원활동을 활발히 전개하고 있다. 고려인돕기운동본부도 고려인의 안정적 농업정착 지원을 비롯하여 다각적 측면에서 지원활동을 펼쳐 나가고 있다. 최근 우리 정부와 국회에서는 국가적 차원에서 재러한인들을 지원할 수 있는 방안들을 모색하고 있다. 이것은 매우 긍정적으로 받아들여지는 부분들이다.

그러나 재러한인들에 대한 지원은 아직 현실적 수요에 비해 많이 부족한 상태이다. 한국사회의 각 계층, 그리고 전 세계 한인사회를 연결시켜 재러한인들을 위한 기금을 조성할 필요가 있다. 이것은 한민족의 의미를 되새기고 한민족정체성 교육을 진행하는 교육의 장으로 활용될 것이다.

재러한인들에게 모국의 관심과 배려를 지속적으로 보여주는 과정에서 거주국에서 한인사회지도자양성프로그램을 실행할 필요성이 제기된다.

참고문헌

1. 국내문헌

고병국, "재외한인", 민족연구 제4호

국가인권위원회, 『2004 인권백서』, 2004.

김경득, "사할린 잔류 한인귀환소송의 추이와 법적 논점", 「교포정책자료」 통권 제57호, 1998. 12.

김대곤, "아직도 버려진 사할린 한인들", 「신동아」 통권 제389호, 1992. 2.

김민영, "사할린 한인의 이주와 노동: 1939-1945", 「국제지역연구」 제4권 제1호, 한국외대, 2000. 6.

노영돈, "사할린 한인에 관한 법적 제문제", 「국제법학회논총」 통권 제72호, 1992. 12.

노영돈, "재소한인의 국적에 관한 연구", 「대한국제법학회논총」 제35권 제1호, 1990. 6.

박창규, "새로운 국제환경과 한민족공동체", 『평화연구』 제11권 2호(2003년 봄)

방수옥, "중국의 소수민족정책과 연변조선족사회", 「민족발전연구」 제4집, 중앙대, 2000.12.

유병호, "중국의 민족정책 및 소수민족문제", 「민족발전연구」 제5집, 중앙대, 2001. 2.

유병호, "중국조선족이 민족의식을 보존할 수 있는 원인 및 현존문제", 「민족발전연구」 제4집, 중앙대, 2000. 12.

이광규, "재외동포", 서울대학교, 2000년

이광규, "한중수교 이후 발생하고 있는 동포사회와의 교류 및 갈등", 「한·중법률세미나 -한국과 조선족사회에서의 법률문제-」, 2001. 12.
이규태, "한·중 관계에서 조선족문제에 대한 연구", 「세계지역연구논총」 통권
　　　제12호, 1998. 12.
정인섭, 「재외동포의 법적지위」, 서울대학교 출판부, 1996.
조상균, 「일본의 외국인 정책과 재일동포의 인권」, 5.18 25주년 기념 '21세기
　　　민주주의와 한국정치' 국제학술회의, 2005
최이윤, "중앙아시아 고려인의 재이주와 민족NGO의 활동", 이화여자대학교 석
　　　사학위 논문, 2005.
최창림, "중국거주 한국인이 부딪친 몇 가지 법률문제", 「한·중 법률세미나
　　　- 한국과 조선족사회에서의 법률문제 -」, 2001. 12.

2. 외국문헌

高　雲, "外國律師事務所在中國發展現狀和前景分析", http://lawsky.org, 2003.
　　　09. 16
高　雲, "入世,再造中國律師業", http://lawsky.org, 2003. 09. 16
陳金羅, "在市場經濟條件下對中國社會團体地位与作用的再認識",
　　　http//www.help-poverty.org.cn, 2002. 01. 04
陸世綸, "數百境外律師來中國搶官司", http://www.cnzgh.org, 2003. 09. 24
李仁眞, "中國律師法律服務業的現狀及未來發展",
　　　http://www.legalinfor. gov.cn, 2004. 12. 02
未　知, "中國律師業面臨十大難題", http://www.xblaw.com, 2004. 12. 01
袁銘良, "2004年度國際律師行中國指南", http://www.lawspirit.com, 2005. 10. 15
楊家學·崇緯洁, "加入WTO對中國律師業的挑戰及對策研究",
　　　http://www.xblaw.com, 2004. 11. 16
張　慶, "北京律師業發展研究報告", http://www.acla.org.cn, 2002. 12. 07
趙小魯, "WTO与律師聯合體的組建", http://www.dadilaw.com, 2005. 10. 20
朱大强, "中國律師界開展國際交流合作,促進整体素質提高",

http://www.info.tibet.cn, 2005. 06. 16
"光環下的眞誠-北京市律師協會副會長金蓮淑",
　　http://news.ruc.edu.cn, 2006. 04. 10
"主要社會團体", www.gov.cn, 2005. 05. 24
中國國務院新聞辦公室, "中國的民主政治建設", 2005. 10. 19
　박영철, "한중법률세미나 개최", 연변일보, 2001. 12. 20

부 록

1. 미 국

1) LA법률보조재단

단체L명칭	LA 법률보조재단
전화	(323) 801-7987
FAX	(323) 801-7921
E-mail	
홈페이지	http://www.lafla.org/
주소	1102 Crenshaw Blvd. Los Angeles, CA 90019

2) 아태법률센터

단체명칭	아태법률센터
전화	213-977-7500
FAX	213-977-7595
E-mail	
홈페이지	http://apalc.org/
주소	1145 Wilshire Boulevard, 2nd FloorLos Angeles, CA 90017

3) 뉴욕한인변호사회

단체명칭	뉴욕한인변호사회
전화	914-378-1010
FAX	914-378-1092
E-mail	
홈페이지	http://www.kalany.org
주소	538 Riverdale Ave.Yonkers, NY10705

4) 북가주한인변호사회

단체명칭	북가주한인변호사회
전화	914-378-1010
FAX	914-378-1092
E-mail	
홈페이지	http://www.kabanc.org
주소	538 Riverdale Ave.Yonkers, NY10705

5) 워싱턴한인변호사회

단체명칭	워싱턴한인변호사회
전화	
FAX	
E-mail	
홈페이지	http://www.kaba-washington.org
주소	

6) 한인유권자센타

단체명칭	한인유권자센타
전화	New York Office (718)961-4117 New Jersey Office (201)242-4201
FAX	
E-mail	contact@koreanvoter.com
홈페이지	http://www.koreanvoter.com
주소	40-11 149PL. Flushing, NY11354 // 1562 Lemoine Ave Fort Lee, NJ 07024

7) LA 민족학교

단체명칭	민족학교 LA
전화	323-937-3718
FAX	323-937-3526
E-mail	krcla@krcla.org
홈페이지	HTTP://WWW.KRCLA.ORG/
주소	900 S. Crenshaw Bl. Los Angeles, CA 90019

8) 뉴욕 청년학교

단체명칭	청년학교 뉴욕
전화	718-460-5600
FAX	718-460-0032
E-mail	ykasec@ykasec.org
홈페이지	http://www.ykasec.org
주소	136-19, 41st. Ave. 3rd Floor Flushing, NY 113545

9) 남가주한인노동상담소

단체명칭	남가주한인노동상담소(LA)
전화	213-738-9050
FAX	213-738-9919
E-mail	kiwa@kiwa.org
홈페이지	http://www.kiwa.org
주소	3465 W. 8th St.,2nd Fl. Los Angeles, CA 90005

10) 뉴욕가정상담소

단체명칭	뉴욕가정상담소
전화	(718) 539-7682
FAX	(718) 460-3965
E-mail	contact@kafsc.org
홈페이지	http://www.kafsc.org
주소	P.O.Box 541429 Flushing, NY 11354
24시간 긴급전화운영	(718) 460-3800

11) 한인가정상담소(LA)

단체명칭	한인가정상담소(LA)
전화	213-389-6755
FAX	213-389-5172
E-mail	admin@kafscla.org
홈페이지	http://www.kafscla.org
주소	3727 W. 6th Street, Suite 320 Los Angeles, CA 90020
24시간 긴급전화운영	(888)-979-3800

12) 가정문제연구소

단체명칭	가정문제연구소
전화	(718) 321-2400
FAX	http://www.kfccny.org
E-mail	
홈페이지	
주소	41-25 Kissena Blvd. Room #105, Flushing, NY 11355

13) 한인청소년회관

단체명칭	한인청소년회관
전화	213-365-7400
FAX	213-927-0017
E-mail	info@kyccla.org
홈페이지	http://www.kyccla.org
주소	3727 West 6th Street, Suite 300 Los Angeles, CA 90020

14) 뉴욕아름다운 재단

단체명칭	뉴욕아름다운 재단
전화	201-784-0100
FAX	201-784-0104
E-mail	
홈페이지	http://www.eautifulfoundationusa.org
주소	193 Closter Dock Rd. Closter, NJ. 07624

15) 뉴욕한인봉사센터

단체명칭	뉴욕한인봉사센터
전화	718-939-6137
FAX	718-886-6126
E-mail	contact@kafsc.org
홈페이지	http://www.kcsny.org
주소	134-23 Northern Blvd., 2nd Fl., Flushing, NY 11354

16) 작은나눔

단체명칭	작은나눔
전화	510-708-2533
FAX	510-278-4825
E-mail	info@tsofa.org
홈페이지	http://www.tsofa.org
주소	20. Thurles. Place. Alameda .CA 94502

17) 한미연합회

단체명칭	한미연합회
전화	(213) 365-5999
FAX	(213) 380-7990
E-mail	grace@kacla.org
홈페이지	http://www.kacla.org/index.html
주소	3727 West 6th St. Suite 515 Los Angeles, CA 90020

18) 미주한인봉사교육단체협의회 (뉴욕)

단체명칭	미주한인봉사교육단체협의회 (뉴욕)
전화	323-937-3703
FAX	323-937-3756
E-mail	nakasec@nakasec.org
홈페이지	www.nakasec.org
주소	900 S. Crenshaw Blvd. Los Angeles, CA 90019

19) 코리안아메리칸시민활동연대

단체명칭	코리안아메리칸시민활동연대
전화	212-633-2000
FAX	22-633-0707
E-mail	info@kalca.org
홈페이지	http://www.kalca.org
주소	149 West 24th Street, 6th Floor New York, NY 10011

20) 재미한국청년연합

단체명칭	재미한국청년연합
전화	914-378-1010
FAX	914-378-1092
E-mail	http://www.kalany.org
홈페이지	http://www.kalany.org
주소	538 Riverdale Ave.Yonkers, NY10705

21) 남가주한인변호사회

단체명칭	남가주한인변호사회
전화	
FAX	
E-mail	
홈페이지	http://www.kabasocal.org
주소	

22) 미주 한인 사회정화위원회

단체명칭	미주 한인 사회정화위원회
전화	323-692-7475
FAX	323-692-0046 / 213-984-4272
E-mail	kajambx@yahoo.com / info@kajausa.org
홈페이지	http://www.kajausa.org/
주소	4282 Wilshire Blvd., Suite 103 Los angeles, Ca 90010

23) 내일을 여는 사람들

단체명칭	내일을 여는 사람들
전화	323-692-7475
FAX	323-692-0046 / 213-984-4272
E-mail	kajambx@yahoo.com / info@kajausa.org
홈페이지	http://www.kajausa.org/
주소	4282 Wilshire Blvd., Suite 103 Los angeles, Ca 90010

2. 일 본

1) 재일코리안인권협회

단체명	재일코리안인권협회
주소	〒 581-0051 大阪府八尾市竹이西5-62
홈페이지	http://www.koreanshr.jp/
전화	06-6700-9771
FAX	06-6700-9774
E-Mail	liber@koreanshr.jp

2) 재일한국민주인권협의회

단체명	재일한국민주인권협의회
주소	〒 544-0031　大阪府大阪市生野區鶴橋3-6-24
홈페이지	http://www2u.biglobe.ne.jp/~krg/
전화	06-6715-2651
FAX	06-6715-2652
E-Mail	krg-o@mxr.mesh.ne.jp

3) 코리안NGO센터

단체명	코리안NGO센터
주소	〒 537-0025 大阪市東成區中道3-14-17　さんくすホール2F
홈페이지	http://www.korea-ngo.org/index.php
전화	06-6978-7676
FAX	06-6978-7686
E-Mail	center@korea-ngo.org

4) 코리안인권생활협회

단체명	코리안인권생활협회
주소	〒 543-0024 大阪市天王寺區舟橋町1-14 2F
홈페이지	http://www.geocities.jp/jinken96/
전화	06-6768-5531
FAX	06-6768-5531
E-Mail	jinken96@ybb.ne.jp

5) 킨키인권협회

단체명	킨키인권협회
주소	〒 543-0024 大阪市天王寺區舟橋町1-14 2F(JR高架下44番)
홈페이지	http://www.geocities.jp/jinken96/
전화	06-6768-5531
FAX	06-6768-5531
E-Mail	jinken96@ybb.ne.jp

6) 재일동포노동자를 위한 노조, 재일고려노동자연맹

단체명	재일동포노동자를 위한 노조, 재일고려노동자연맹
주소	〒 543-0024, 大阪市天王寺區
홈페이지	무
전화	06-6773-1986
FAX	06-6773-1814
E-Mail	rouren@cc.mbc.or.jp

7) 재일본조선인인권협회

단체명	재일본조선인인권협회
주소	〒 110-0016, 동경도 태동구 태동 3-41-10
홈페이지	http://www.k-jinken.ne.jp/
전화	03-5818-5424
FAX	03-5818-5429
E-Mail	info@k-jinken.ne.jp

8) 서동경동포생활상담종합센터

단체명	서동경동포생활상담종합센터
주소	〒 196-0033 東京都昭島市東町2丁目4番12号
홈페이지	http://www.m-net.ne.jp/~nseikatu/
전화	042-542-2777
FAX	042-542-2563
E-Mail	mailto:dongpo@mcn.ne.jp

9) 동포법률생활센터

단체명	동포법률생활센터
주소	〒 110-0016 東京都台東區台東3-41-10
홈페이지	http:// www.tonpo-center.net/
전화	03-5818-5424
FAX	03-5818-5429
E-Mail	tonposoudan@yahoo.co.jp

3. 중국(29개)

1) 북경시 金杜변호사사무소

명칭	북경시 김두변호사사무소
주임	
조직형태	합동제
사무실전화	8610-5878-5588
팩스	8610-5878-5599
소재지	
E-mail	
우편번호	100022
연락주소	北京市朝陽區東三环中路39号 建外SOHO A座31層

2) 북경시 君合변호사사무소

명칭	북경시 군합변호사사무소
주임	
조직형태	합동제
사무실전화	(86-10)8519-1300
팩스	(86-10)8519-1350
소재지	북경시 동성구
E-mail	junhebj@junhe.com
우편번호	100005
연락주소	建國門北大街8号 華潤大厦20層

3) 북경시 金平변호사사무소

명칭	북경시 金平변호사사무소
주임	金蓮淑(조선족)
조직형태	합동제
사무실전화	64606504/05/06
팩스	64606496
소재지	북경시 조양구
E-mail	gbalance@public.bta.net.
우편번호	100016
연락주소	北京市朝陽區亮馬橋路32号高瀾大厦202-205室

4) 북경시 易和변호사사무소

명칭	북경시 변호사사무소
주임	池英花(조선족)
조직형태	합동제
사무실전화	010-64871199, 64871118, 64873300, 64867058
팩스	010-64860284, 64873300-14
소재지	북경시 조양구
E-mail	info@easyhal.com
우편번호	100012
연락주소	北京市朝陽區亞運村慧忠北里新榮家園C座1D

5) 북경시 铭泰변호사사무소

명칭	북경시 명태변호사사무소
주임	韓傳華
조직형태	합동제
사무실전화	65978806/65978188/65974688
팩스	65974988
소재지	
E-mail	postmaster@mingtailawyer.com
우편번호	100020
연락주소	北京市朝陽區京广中心 2503 室

6) 북경시 嘉润변호사사무소

명칭	북경시 가윤변호사사무소
주임	安念念
조직형태	합동제
사무실전화	65142061
팩스	85110955
소재지	북경시 조양구
E-mail	jjlawfirm@jiarun.com.cn
우편번호	100004
연락주소	北京市朝陽區建國門外大街 22号賽特大厦 601 室

7) 북경시 中倫金通변호사사무소

명칭	북경시 금윤금통변호사사무소
주임	吳鵬/陳文, 張學兵
조직형태	합동제
사무실전화	65681188
팩스	65681838, 65687317
소재지	북경시 조양구
E-mail	beijing@zhonglun.com
우편번호	100022
연락주소	北京市朝陽區建國路 118号 招商局中心 01樓 12層

8) 북경시 中倫文德변호사사무소

명칭	북경시 변호사사무소
주임	陳文
조직형태	합동제
사무실전화	86-10-6440 2232
팩스	86-10-6440 2915/6440 2925
소재지	북경시 조양구
E-mail	mengjuncai@zhonglunwende.com
우편번호	100028
연락주소	北京市朝陽區西壩河南路1号金泰大厦19層

9) 북경시 中凱변호사사무소

명칭	북경시 중개변호사사무소
주임	覃桂生
조직형태	합동제
사무실전화	82281061/62/63…70 (10線)
팩스	82281093
소재지	북경시 서성구
E-mail	zhongkai@zhongkailaw.com.cn
우편번호	100011
연락주소	北京市西城區黃寺大街24号甲24樓五層

10) 북경시 金誠同達변호사사무소

명칭	북경시 금성동달변호사사무소
주임	田子
조직형태	합동제
사무실전화	010-85237766
팩스	010-65263519
소재지	북경시 동성구
E-mail	jincheng@lawyer.org.cn
우편번호	100005
연락주소	北京市東城區建國門內大街22号華夏銀行大厦11層

11) 북경시 中潤변호사사무소

명칭	북경시 중윤변호사사무소
주임	王文林
조직형태	합동제
사무실전화	84471800
팩스	84471810
소재지	북경시 조양구
E-mail	dhzr@public2.bta.net.cn
우편번호	100027
연락주소	北京市朝陽區東三环北路戊二号國際港C座10層

12) 북경시 天元변호사사무소

명칭	북경시 천원변호사사무소
주임	王立華
조직형태	합동제
사무실전화	88092188
팩스	88092150
소재지	북경시 서성구
E-mail	tylawf@tianyuanlawf.com.cn
우편번호	100032
연락주소	北京市西城區金融大街35号國際企業大厦C座11層

13) 북경시 万思恒변호사사무소

명칭	북경시 만사형변호사사무소
주임	王輝
조직형태	합동제
사무살전화	8610) 6588-5670/71-73
팩스	8610) 6588-5653
소재지	북경시 조양구
E-mail	public@hdnwells.com
우편번호	100020
연락주소	北京市朝陽區朝外大街 20号 聯合大厦 1111 室

14) 북경시 陆通联合변호사사무소

명칭	북경시 육통연합변호사사무소
주임	劉紅宇
조직형태	합동제
사무실전화	65544518
팩스	65547088
소재지	북경시 동성구
E-mail	lutong@lutong.com
우편번호	100027
연락주소	北京市東城區東中街58号美惠大厦D座4門202-204室

15) 천진시 張盈변호사사무소

명칭	천진시 장영변호사사무소
주임	
조직형태	합동제
사무실전화	022-85585285, 85585286, 85585287, 85585288
팩스	022-85585289
소재지	천진시 하서구
E-mail	zhangyin@public.tpt.tj.cn
우편번호	300204
연락주소	天津市河西區友誼北路广銀大厦M曾

16) 천진시 可緯변호사사무소

명칭	천진시 가위변호사사무소
주임	
조직형태	합작제
사무실전화	022-27258039, 27258089
팩스	022-27336650
소재지	북경시 조양구
E-mail	
우편번호	
연락주소	天津市南開區東馬路157号鑫源大厦B座五層

17) 천진시 高丽변호사사무소

명칭	천진시 고려변호사사무소
주임	
조직형태	합동제
사무실전화	022-24974575
팩스	022-24974519
소재지	북경시 조양구
E-mail	GLLSSWS@Sina.com
우편번호	
연락주소	天津市東麗區躍進南路81号外貿培訓中心202. 204室

18) 요녕开宇변호사사무소

명칭	요녕개우변호사사무소
주임	楊占家
조직형태	합동제
사무실전화	024-22826688 22827766
팩스	024-22827722
소재지	북경시 조양구
E-mail	yzj@kaiyulawyer.com
우편번호	110014
연락주소	沈陽市沈河區青年大街122号11層

19) 요녕仲達변호사사무소

명칭	요녕중달변호사사무소
주임	田相云(조선족)
조직형태	합동제
사무실전화	024-86238996 86224962
팩스	024-86286568
소재지	북경시 조양구
E-mail	lawfirm007@sina.com
우편번호	110032
연락주소	沈陽市皇姑區黑龍江街25号9樓

20) 길림熬聯변호사사무소

명칭	길림오련변호사사무소
주임	李中山
조직형태	합동제
사무실전화	0433-2521511
팩스	0433-2521511
소재지	연길시
E-mail	
우편번호	133000
연락주소	延吉市局子街116-1号

21) 길림華烁변호사사무소

명칭	길림華爍변호사사무소
주임	張保華
조직형태	합동제
사무실전화	0433-2865170
팩스	0433-2865170
소재지	연길시
E-mail	
우편번호	133001
연락주소	延吉市河南街14号

22) 길림阿里郎변호사사무소

명칭	길림아리랑변호사사무소
주임	張雷
조직형태	합동제
사무실전화	0433-5088858
팩스	0431-508808
소재지	연길시
E-mail	
우편번호	133000
연락주소	延吉市河南街4号

23) 길림南圓변호사사무소

명칭	길림남원변호사사무소
주임	합동제
조직형태	합동제
사무실전화	0433-2532719
팩스	0433-2532719
소재지	연길시
E-mail	
우편번호	133000
연락주소	延吉市局子街85号

24) 길림達公伟業변호사사무소

명칭	길림달공위업변호사사무소
주임	張樹閣
조직형태	합동제
사무실전화	0433-2903966
팩스	2903966
소재지	
E-mail	
우편번호	133000
연락주소	延吉市新興街愛丹路28-7号

25) 길림由正변호사사무소

명칭	길림유정변호사사무소
주임	王文君
조직형태	합동제
사무실전화	0432-2528938
팩스	0432-2528938
소재지	
E-mail	
우편번호	133000
연락주소	延吉市光明街288号

26) 길림延川변호사사무소

명칭	길림연천변호사사무소
주임	高延波
조직형태	
사무실전화	0433-2514423
팩스	0433-2521993
소재지	연길시
E-mail	
우편번호	133000
연락주소	延吉市光明街56号

27) 길림惠川변호사사무소

명칭	길림혜천변호사사무소
주임	連惠川
조직형태	
사무실전화	0433-2563189
팩스	
소재지	연길시
E-mail	
우편번호	133000
연락주소	延吉市解放路91号

28) 길림衡丰변호사사무소 연변분소

명칭	길림형풍변호사사무소 연변분소
주임	金龍
조직형태	
사무실전화	0433-2726400
팩스	
소재지	
E-mail	
우편번호	133000
연락주소	延吉市愛得花園小區

29) 길림延大변호사사무소

명칭	길림연대변호사사무소
주임	崔昌林
조직형태	합동제
사무실전화	0433-2552026
팩스	0433-2561152
소재지	
E-mail	lawyckyj@yahoo.com.ky
우편번호	133000
연락주소	延吉市人民路89号

찾아보기

(ㄱ)

가정문제연구소 ·················· 133
가정폭력반대 침묵시위 ·········· 96
가정폭력반대활동 ··············· 95
가정폭력예방 프로그램 ········· 101
고려인 돕기 러시아 연해주 지원센터 258
고려인 재생기금 ··············· 256
고려인돕기운동본부 ············ 251
공공보건프로그램 ··············· 74
교육포럼 ······················ 91
교육활동 ··················· 54, 56
국가별 권익보호수준 ··········· 263
국제적 네트워크 구축 ··········· 272
기금지원사업 ················· 112

(ㄴ)

남가주한인노동상담소 ·········· 65, 126
네트워크 구축 ················· 265
네트워크 구축 모델 ············· 273
네트워크의 민족성 ········· 135, 243, 266
네트워크의 영역 ··············· 243
네트워크의 조작성 ············· 136
네트워크의 조직성 ············· 246
네트워크의 지역성 ········· 135, 245, 267
노동관련 법률전담상담소 ········ 65
노인복지 프로그램 ·············· 71
뉴욕 아름다운 재단 ············· 110
뉴욕 아름다운재단 ············· 133
뉴욕 청년학교 ················ 55, 124
뉴욕가정상담소 ··············· 95, 130
뉴욕이민자운전권리연맹 ········· 61
뉴욕한인변호사회 ·············· 120
뉴욕한인봉사센터 ············· 71, 127

(ㄷ)

다민족문화캠페인 ··············· 75
더불어 살기 운동 ··············· 78
동북아 평화연대 ··············· 249
동북아평화기금 ················ 257
동북아평화연대 ················ 260
동포법률생활센터 ··········· 154, 166
드림 액트 캠페인 ··············· 60

(ㄹ)

러시아본부 ···················· 260

(ㅁ)

매향리 폭격훈련 ··············· 93
멘토링 프로그램 ··············· 43
무료 법률상담 ················· 57
무료법률상담 ············· 38, 41, 42
무료법률상담활동 ··············· 54
미주지역 고려인 돕기 운동센터 ····· 258
미주한인봉사교육단체협의회 ···· 81, 129
민권옹호프로그램 ··············· 86

민족문화전파활동 …………………………… 57

(ㅂ)

반전평화운동 ……………………………… 92
법률세미나 ………………………………… 41
법제도적 보장 …………………………… 278
변호사사무소의 네트워크 …………… 217
변호사의 네트워크 ……………………… 167
변호사협회의 네트워크 ………………… 236
봉제노동자 권익보호운동 ……………… 66
북가주한인변호사회 …………… 42, 120
북한 돕기 운동 ………………………… 94
불법체류자 ………………………………… 42

(ㅅ)

서동경동포생활상담종합센터 … 154, 165
선거관련 조사 활동 …………………… 51
시민권 ……………………………………… 39
시민권 대행업무 ………………………… 47
식당노동자 지원운동 …………………… 66

(ㅇ)

아메리칸정의센터 ……………………… 37
아태법률센터 …………………… 37, 118
아태분쟁해결센터 ……………………… 37
LA 민족학교 …………………… 53, 122
LA 한인가정상담소 …………… 99, 131
LA법률보조재단 ………………… 34, 117
LA폭동 피해자 구조운동 ……………… 65
오뚜기클럽 ……………………………… 96
우리민족서로돕기운동 ……………… 253
워싱턴한인변호사회 …………… 43, 121
위안부할머니 …………………………… 94
유권자 등록운동 ………………… 47, 89
유권자교육운동 ………………………… 70

유권자등록운동 ………………………… 63
의료봉사활동 …………………………… 53
이민 개혁 캠페인 ……………………… 59
이민법 …………………………………… 29
이민자 권리 프로젝트 ………………… 83
이민자 권익옹호활동 …………………… 59
이민자권익옹호활동 …………………… 54
인권신장운동 …………………………… 75
인종폭동 ………………………………… 30

(ㅈ)

재미한국청년연합 ……………… 92, 130
재미한인 권익보호단체 ………………… 32
재일 코리안 변호사협회 ……… 146, 161
재일 코리안 인권협회 ………… 144, 161
재일본조선인인권협회 ………… 153, 164
재일한국민주인권협의회 ……… 147, 162
재정적 후원 …………………………… 277
전국변호사협회의 네트워크 ………… 237
정치력신장운동 ………………… 39, 55
정치력신장활동 ………………………… 62
정치의식계몽운동 ……………………… 45
조선족변호사 개인의 네트워크 ……… 205
조선족변호사의 네트워크 …………… 204
조선족변호사의 사무소 분포 ………… 197
조선족변호사의 성별 ………………… 196
조선족변호사의 연령 ………………… 199
조선족변호사의 외국유학 …………… 201
조선족변호사의 정치적 성향 ………… 198
조선족변호사의 지역적 분포 ………… 195
조선족변호사의 학력 ………………… 200
조선족변호사의 현황 ………………… 194
조선족의 권익보호 …………………… 185
중국의 법률서비스시장 ……………… 191
중앙아시아 고려인 돕기 지원센터 … 259
지방변호사협회의 네트워크 ………… 240
지역봉사활동 …………………………… 38

(ㅊ)

청소년 드림팀 ················· 60
청소년 여름 교육 프로그램 ·············· 82
청소년 커뮤니티 프로젝트 ·············· 97
청소년의 집 ····················· 110
출구조사 ················· 64

(ㅋ)

커뮤니티 기금 ················· 112
코리아NGO센터 ············· 149, 162
코리안아메리칸시민활동연대 ····· 87, 129
코리안인권생활협회 ············· 150, 163
킨키인권협회 ············· 151, 164

(ㅌ)

투표 참여 캠페인 ············· 49

(ㅍ)

풀뿌리 커뮤니티 운동 ·············· 62

(ㅎ)

학생 신분 조정 법안 ············· 60
한국인법률구원센터 ············· 155, 167
한미연합회 ················· 77, 128
한민족 뿌리 기금 ················· 113
한인 유권자 핫라인 ················· 64
한인보호운동 ················· 52
한인사회 지도자 양성 프로그램 ········· 90
한인유권자 데이터베이스 ··········· 51, 62
한인유권자센터 ············· 44, 121
한인청소년회관 ················· 106, 133
한인커뮤니티 ················· 32
한인후보 지지운동 ················· 52
핫라인 자원봉사자 교육 ················· 97
해외동포기금 ················· 114

저자

임채완 전남대학교 정치외교학과 교수, 전남대학교 세계한상·문화연구단 단장, 정치사회학박사
Chaewan Lim

최송자 경남대학교 중국학부 교수, 법학박사(국제통상법)
Songja Choi

장 신 전남대학교 법과대학 교수, 법학박사(국제법)
Shin Chang

홍기문 전남대학교 법과대학 교수, 법학박사(민사소송법)
Kimoon Hong

김명재 전남대학교 법과대학 교수, 법학박사(법철학)
Myoungjae Kim

송오식 전남대학교 법과대학 교수, 법학박사(민법)
Ohsik Song

이승우 전남대학교 법과대학 교수, 법학박사(민법)
Seungwoo Lee

전남대학교 세계한상·문화연구 3차총서 **6**

재외한인 권익보호 단체와 활동가 네트워크

2008년 4월 20일 초판 인쇄
2008년 4월 25일 초판 발행

지 은 이 임채완, 최송자, 장신, 홍기문, 김명재, 송오식, 이승우
펴 낸 이 이찬규
펴 낸 곳 **북코리아**
등록번호 제03-01240호
주   소 121-020 서울시 마포구 공덕동 115-13 201호
전   화 (02) 704-7840
팩   스 (02) 704-7848
이 메 일 sunhaksa@korea.com
홈페이지 www.ibookorea.com

값 14,000원

ISBN 978-89-92521-53-6   94360
ISBN 978-89-92521-47-5 (전11권)

이 총서는 2003년도 한국학술진흥재단의 지원에 의하여 연구되었음
(KRF-2003-072-BL2002)